职业教育"十四五"规划教材

电 工 基 础

主　编　徐灿明　韦钊卓　林小意
副主编　陈伟国　廖家敏　程振中
参　编　张腾飞　周　伟　李刘秋　胡加火
　　　　郭　资　胡　干　李小燕　梅进武
　　　　王仁凡

华中科技大学出版社
中国·武汉

内 容 简 介

　　本书主要内容包括电工基本概念和基本定律、直流电路的分析、电容器、磁场和电磁感应、正弦交流电路、三相交流电路、变压器等。本书主要特点为:将电工技能考证的实操内容融入到对应章节的技能训练中,并录制配套视频,便于学生观察实操的全过程;每节内容有相应习题,每章有单元检测题,并且大部分习题来自历年电工技能考证的真题,便于学生准确把握电工考证考试的内容和出题特点。本书主要适用于电工电子类专业一学年的教学,特别适合作为电工考证的参考用书。

图书在版编目(CIP)数据

电工基础 / 徐灿明,韦钊卓,林小意主编. -- 武汉 : 华中科技大学出版社,2025.6.
ISBN 978-7-5772-2030-7

Ⅰ. TM

中国国家版本馆 CIP 数据核字第 2025Z4Z438 号

电工基础
Diangong Jichu

徐灿明　韦钊卓　林小意　主编

策划编辑:胡天金
责任编辑:狄宝珠
封面设计:旗语书装
责任校对:李　弋
责任监印:朱　玢

出版发行:华中科技大学出版社(中国·武汉)　　电话:(027)81321913
　　　　　武汉市东湖新技术开发区华工科技园　　邮编:430223

录　　排:华中科技大学惠友文印中心
印　　刷:武汉市洪林印务有限公司
开　　本:787mm×1092mm　1/16
印　　张:13.25
字　　数:303千字
版　　次:2025年6月第1版第1次印刷
定　　价:49.80元

　　"电工基础"是电子信息类及相关专业的专业基础必修课程,本书依据教育部颁布的《中等职业学校电工技术基础与技能教学大纲》(以下简称《教学大纲》)和《广东省电工专业技能课程考试大纲》(以下简称《考试大纲》)的要求编写。本书可作为中等职业学校电子信息类及相关专业的教材,也可以作为电工专业技能课程考试和"3 + 证书"高考校考技能测试的复习用书。

　　本书编写的特点主要集中在以下几个方面。

　　1. 聚焦实际教学需求,提高学习效率

　　本书依据《教学大纲》和《考试大纲》对知识点进行了重新筛选和编排,确定了电路基本概念和基本定律、直流电路的分析、电容器、磁场和电磁感应、正弦交流电路、三相交流电路、变压器和综合实训共八大部分。与大多数传统教材不同的是,本书尽可能避免大量公式推导和专业术语解释,全方位贴近目前电工技能考证和"3 + 证书"高考校考技能测试的知识和技能要求,聚焦于关键知识点的定义和应用,减少教师筛选考点的工作量,集中力量突破重难点。

　　2. 关注学生发展需要,增强实操技能

　　本书编写参考了省内外中高职学校及劳动保障部门的相关教材,深入一线产业与教学层面,在教材中穿插了电工常识,以及工具、仪器仪表等使用规范。综合实训部分直接采用了《考试大纲》的实操真题和评分表,切实从日常教学中提高学生的动手能力。编写时按照"理实一体化"要求,做到"学中做"和"做中学"。

　　3. 注重教材展现形式,降低学习难度

　　本书在关键知识点、习题、例题和真题等要点处增加的实物、电路图都重新应用VISIO 软件绘制,力求准确无误、保证清晰,通过文字解释与图片、表格和电路图的配合尽量降低学习难度。每一小节或重要知识点后都配有例题和习题,让学生及时巩固,培养学生应用知识点解决问题的能力。

　　本书共有 7 章,另有综合实训环节,知识点环环相扣,节奏紧凑。第 1 章讲述电路基本概念和基本定律;第 2 章主要介绍了直流电路的组成和分析方法;第 3 章主要介绍了电容器的结构、连接和能量计算;第 4 章介绍了磁场和电磁感应;第 5 章和第 6 章主要介绍了正弦交流电路和三相交流电路的产生、表征物理量、表示方法和电路组成,以及相关参数的计算等;第 7 章主要介绍了变压器的结构和原理,还介绍了三相电力变压器的相关知识;综合实训环节则完全选取了《考试大纲》的实操真题、评分表和理论真题。本书教学内容分为必修部分和选学部分,选学部分用"＊"号标明。

本书的教学参考学时如下表所示,供用书者参考。

章节	参考学时
第 1 章 电路基本概念和基本定律	16
第 2 章 直流电路的分析	10
第 3 章 电容器	4
第 4 章 磁场和电磁感应	7
第 5 章 正弦交流电路	15
第 6 章 三相交流电路	12
第 7 章 变压器	4
综合实训	12

本书由东莞市电子科技学校韦钊卓老师负责全书的策划,徐灿明老师负责具体的构思和统筹工作,林小意老师、廖家敏老师负责审核。具体编写分工如下:徐灿明老师负责第 1 章、第 2 章和第 7 章的编写,韦钊卓老师负责第 3 章的编写,林小意老师负责第 4 章和第 5 章的编写,廖家敏老师负责第 6 章和习题部分的编写。陈伟国老师对本书的样稿提出了中肯的意见和建议。

由于时间仓促,作者水平有限,书中的错误和不妥之处在所难免,敬请广大读者批评指正。

编　者
2025 年 5 月

电工基础

第1章 电路基本概念和基本定律

单元要点

1. 了解电路的组成和功能；掌握常用电路元件的图形符号和文字符号；掌握电路的通路、开路、短路三种基本状态。

2. 理解电流强度的定义；掌握电流强度的计算公式并明确电流方向。

3. 了解电压、电位的物理意义；掌握电压与电位的关系；掌握电压实际方向的三种表示方法；掌握电压与电位的计算方法。

4. 掌握电阻和电阻率的概念；掌握金属导体电阻的计算方法；了解导体电阻率与温度的关系；了解电阻器的作用和分类。

5. 掌握部分电路欧姆定律的公式及应用；理解线性电阻的伏安特性曲线。

6. 理解电动势的概念、电动势的大小和方向；掌握电动势与电源电压的关系以及一般电路电位降的规律。

7. 掌握全电路欧姆定律的公式及应用；理解电源的外特性曲线。

8. 了解电路中能量的转换情况；理解电功和电功率的定义；掌握电源和负载的功率计算方法；掌握额定电流、额定电压、额定功率的概念。

9. 了解负载获得最大功率的条件；掌握负载获得最大功率的计算公式。

1.1 电路的组成及其功能

1.1.1 电路的组成

如图 1-1 所示，在手电筒内部结构中，用开关和金属片（可看作导线）将干电池和小灯泡连接起来，只要闭合开关，就会有电流流过，小灯泡就会亮起来；风扇只要闭合开关，电流流过，风扇就会转动。像这样有电流流通的路径称作电路。

电路由电源、负载、导线和控制装置四部分组成。

电源是为电路提供电能的装置。它能将其他形式的能量转变成电能。例如，电池是将化学能转变成电能；水力发电机是将机械能转变成电能。

在电路中消耗电能的各种装置统称为负载，也称为用电器。例如，电炉把电能转变为热能，电动机把电能转变为机械能。

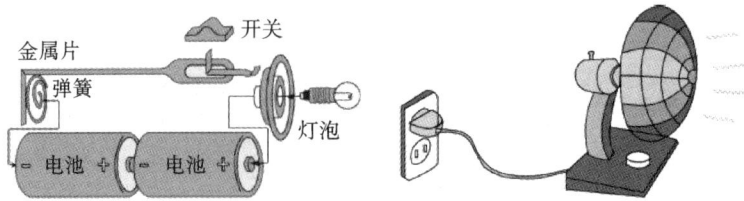

图 1-1　手电筒内部结构和风扇

连接电源、负载和控制装置的金属线叫作导线。导线常用铜、铝制成，其作用是连接设备，为电流提供流通的路径。

控制装置用于保障电源和负载的安全、变更控制电路的工作状态。例如，自动空气开关、按钮等。

电路的基本功能有两大类。

一是实现能量的传输、分配和转换。如图 1-2 所示，在电力系统中，发电机把热能、风能、核能等转换成电能，通过变电站、输电线将电能传输并配送到千家万户，然后用户根据需要再将电能转换成机械能、热能、光能等。

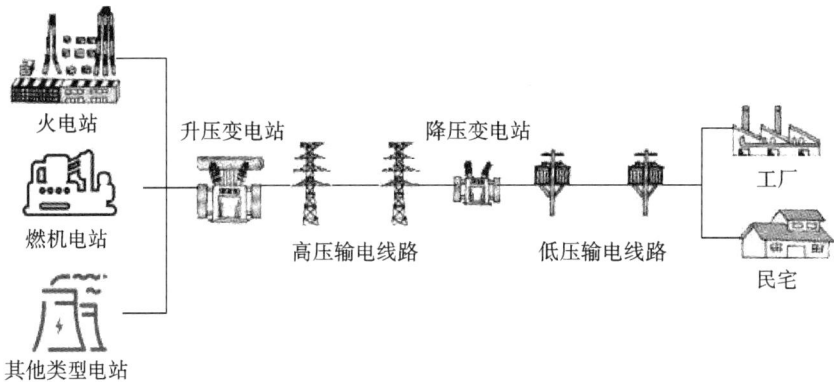

图 1-2　电能传输示意图

二是进行信息的传递和处理。如图 1-3 所示，通过电路元件，能将信号源发出的信号转换成所需要的输出信号。例如，计算机电路、扩音器电路、电视机电路等。

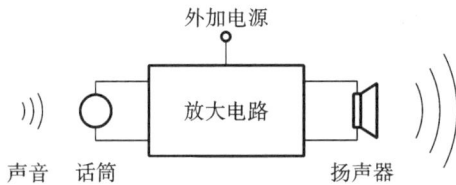

图 1-3　扩音器示意图

1.1.2　电路模型

在设计、安装或维修各种设备和用电器等实际电路时，常要使用表示电路连接情况的图。这种用规定的图形符号表示电路连接情况的图,叫电路图或电路原理图,其图形符号要符合国家标准,图1-4为部分常用的标准图形符号。

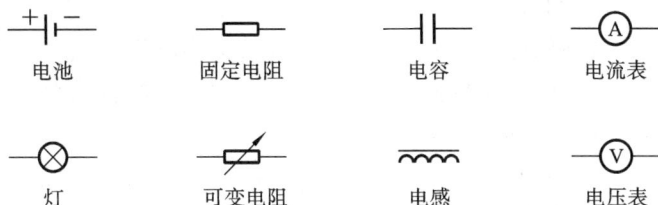

| 电池 | 固定电阻 | 电容 | 电流表 |

| 灯 | 可变电阻 | 电感 | 电压表 |

图1-4　常用的标准图形符号

1.1.3　电路的三种状态

如图1-5所示,电路有三种状态。

开路(断路):电路某一处断开,电路中没有电流通过,例如开关接触不良或负载内部损坏。

通路(闭合):电路各部分连接成闭合回路,电路中有电流通过负载,电路各处正常工作。

短路:当电源两端或者电路中某部分被导线直接相连,此时电流不经过负载,只经导线直接流回电源,这种状态称为短路。负载短路时,负载无法工作;电源短路时会产生很大的电流,有可能造成严重后果,如电源因电流过大而发热损坏或引起电气设备的机械损伤等,因此要绝对避免电源短路。

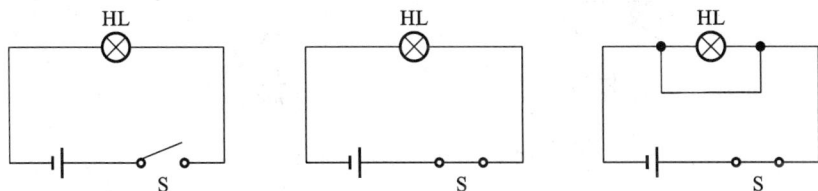

图1-5　开路、通路、短路

课后练习

一、填空题

1.传输、分配和使用电能的电路由＿＿＿＿＿、＿＿＿＿＿、＿＿＿＿＿和控制装置等四部分组成。

2.电路有＿＿＿＿＿、＿＿＿＿＿和＿＿＿＿＿三种状态。

3

二、选择题

1.电源不具备的功能是(　　)。

A.为负载提供合适的电压　　　　B.为电路提供电能

C.将电能转化为其他形式的能　　D.将其他形式的能转化为电能

2.(2016年,多选)电路的基本状态有(　　)。

A.开路　　　　B.短路　　　　C.旁路　　　　D.断路

3.一条导线将负载两端短路,下列说法中正确的是(　　)。

A.负载两端电压很高　　　　　　B.负载中没有电流

C.负载中电流很大　　　　　　　D.负载被损坏

1.2　电　　流

1.2.1　电流的形成

电荷的定向移动形成电流,参与移动的电荷又称载流子。电解液中的正负离子在电场力作用下的定向移动、阴极射线管中的电子流等,都能够形成电流,如图1-6所示。

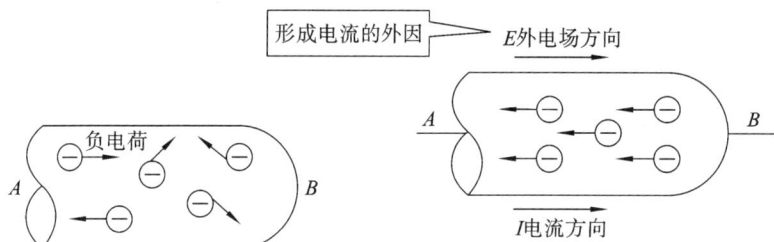

图1-6　电流形成示意图

产生电流必须具备以下两个条件:

(1)导体内要有做定向移动的自由电荷,这是形成电流的内因。

(2)要有使自由电荷做定向移动的电场,这是形成电流的外因。

1.2.2　电流的大小和方向

电流的大小称为电流强度,简称电流,是指单位时间内通过导体横截面的电荷量,即:

$$I = \frac{Q}{t}$$

式中:I 的单位是安培(A);

Q 的单位是库仑(C);

t 的单位是秒(s)。

常用的电流单位还有毫安(mA)和微安(μA)。

$$1 \text{ mA} = 10^{-3} \text{ A}$$
$$1 \text{ } \mu\text{A} = 10^{-3} \text{ mA}$$

电流不仅有大小而且有方向。规定正电荷定向移动的方向为电流的方向,与负电荷定向移动方向相反。在具体分析电路时,有时很难判断出电流的实际方向。为解决这一问题,引入电流参考方向的概念,其具体分析步骤如下。

(1)在分析电路前,可以任意假设一个电流的参考方向。

(2)如图 1-7 所示,参考方向一经选定,电流就成为一个代数量,有正、负之分。若计算电流结果为正值,则表明电流的实际方向与参考方向相同;若计算电流结果为负值,则表明电流的实际方向与参考方向相反。

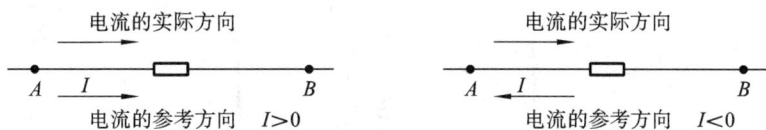

图 1-7　电流的参考方向与实际方向判定

电流的参考方向除可以用箭头表示外,还可以用双下标表示,如 I_{AB} 表示电流的参考方向为由 A 指向 B,而 I_{BA} 表示电流的参考方向为由 B 指向 A。

若电流的方向不随时间变化,则称其为直流电流,简称直流,用符号 DC 表示。其中,电流大小和方向都不随时间变化的电流,称为稳恒直流电流;电流大小随时间变化,但方向不变的电流,称为脉动直流电流。若电流的大小和方向都随时间变化,则称其为交变电流,简称交流,用符号 AC 表示。如图 1-8 所示。

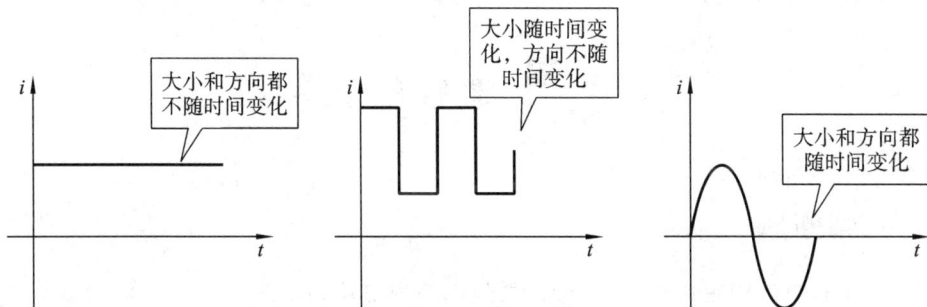

图 1-8　稳恒直流电、脉动直流电、正弦交流电

[**例 1.2.1**]　在 1 min 内,10^{21} 个电子从 A 向 B 做定向运动通过电路中的导体,电子带负电,每个电子的电荷量为 $q = 1.6 \times 10^{-19}$ C,求电流的大小和方向。

解:
$$Q = 1.6 \times 10^{-19} \text{ C} \times 10^{21} = 160 \text{ C}$$
$$t = 60 \text{ s}$$
$$I = \frac{Q}{t} = \frac{160 \text{ C}}{60 \text{ s}} = 2.67 \text{ A}$$

因为电流的方向为正电荷定向移动的方向,而电子带负电,所以电流方向为从 B 到 A,大小为 2.67 A。

1.2.3 电流的测量

（1）对交、直流电流可分别使用交流电流表和直流电流表测量，也可使用万用表的交流电流挡和直流电流挡测量。

（2）电流表必须串联到被测量的电路中。如图1-9所示，直流电流表表壳接线柱上的表明极性的记号，应和电路的极性一致，即标有"0.6""3"（代表正极）的一端接电源正极一侧，"－"端接电源负极一侧，不能接错，否则指针反偏，既影响正常测量也容易损坏电流表。

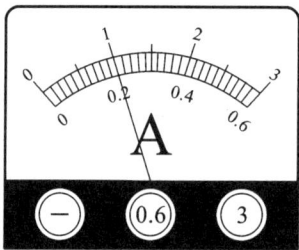

图1-9 电流表

（3）每个电流表都有一定的测量范围，称为电流表的量程。一般被测电流的数值在电流表量程一半以上时，读数较为准确。因此，在测量前应预估被测电流大小，以便选择合适量程的电流表。若无法估计，可先用电流表的最大量程挡测量，当指针偏转不到1/3刻度时，再改用较小量程挡去测量，直到测得准确数值为止。

课后练习

一、判断题

1. 电子在电路中定向运动的方向，就是电路中电流的方向。（　　　）
2. 电路中电流的大小为5 A，1 min时间内通过电路的电量为5 C。（　　　）

二、选择题

1. 下列带电粒子定向运动的方向与电流方向相同的是（　　　）。
A. 电子　　　　　　　　　　　B. 失去电子的原子
C. 得到电子的原子　　　　　　D. NaCl溶液中的氯离子
2. 在5 s内通过导体的电量为10^{-3} C，则导体中的电流为（　　　）。
A. 0.2 mA　　　　　B. 2 mA　　　　　C. 5 mA　　　　　D. 0.02 mA

1.3 电压、电位和电动势

1.3.1 电压

在电场力作用下,电荷做定向移动形成电流。电荷在定向运动中,电场力将电荷从电场的一点移动到另一点,此过程中对运动电荷做的功 W 与电荷量 q 的比值称作电压,用 U 表示,单位是伏特,简称伏(V)。

$$U = \frac{W}{q}$$

式中:功 W 的单位为焦耳(J);

电量 q 的单位为库仑(C)。

电压 U 的单位为伏特(V),也常用千伏(kV)、毫伏(mV)。

$$1 \text{ kV} = 10^3 \text{ V}$$

$$1 \text{ mV} = 10^{-3} \text{ V}$$

电压与电流的关系和水压与水流的关系有相似之处。在图 1-10 所示装置中,由于抽水机不断地将水槽 B 中的水抽送到水槽 A 中,使 A 处水位比 B 处高,即 AB 之间形成了水压,水管中的水便由 A 处向 B 处流动,从而推动涡轮转动。

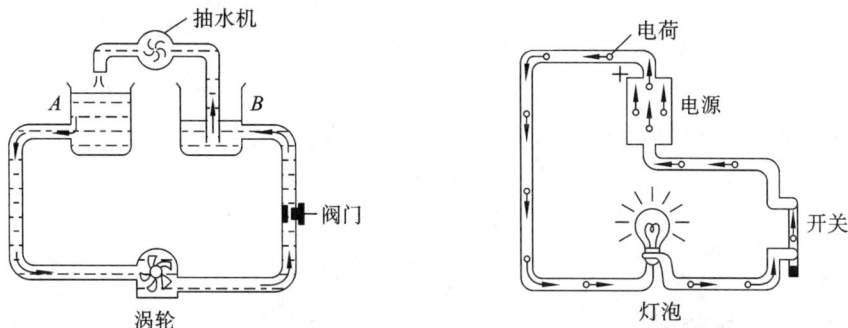

图 1-10 水压与水流、电压与电流

利用类比法可知,由于电源的正、负极间存在着电压,电路中便有正电荷由正极流向负极(实际上是负电荷由负极流向正极),从而使灯泡发光。

电压的实际方向即为正电荷在电场中的受力方向。在计算复杂电路时,常常难以判断电压的实际方向,因此需要先设定电压的参考方向。原则上电压的参考方向可任意选取,但如果已知电流参考方向,则电压参考方向最好选择与电流参考方向一致,称为关联参考方向。当电压的实际方向与参考方向一致时,电压为正值;反之则为负值,如图 1-11 所示。

1.3.2 电位

在电路中任意选定一点作为参考点(即零电位点),则电路中某一点与参考点之间

图 1-11　电压的参考方向

的电压即为该点的电位。电位的单位也是伏特（V）。电位通常用 V 或 φ 表示，如 a、b 点电位可分别记为 V_a、V_b。

原则上参考点可以任意选择，但是为了便于计算，在电力电路中常以大地作为参考点，其电路符号为"⏚"；在电子电路中常以多条支路汇集的公共点或者金属底板、机壳等作为参考点，电路符号为"⏛"。高于参考点的电位取正，低于参考点的电位取负。电路中某一点的电位等于该点与参考点之间的电压。

电路中任意两点之间的电位差就等于两点之间的电压，即 $U_{ab}=V_a-V_b$，若 U_{ab} 为正值，说明 a 点电位高于 b 点电位；若 U_{ab} 为负值，说明 a 点电位低于 b 点电位。故电位差又称电压。

[例 1.3.1]　在如图 1-12 所示的电路中，当选择 d 点作参考点时，a 点的电位 $V_a=10$ V，b 点的电位 $V_b=5$ V，c 点的电位 $V_c=2$ V，e 点的电位 $V_e=-2$ V。求 U_{ab}、U_{bc}、U_{cd}、U_{bd}、U_{ed}。

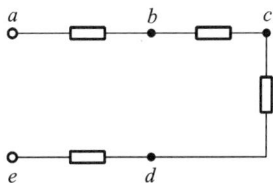

图 1-12　例 1.3.1 图

解：$U_{ab}=V_a-V_b=(10-5)$ V$=5$ V

$U_{bc}=V_b-V_c=(5-2)$ V$=3$ V

因为选择 d 点作为参考点，所以 $V_d=0$ V。因此：

$$U_{cd}=V_c-V_d=(2-0)\ \text{V}=2\ \text{V}$$

$$U_{bd}=V_b-V_d=(5-0)\ \text{V}=5\ \text{V}$$

$$U_{ed}=V_e-V_d=(-2-0)\ \text{V}=-2\ \text{V}$$

1.3.3　电动势

在图 1-10 中，抽水机的作用是不断把水从 B 水槽抽到 A 水槽，从而使 A 与 B 之间始终保持一定的水位差，这样水管中才能有持续的水流。同样，电源的作用和抽水机相似，它不断地将正电荷从电源负极经过电源内部移向正极，从而使电源正负极之间始终保持一定的电位差（电压），这样电路中才能有持续的电流。电源力将正电荷 q 从电源负极经电源内部移动到电源正极所做的功 W 与该电荷 q 的比值，称为电源的电动势，用 E 表示，单位为伏特（V）。

所谓电源力，是由其他形式能量所产生的一种对电荷的作用力。在不同的电源中，电源力来源不同。例如：电池中的电源力是由电解液与极板间的化学作用而产生的；发电机的电源力则是由电磁作用而产生的。

电源的电动势在数值上等于电源没有接入电路时正负极间的电压。电动势的方向规定为在电源内部由负极指向正极，如图 1-13 所示。

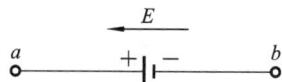

图 1-13　直流电动势的方向

需要注意的是,对于一个电源来说,既有电动势,又有端电压。电动势只存在于电源内部;而端电压则是电源输出且加在外电路两端的电压,其方向由正极指向负极。一般情况下,电源端电压总是低于电源的电动势,只有当电源开路时,电源的端电压才与电源的电动势相等。

1.3.4　电压的测量

(1)对交、直流电压可分别使用交流电压表和直流电压表测量,也可使用万用表的交流电压挡和直流电压挡测量。

(2)电压表必须并联到被测量的电路中。如图 1-14 所示,直流电压表表壳接线柱上的表明极性的记号,应和被测两点的电位一致,即标有"3""15"(代表正极)的一端接高电位,"一"端接低电位,不能接错,否则指针反偏,会损坏电压表。

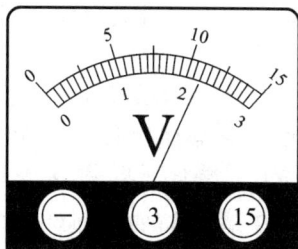

图 1-14　电压表

(3)每个电压表都有一定的测量范围,称为电压表的量程。一般被测电压的数值在电压表量程一半以上时,读数较为准确。因此在测量前应预估被测电压大小,以便选择合适量程的电压表。若无法估计,可先用电压表的最大量程挡测量,当指针偏转不到 1/3 刻度时,再改用较小量程电压表去测量,直到测得准确数值为止。

 课后练习

一、判断题

1.电压的方向是由高电位指向低电位。(　　)

2.(2018 年)电路中某两点的电位都很高,但该两点间的电压不一定很大。(　　)

二、选择题

1.将 $q = 4 \times 10^{-10}$ C 正电荷从 M 点移动到 N 点,电场力做功 $W = 4 \times 10^{-8}$ J,则 M、N 两点之间电压的大小和方向分别是(　　)。

　　A. 100 V,由 M 指向 N　　　　　　　B. 100 V,由 N 指向 M

　　C. 10 V,由 M 指向 N　　　　　　　D. 10 V,由 N 指向 M

2.若 $U_{ab} = 6$ V,$V_a = 3$ V,则 B 点的电位 V_b 为(　　)V。

　　A. 9　　　　　　　B. 6　　　　　　　C. 0　　　　　　　D. -3

1.4 电 阻

1.4.1 电阻与电阻率

金属导体中的电流是自由电子定向移动形成的。自由电子在运动中要跟金属正离子频繁碰撞,每秒的碰撞次数高达 10^5 次左右。这种碰撞阻碍了自由电子的定向移动,表示这种阻碍作用的物理量叫作电阻。不但金属导体有电阻,其他物体也有电阻。

电阻单位是欧姆,简称欧,用 Ω 表示。比较大的单位还有千欧(kΩ)、兆欧(MΩ)。

$$1\ M\Omega = 10^3\ k\Omega$$

$$1\ k\Omega = 10^3\ \Omega$$

导体电阻的大小与其自身的尺寸以及材料有关,也会受环境温度的影响而变化。研究发现:在温度不变时,一段均匀导体的电阻 R 与导体的长度 L 成正比,与导体的横截面积 S 成反比,这就是电阻定律。公式为:

$$R = \rho \frac{L}{S}$$

式中:ρ 是导体的电阻率,单位为欧姆·米($\Omega \cdot m$);

L 是导体的长度,单位为米(m);

S 是导体的横截面积,单位为平方米(m^2)。

电阻率 ρ 的大小反映了物体的导电能力。电阻率很小、容易导电的物体称为导体;电阻率很大、几乎不能导电的物体称为绝缘体。除此之外,还有一类导电能力介于导体和绝缘体之间的物体,它们的导电能力受外界条件影响很大,温度的变化、光照的变化、掺入微量其他物质等都可能使其导电性能发生显著的变化,这类物体称为半导体。表1-1 所示为常用材料的电阻率。

表 1-1 常用材料的电阻率

材料名称		电阻率(20 ℃) $\rho / \Omega \cdot m$	电阻率(1 ℃) $\rho / \Omega \cdot m$
导体	银	1.6×10^{-8}	3.6×10^{-3}
	铜	1.7×10^{-8}	4.1×10^{-3}
	铝	2.8×10^{-8}	4.2×10^{-3}
	钨	5.5×10^{-8}	6.2×10^{-3}
	锰铜(85％铜＋3％镍＋12％锰)	4.2×10^{-7}	0.6×10^{-5}
半导体	锗	0.60	0.5×10^{-3}
	硅	2300	
绝缘体	塑料	10^{15}	
	陶瓷	10^{12}	

1.4.2　电阻与温度的关系

导体的电阻率一般会随温度变化而变化。如碳的电阻率随温度升高而减小,这类物质称为负温度系数材料;铜等一些金属材料的电阻率会随温度升高而增大,这类物质称为正温度系数材料;当然有些材料是零温度系数材料,即其电阻率不随温度变化而变化,如锰铜。还有一些材料,如汞,当温度下降到某一数值时会突然失去电阻特性,这一现象称为超导现象。对超导材料的研究是现代物理学中很重要的课题,目前科研人员正致力于提高超导体的临界温度,以扩大它的应用范围。

不同的材料因温度变化而引起的电阻变化是不同的,同一导体在不同的温度下有不同的电阻,也就有不同的电阻率。温度每升高 1 ℃时电阻所变动的数值与原来电阻值的比,叫作电阻的温度系数,以字母 α 表示,单位为 1/℃。

如果在温度为 t_1 时,导体的电阻为 R_1,在温度为 t_2 时,导体的电阻为 R_2,则电阻的温度系数

$$\alpha = \frac{R_1 - R_2}{R_1(t_2 - t_1)}$$

$$R_2 = R_1[1 - \alpha(t_2 - t_1)]$$

这里所列的 α 值是导体在某一温度范围内温度系数的平均值,并不是任何初始温度下,每升高 1 ℃都有相同比例的电阻变化,上述公式只是近似的表示式。

✦ 课 后 练 习

一、填空题

1. 一段均匀导体在温度一定时的电阻,除与其电阻率成正比,还与_____成正比,与_____成反比。

2. 铜的电阻率为 $1.7 \times 10^{-8}\ \Omega \cdot m$,用长 200 m,横截面积为 0.01 mm^2 的铜线做成的电阻,其电阻值为_____Ω。

二、选择题

1. 一条导线的电阻为 4 Ω,在温度不变的情况下把它均匀拉长 4 倍,其电阻为(　　)Ω。

A. 4　　　　　　　　B. 16　　　　　　　　C. 20　　　　　　　　D. 64

2. 能使导体的电阻增加 1 倍的做法是(　　)。

A. 导体的温度升高 1 倍

B. 保持横截面积不变,长度增加 1 倍

C. 保持长度不变,横截面积增加 1 倍

D. 长度和横截面积都增加 1 倍

1.5.1   欧姆定律

通过实验可知:导体中的电流与它两端的电压成正比,与它的电阻成反比。这就是欧姆定律。

$$I = \frac{U}{R}$$

或
$$U = IR$$

式中:I 表示通过导体的电流;

$\quad\quad U$ 表示导体两端的电压;

$\quad\quad R$ 表示导体的电阻。

图 1-15 所示为部分电路参考方向的选取。

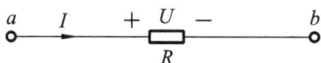

图 1-15   部分电路参考方向的选取

实际上,这种只含负载而不包含电源的一段电路称为部分电路,所以这一定律又称为部分电路欧姆定律。

1.5.2   电阻的伏安特性曲线

以电压为横坐标,电流为纵坐标,可画出电阻的 I/U 关系曲线,称之为伏安特性曲线,如图 1-16 所示。电阻元件的伏安特性曲线是过原点的直线时,叫线性电阻。即电阻元件的电阻值 R 可以认为是不变的常数,直线斜率的倒数表示该电阻的电阻值。如果不是直线,则叫作非线性电阻。通常所说的电阻都是指线性电阻。

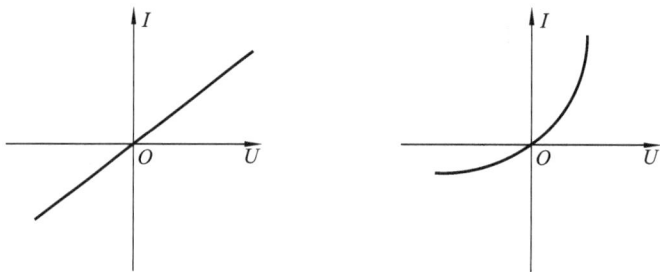

图 1-16   线性电阻和非线性电阻的伏安特性曲线

1.5.3   全电路欧姆定律

只有用导线把电源、用电器连成一个闭合电路,电路中才有电流,如图 1-17 所示。用电器、导线组成外电路,电源内部是内电路。

电工基础

外电路的电阻叫作外电阻,用 R 表示,内电路的电阻叫作内电阻,用 R_i 表示。在研究全电路时内电阻是必须要考虑的因素。

在外电路中,电流由电势高处向电势低处流动,在外电阻上沿电流方向有电势降落 $U_外$;在内电阻上也有电势降落 $U_内$。在电源内部,由负极到正极电势升高,升高的数值等于电源的电动势 E。在闭合电路中,电源内部电势升高的数值 E 等于电路中电势降落的数值,电源的电动势 E 等于 $U_外$ 和 $U_内$ 之和,即:

图 1-17 简单的全电路

$$E = U_外 + U_内$$

闭合电路中的电流为 I,外电阻为 R,内电阻为 R_i,由部分电路欧姆定律可知,$U_外 = IR$,$U_内 = IR_i$。因此

$$E = IR + IR_i$$

所以

$$I = \frac{E}{R + R_i}$$

全电路中的电流跟电源的电动势成正比,跟整个电路的电阻成反比。这个规律叫作全电路欧姆定律。

外电路两端的电压 $U_外$,通常叫作端电压,常用 U 表示,它是电源加在负载(用电器)上的实际电压。可见当电源电动势 E 和内阻 R_i 一定时,电源端电压随着电流 I 的增大而减小。即:$U = E - IR_i$。

如图 1-18 所示,电源的伏安特性曲线与电压轴交点对应的电压值,为电源电动势;电源伏安特性曲线与电压轴交点对应的电压值和曲线与电流轴交点对应的电流值之比,为电源的内电阻。

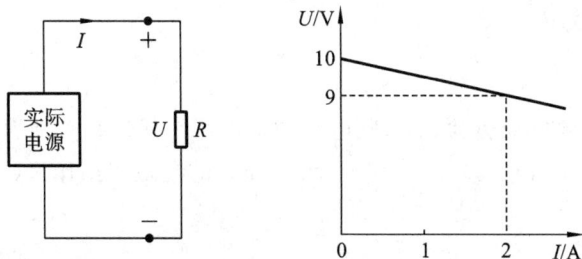

图 1-18 电源的外特性曲线

[例 1.5.1] 已知电源电动势 $E = 1.5$ V,内电阻 $R_i = 0.2$ Ω,外电阻 $R = 2.8$ Ω。求:电路中的电流和端电压各是多少?

分析:由题目给出的已知条件,电源电动势 E、内电阻 R_i 和外电阻 R 均已知,利用全电路欧姆定律可求出电路中的电流,利用公式 $U = IR$ 或 $U = E - IR_i$ 可求出端电压。

解:根据全电路欧姆定律,电路中的电流为

$$I = \frac{E}{R + R_i} = \frac{1.5}{2.8 + 0.2} \text{ A} = 0.5 \text{ A}$$

端电压为

$$U = E - IR_i = (1.5 - 0.5 \times 0.2) \text{ V} = 1.4 \text{ V}$$

[例1.5.2] 在图1-19中,$R_1 = 8 \ \Omega$,$R_2 = 5 \ \Omega$。当单刀双掷开关S扳到位置1时,测得电流 $I_1 = 0.2$ A;当S扳到位置2时,测得电流 $I_2 = 0.3$ A。求:电源电动势 E 和内电阻 R_i 各是多少?

分析:本题要求两个未知量,必须列两个方程式,而题目中恰好给出两个电路,其共同点是电动势 E 和内电阻 R_i 不变。我们可根据全电路欧姆定律,利用两个电路的数据,列出两个方程并求解。

解:根据全电路欧姆定律,得

$$E = I_1 R_1 + I_1 R_i$$
$$E = I_2 R_2 + I_2 R_i$$

代入数据,得

$$E = 0.2 \times 8 + 0.2 R_i$$
$$E = 0.3 \times 5 + 0.3 R_i$$

解方程,得

$$R_i = 1 \ \Omega$$
$$E = 1.8 \text{ V}$$

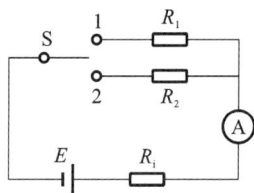

图 1-19 例1.5.2 图

课后练习

一、判断题

1. 当电路中电源电动势为3 V,则电源的端电压在任何时候都为3 V。( )
2. 导体中的电流与它两端的电压成反比,与它的电阻成正比。( )

二、选择题

1. 当外电路断路,即外电路电阻 $R = \infty$ 时,电源的端电压 $U = 12$ V,当电源两端断路,即外电路电阻 $R = 0$ 时,电路的电流 $I = 24$ A,则电源的内电阻为( )。

   A. 24 Ω   B. 12 Ω   C. 0.5 Ω   D. 不能确定

2. 电源的电动势 $E = 6$ V,内电阻 $R_i = 1 \ \Omega$,当电源两端接一个 $R = 2 \ \Omega$ 的电阻时,电源的端电压为( )V。

   A. 6   B. 4   C. 2   D. 1

1.6 电功和电功率

1.6.1 电功

电流做功的过程,实质上就是将电能转化为其他形式的能的过程。例如:电流流过电动机,将电能转化为机械能;电流流过电饭煲,将电能转化为热能;电流流过灯泡,将电能转化为热能和光能等。

电流所做的功,称为电功,用字母 W 表示。电流在一段电路上所做的功等于这段电路两端的电压 U、电路中的电流 I 和通电时间 t 三者的乘积,即:

$$W = UIt$$

电功的常用单位是千瓦时,用符号 $kW \cdot h$ 表示,即通常所说的 1 度电,它和焦耳的换算关系为

$$1 \ kW \cdot h = 3.6 \times 10^6 \ J$$

用来测量电流做功多少,也就是电路消耗电能多少的仪表称为电能表,如图 1-20 所示。

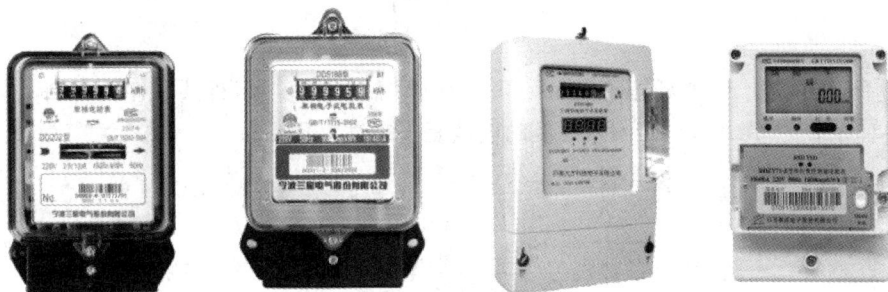

图 1-20　常见的电能表

1.6.2 电功率

电流在单位时间内所做的功称为电功率,用字母 P 表示,单位是瓦特,简称瓦,用 W 表示,其计算式为

$$P = \frac{W}{t} = UI$$

或

$$P = I^2 R = \frac{U^2}{R}$$

式中:电功率 P 的单位是瓦(W);

电压 U 的单位是伏(V);

电流 I 的单位是安(A);

电阻 R 的单位是欧姆(Ω)。

用电器上通常会标明它的电功率和电压,叫作用电器的额定功率和额定电压,即正常工作时的电功率和电压。根据额定功率和额定电压,可以计算出额定电流。例如,标有"220 V,40 W"的白炽灯的额定电流为 $I = \dfrac{P}{U} = \dfrac{40\ \text{W}}{220\ \text{V}} \approx 0.18\ \text{A}$。

1.6.3 电流的热效应

电流通过导体时使导体发热的现象称为电流的热效应。实验结果表明:电流通过导体产生的热量 Q,跟电流 I 的平方、导体的电阻 R 和通电时间 t 成正比,这就是焦耳定律。写成公式为

$$Q = I^2 R t$$

式中:热量 Q 的单位是焦耳(J);

电流 I 的单位是安培(A);

电阻 R 的单位是欧姆(Ω);

时间 t 的单位是秒(s)。

这种热也称焦耳热。

如果电路中只含有电阻,即纯电阻电路,由于 $U = IR$,焦耳定律的公式也可写成

$$Q = I^2 R t = \dfrac{U^2}{R} t$$

[例 1.6.1] 某电烤箱的电阻是 5 Ω,工作电压是 220 V,将其看作纯电阻负载,则通电 15 min 能放出多少能量?消耗的电能是多少度?

解:

$$\text{热量 } Q = \dfrac{U^2}{R} t = \dfrac{220^2 \times 15 \times 60}{5}\ \text{J} = 8.712 \times 10^6\ \text{J}$$

$$\text{电能 } W = Q = \dfrac{8.712 \times 10^6}{3.6 \times 10^6}\ \text{kW} \cdot \text{h} = 2.42\ \text{kW} \cdot \text{h}$$

1.6.4 负载的额定值

电气设备长期安全工作时各参数所允许的最大值称为额定值。常见的额定值有额定电流、额定电压、额定功率等。

电气设备在额定功率下的工作状态称为额定工作状态,也称满载;低于额定功率的运行状态称为轻载;高于额定功率的运行状态称为过载或超载。

一般元器件和设备的额定值通常标在其外壳的铭牌上,因此其额定值也称铭牌数据,如图 1-21 所示。

[例 1.6.2] 额定值为 100 Ω/1 W 的电阻,安全工作时两端允许加的最大直流电压为多少?允许流过的直流电流又是多少?

解:根据式 $P = I^2 R = \dfrac{U^2}{R}$ 可得,电阻安全工作时两端允许加的最大直流电压为

$$U = \sqrt{PR} = \sqrt{100}\ \text{V} = 10\ \text{V}$$

安全工作时电阻允许流过的最大直流电流为

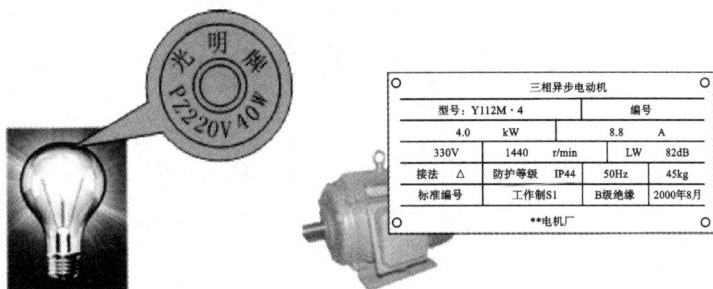

图 1-21　灯泡和电动机的铭牌数据

$$I = \frac{P}{U} = \frac{1\,\text{W}}{10\,\text{V}} = 0.1\,\text{A}$$

*1.6.5　负载获得最大功率的条件

电源所提供的功率,一部分消耗在电源内部电阻 R_i 上,另一部分消耗在外部负载上,由闭合电路欧姆定律可知,电源电动势等于内外电路电压降之和,即 $E = U + IR_i$;电源产生的功率等于负载消耗功率和电源内部电阻消耗功率之和,即 $P_总 = P_外 + P_内 = UI + I^2R_i$。

利用可变电阻,测出不同阻值时的负载获得功率,可以得到电源输出功率曲线,如图 1-22 所示。

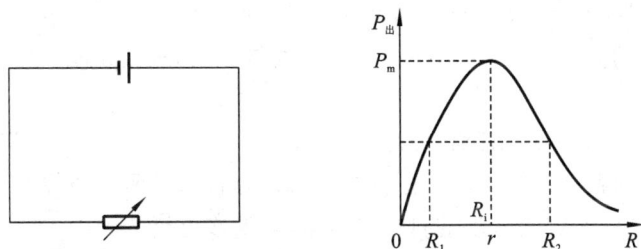

图 1-22　电源输出功率曲线

负载获得最大功率的条件为:当电源功率一定而负载可变时,负载电阻 R 等于电源内阻 R_i 时,能够从电源中获得最大功率 $P_{\max}$。当 $R = R_i$ 时,最大功率 $P_{\max} = \dfrac{E^2}{4R_i}$。

获得最大功率时,由于 $R = R_i$,所以负载上和内电阻上消耗的功率相等,这时电源的效率不高,只有 50%。在电子技术中,有些电路主要考虑负载获得最大功率,效率高低是次要问题,因而电路总是工作在 $R = R_i$ 附近,这种工作状态一般称为"阻抗匹配状态"。而在电力系统中,希望尽可能减少内部损失,提高供电效率,故要求 $R \gg R_i$。

_____

(注:打"*"的为选学内容,作一般了解)

如图 1-23 所示,电源电动势 $E=220\ \text{V}$,内电阻 $R_i=5\ \Omega$,电阻 $R=10^5\ \Omega$,当开关 S 闭合后,求:

(1)负载 R 的功率;

(2)电源内电阻 R_i 的功率;

(3)电源的功率。

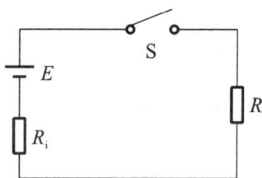

图 1-23 练习题示例图

本章小结

1.电路由电源、负载、连接导线和控制装置四大部分组成。

电路的基本功能有两大类:一是进行能量的传输、分配和转换;二是进行信息的传递和处理。

电路的三种状态:通路、开路、短路。

2.电荷的定向移动形成电流。产生电流必须具备如下两个条件:

(1)导体内要有作定向移动的自由电荷,这是形成电流的内因。

(2)要有使自由电荷作定向移动的电场,这是形成电流的外因。

电流的大小称为电流强度,简称电流,是指单位时间内通过导体横截面积的电荷量,即:

$$I=\frac{Q}{t}$$

电流的方向是正电荷移动的方向。

3.电场力移动电荷所做的功 W 与电荷量 q 的比值称作电压,用 U 表示,即:

$$U=\frac{W}{q}$$

电压的方向为正电荷在电场力下移动的方向。

4.电路中任意两点之间的电位差就等于两点之间的电压,即 $U_{ab}=V_a-V_b$,若 U_{ab} 为正值,说明 a 点电位高于 b 点电位,若 U_{ab} 为负值,说明 a 点电位低于 b 点电位。

5.电源的电动势 E 是在数值上等于电源没有接入电路时两极板间的电压。电动势的方向规定为在电源内部由负极指向正极。

6.导体的电阻 R 是由它本身的物理条件决定的。在温度不变时,一段均匀导体的电阻 R 与导体的长度 L 成正比,与导体的横截面积 S 成反比,这就是电阻定律。公式为

$$R = \rho \frac{L}{S}$$

如果在温度为 t_1 时,导体的电阻为 R_1,在温度为 t_2 时,导体的电阻为 R_2,则电阻的温度系数为

$$\alpha = \frac{R_1 - R_2}{R_1(t_2 - t_1)}$$

$$R_2 = R_1[1 - \alpha(t_2 - t_1)]$$

7.导体中的电流 I 与它两端的电压 U 成正比,与它的电阻 R 成反比。这就是部分电路欧姆定律。

$$I = \frac{U}{R}$$

或

$$U = IR$$

8.电源的电动势 E 等于 $U_外$ 和 $U_内$ 之和,即:

$$E = U_外 + U_内$$

闭合电路中的电流为 I,外电阻为 R,内电阻为 R_i,由部分电路欧姆定律可知,$U_外 = IR$,$U_内 = IR_i$。因此

$$E = IR + IR_i$$

所以

$$I = \frac{E}{R + R_i}$$

全电路中的电流跟电源的电动势成正比,跟整个电路的电阻成反比。这个规律叫作全电路欧姆定律。

当电源电动势 E 和内阻 R_i 一定时,电源端电压随着电流 I 的增大而减小。即:

$$U = E - IR_i$$

9.电流所做的功,称为电功,用字母 W 表示。电流在一段电路上所做的功等于这段电路两端的电压 U、电路中的电流 I 和通电时间 t 三者的乘积,即:

$$W = UIt$$

电功的常用单位是千瓦时,用符号 kW·h 表示,即通常所说的1度电,它和焦耳的换算关系为

$$1 \text{ kW·h} = 3.6 \times 10^6 \text{ J}$$

用来测量电流做功多少,也就是电路消耗电能多少的仪表称为电能表。

10.电流在单位时间内所做的功称为电功率,用字母 P 表示,单位是瓦特,简称瓦,用 W 表示,其计算式为

$$P = \frac{W}{t} = UI$$

或

$$P = I^2R = \frac{U^2}{R}$$

用电器的外壳上通常会标明它的电功率和电压,叫作用电器的额定功率和额定电压,即正常工作时的电功率和电压。

11.电流通过导体时使导体发热的现象称为电流的热效应。实验结果表明:电流通过导体产生的热量 Q,跟电流 I 的平方、导体的电阻 R 和通电时间 t 成正比,这就是焦耳定律。写成公式为

$$Q = I^2Rt$$

如果电路中只含有电阻,即纯电阻电路,由于 $U = IR$,焦耳定律的公式也可写成

$$Q = I^2Rt = \frac{U^2}{R}t$$

12.负载获得最大功率的条件为:当电源功率一定而负载可变时,负载电阻 R 等于电源内阻 R_i 时,能够从电源中获得最大功率 P_{max}。当 $R = R_i$ 时,最大功率 $P_{max} = \frac{E^2}{4R_i}$。

实训一 电压与电位的测定

一、实训目的

1.理解电位和电压的意义及其相互关系。

2.学习测量电路中各点电位的方法和测量元件两端电压的方法。

二、实训器材

1.万用表 2 只。

2.电阻 20 Ω、30 Ω、50 Ω(均为 1 W)各 1 只。

3.直流电源 5 V、15 V。

4.开关 1 个。

5.导线若干。

三、实训步骤

1.连接电路

按照图 1-24 所示接好电路。

2.电压测量

闭合开关 S,用万用表直流电压挡分别测量电压 U_{ae}、U_{ab}、U_{bc}、U_{cd}、U_{de},并连同电路中的万用表电流挡指示读数记入表 1-2 中。

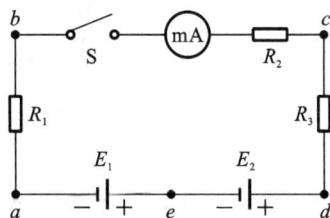
图 1-24 实验图

表 1-2 测量电压和电流值

I/mA	U_{ae}/V	U_{ab}/V	U_{bc}/V	U_{cd}/V	U_{de}/V

3.电位测量

(1)将万用表转换开关放在直流电压挡上,将负表笔接在电路 e 点($V_e=0$),正表笔依次测量 a、b、c、d 各点电位,并将测量值记入表 1-3 中。

表 1-3 测量电位值

测量参考点	测量结果			
	V_a/V	V_b/V	V_c/V	V_d/V
e				
a				
b				
c				
d				

(2)将负表笔分别接在 a、b、c、d 点,重复步骤(1),测量电路中各点电位,并计入表 1-3 中。如遇表针反转则将表笔互换,这时负表笔所接点的电位应为负值。

章末练习

一、选择题

1.(2015 年)按电源提供电能的形式分类,下列属于交流电源的是(　　)。

A.开关电源　　　　B.适配器　　　　C.蓄电池　　　　D.信号发生器

2.(2016 年)电位是相对量,随参考点的改变而改变,电压不随参考点的改变而改变,是(　　)。

A.恒量　　　　　B.变量　　　　　C.绝对量　　　　D.相对量

3.(2017 年)从商店买回来的小电珠,将它接到电池上,发现只是灯丝微红,但不能正常发光,产生这种现象的原因是(　　)。

A. 电路没有接通   B. 小电珠是坏的

C. 小电珠的额定功率本来就小   D. 电池电压小于小电珠的额定电压

4. (2015年)如图1-25所示,以O为参考点,$V_a = 10$ V,$V_b = 5$ V,则电压U_{ab}为( )。

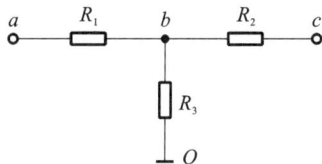

图1-25 选择题4示例图

A. 5 V   B. 10 V   C. 15 V   D. 20 V

5. (2016年)电能常用的实用单位是( )。

A. 伏特   B. 伏安   C. 度   D. 瓦

6. 某金属导体两端电压为10 V,导体电阻为20 Ω,通过导体的电流为( )。

A. 0.1 A   B. 0.2 A   C. 0.4 A   D. 0.5 A

7. (2017年)一度电可供"220 V/40 W"的灯泡正常发光( )。

A. 20 小时   B. 25 小时   C. 40 小时   D. 45 小时

8. (2016年)如图1-26所示电路中,已知$E = 3$ V,$R_1 = 3$ Ω,$R_2 = 6$ Ω,则电流I、R_1消耗的功率、R_2消耗的功率分别为( )。

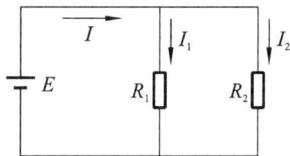

图1-26 选择题8示例图

A. 0.5 A、3 W、1.5 W   B. 1 A、3 W、1.5 W

C. 1.5 A、1.5 W、3 W   D. 1.5 A、3 W、1.5 W

9. (2015年)如图1-27所示,若实际电源电动势为E,内电阻为R_0,负载电阻为R_L,则负载获得最大功率( )。

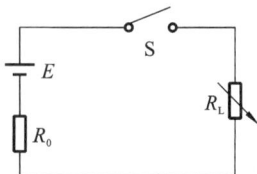

图1-27 选择题9示例图

A. 条件是$R_L = R_0$ B. 条件是$R_L = 2R_0$

C. $P = E^2/4R_0$ D. $P = E^2/2R_0$

10. 下列电压属于安全电压的是( )。

A. 24 V   B. 60 V   C. 220 V   D. 380 V

二、判断题

1.(2015 年)电路中参考点的电位规定为零值,某点电位若低于参考点的电位则为正值,高于参考点则为负值。(　　)

2.(2017 年)电路正常工作中不允许电源短路。(　　)

3.在电路开路时,电源电动势的大小等于电源端电压。(　　)

4.(2016 年)电动机是将电能全部转换为热能的负载。(　　)

5.电动势是衡量电源力做功本领大小的物理量,它的方向规定为电源内部由正极指向负极。(　　)

6.万用表使用完毕,应将转换开关置于交流电压的最大挡或者 OFF 位置上。(　　)

7.(2016 年)使用交流电流表测量电流时,要使电流从"＋"端流入,"－"端流出。(　　)

8.(2015 年)用电器正常工作的基本条件是供电电压等于用电器的额定电压。(　　)

9.(2018 年)一般情况下,36 V 电源对人体的安全不会构成威胁,所以通常称 36 V 以下的电压为安全电压。(　　)

10. 电路中两点之间的电压为"0",这两点的电位也为"0"。(　　)

三、计算题

1.如图 1-28 所示电路中,已知电源电动势 $E=24$ V,负载 R 两端电压为 18 V,电源内电阻 $R_0=2$ Ω,求:

(1)电路中的电流 I;

(2)电源内电阻消耗的功率。

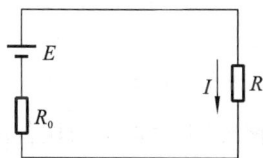

图 1-28　计算题 1 示例图

2.(2018 年改编)如图 1-29 所示,$R_0=2$ Ω 是电源电动势 $E=10$ V 的内电阻,定值电阻 $R_1=1$ Ω。求:

(1)当可调电阻 R_2 为何值时能获得最大功率?

(2)R_2 获得最大功率时,内阻 R_0 的消耗功率是多少?

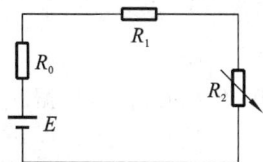

图 1-29　计算题 2 示例图

第2章 直流电路的分析

单元要点

1.理解串、并联电路中电流、电压和功率的分配规律；掌握电阻串联、并联和混联时等效电阻、电压及电流的相关计算；了解电阻串联电路和并联电路的应用场景；了解电池串联和并联时等效电动势及等效内阻的计算方法。

2.理解理想电压源、理想电流源的定义、特性及应用。

3.理解基尔霍夫第一定律和第二定律；了解节点、支路、回路和网孔的定义，并能正确识别；理解基尔霍夫电流定律(KCL)和电压定律(KVL)的文字表述与数学公式。会运用基尔霍夫电流定律和电压定律列写电路方程；能运用支路电流法求解含 2 个网孔电路的方法。

4.掌握电桥平衡的条件及其实际应用。

2.1 电阻的串联、并联和混联

2.1.1 电阻的串联

电阻的串联是指将两个或两个以上的电阻依次首尾相连，使电流只有一条通路，如图 2-1 所示。串联电路有两个基本特点：①电路中各处的电流都相等；②电路的总电压等于各部分电路两端电压之和。

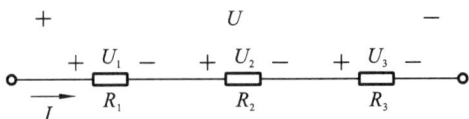

图 2-1 电阻的串联

1.串联电路的总电阻

用 R 表示串联电路的总电阻，I 表示电流，根据欧姆定律，在图 2-1 所示串联电路中，有

$$U=IR, U_1=IR_1, U_2=IR_2, U_3=IR_3$$

由此可得

$$U = U_1 + U_2 + U_3 = (R_1 + R_2 + R_3)I$$
$$R = R_1 + R_2 + R_3$$

也就是说,串联电路的总电阻等于各个电阻之和。

2. 串联电路的电压分配

串联电路中的每个电阻两端的电压与电阻的大小成正比,电路的总电压为每个电阻两端的电压之和。

$$\frac{U_1}{R_1} = \frac{U_2}{R_2} = \cdots = \frac{U_n}{R_n} = I$$

从串联电路中电阻两端的电压与电路总电压之间的关系可以看出,电阻串联有分压作用。

常见的两个电阻串联时,可得

$$I = \frac{U}{R_1 + R_2}$$

$$U_1 = R_1 I = \frac{R_1}{R_1 + R_2} U$$

$$U_2 = R_2 I = \frac{R_2}{R_1 + R_2} U$$

这就是两个电阻串联时的分压公式。

[例 2.1.1] $R_1 = 8\ \Omega$,$R_2 = 20\ \Omega$,将 R_1 和 R_2 串联在电路中时,R_2 两端的电压 $U_2 = 3\ V$,则 R_1 两端的电压 U_1 为多少?

解:根据 $\frac{U_1}{R_1} = \frac{U_2}{R_2}$ 可得

$$U_1 = \frac{U_2 R_1}{R_2} = \frac{3 \times 8}{20}\ V = 1.2\ V$$

3. 串联电路的功率分配

电阻串联时,功率的分配与电阻成正比,电阻越大,功率越大。串联电路中各个电阻消耗的功率为

$$P_1 = U_1 I = R_1 I^2, \cdots, P_n = U_n I = R_n I^2$$

$$\frac{P_1}{P_2} = \frac{R_1}{R_2} = \frac{U_1}{U_2}$$

[例 2.1.2] 有两个电阻串联接在一电源上,其中 $R_1 = 25\ \Omega$,$R_2 = 50\ \Omega$,用万用表测得 R_1 的电压为 $50\ V$,求:

(1)电阻 R_2 上的电压;

(2)电阻 R_1 和 R_2 消耗的功率。

解:(1)由串联电路电压的分配关系 $\frac{U_1}{R_1} = \frac{U_2}{R_2}$ 可得

$$U_2 = \frac{R_2}{R_1} U_1 = \frac{50}{25} \times 50\ V = 100\ V$$

（2）电阻 R_1 和 R_2 消耗的功率分别为

$$P_1 = \frac{U_1^2}{R_1} = \frac{2500}{25} \text{ W} = 100 \text{ W}$$

$$P_2 = \frac{U_2^2}{R_2} = \frac{10000}{50} \text{ W} = 200 \text{ W}$$

2.1.2　电阻的并联

将所有电阻或元件的一端连接在一起构成一个节点，另一端也连接在一起构成另一个节点，这样的连接方式称作并联。并联电路有两个基本特点：①电路中各支路两端的电压相等；②电路中的总电流等于各支路电流之和。图 2-2 所示是由三个电阻组成的并联电路。

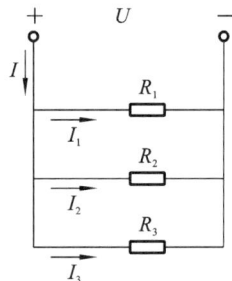

图 2-2　电阻的并联

1. 并联电路的总电阻

用 R 表示并联电路的总电阻，U 表示电压，根据欧姆定律，以图 2-2 为例可得到

$$I = \frac{U}{R}, I_1 = \frac{U}{R_1}, I_2 = \frac{U}{R_2}, I_3 = \frac{U}{R_3}$$

$$\frac{U}{R} = \frac{U}{R_1} + \frac{U}{R_2} + \frac{U}{R_3}$$

即

$$\frac{1}{R} = \frac{1}{R_1} + \frac{1}{R_2} + \frac{1}{R_3}$$

并联电路等效电阻的倒数等于各支路电阻的倒数之和。

当有 n 个电阻值为 R 的电阻并联时，等效电阻为

$$R_{并} = \frac{R}{n}$$

若电阻值为 R_1 与 R_2 的电阻并联，常写作 $R_1 /\!/ R_2$，等效电阻为

$$R_{并} = \frac{R_1 R_2}{R_1 + R_2}$$

两个电阻并联时，若 $R_1 \gg R_2$，则 $R_{并} \approx R_2$。即两个电阻值相差很大的电阻并联时，等效电阻与电阻值小的那个电阻近似相等。

[例 2.1.3]　电阻 $R_1 = 20$ Ω 和 $R_1 = 30$ Ω ，将这两个电阻并联时的等效电阻 $R_{并}$ 是多少？

解：

$$R_{并} = \frac{R_1 R_2}{R_1 + R_2} = \frac{20 \times 30}{20 + 30} \text{ Ω} = 12 \text{ Ω}$$

2. 并联电路的电流分配

在并联电路中，电路总电流为各支路电流之和。
由

$$I = I_1 + I_2 + I_3$$
$$U = I_1 R_1, U = I_2 R_2, \cdots, U = I_n R_n$$

电工基础

可得

$$I_1 R_1 = I_2 R_2 \text{ 或 } \frac{I_1}{I_2} = \frac{R_2}{R_1}$$

并联电路电流分配与电阻大小成反比,电阻越小,电阻中电流越大。

$$I_1 = \frac{U}{R_1} = \frac{R}{R_1} I = \frac{R_2}{R_1 + R_2} I, \ I_2 = \frac{U}{R_2} = \frac{R}{R_2} I = \frac{R_1}{R_1 + R_2} I$$

这就是两电阻并联电路的分流公式。

[例 2.1.4] "100 W,220 V"灯泡的电阻 $R_1 = 484 \ \Omega$,"60 W,220 V"灯泡的电阻 $R_2 = 806 \ \Omega$,将这两个灯泡并联在电路中,通过"100 W,220 V"灯泡的电流为 0.45 A,通过"60 W,220 V"灯泡的电流是多少?

解:根据 $\frac{I_1}{I_2} = \frac{R_2}{R_1}$ 可得

$$I_2 = \frac{I_1 R_1}{R_2} = \frac{0.45 \times 484}{806} \text{ A} = 0.27 \text{ A}$$

[例 2.1.5] 两个电阻并联,其中 $R_1 = 6 \ \Omega$,$R_2 = 3 \ \Omega$,加在两端的电压 $U = 9$ V,求总电阻及各电阻上的电流。

解:两个电阻并联 $R_{并} = \frac{R_1 R_2}{R_1 + R_2}$,则

$$R_{并} = \frac{6 \times 3}{6 + 3} \ \Omega = 2 \ \Omega$$

由欧姆定律可得电路中的总电流为

$$I = \frac{U}{R} = \frac{9}{2} \text{ A} = 4.5 \text{ A}$$

由分流公式可得电阻 R_1 和 R_2 上的电流分别为

$$I_1 = \frac{R_2}{R_1 + R_2} I = \frac{3}{6 + 3} \times 4.5 \text{ A} = 1.5 \text{ A}$$

$$I_2 = \frac{R_1}{R_1 + R_2} I = \frac{6}{6 + 3} \times 4.5 \text{ A} = 3 \text{ A}$$

3. 并联电路的功率分配

在并联电路中,电阻消耗的功率 $P = UI = \frac{U^2}{R}$,由此可知各个电阻消耗的功率分别为

$$P_1 = \frac{U^2}{R_1}, P_2 = \frac{U^2}{R_2}, \cdots, P_n = \frac{U^2}{R_n}$$

可得

$$P_1 R_1 = P_2 R_2 = \cdots = P_n R_n = U^2$$

并联电阻的功率与电阻的大小成反比,电阻越大,功率越小;电阻越小,功率越大。

[例 2.1.6] $R_1 = 100 \ \Omega$ 的电阻连接在电路中时,功率 $P_1 = 60$ W,将 $R_2 = 10 \ \Omega$ 的电阻与 R_1 并联时,求 R_2 的功率 P_2。

解： 根据 $P_1R_1 = P_2R_2$ 可得

$$P_2 = \frac{P_1R_1}{R_2} = \frac{100 \times 60}{10} \text{ W} = 600 \text{ W}$$

2.1.3　电阻的混联

电路中既有电阻的串联，又有电阻的并联，这种电路称为电阻的混联电路，如图 2-3 所示。

图 2-3　混联电路

混联电路计算的一般步骤如下。

（1）对电路进行等效变换，对于比较复杂的电路，可利用电流的分合关系或电路中的等电位点进行等效变换，使电路结构清晰易懂。

（2）计算各电阻串联和并联的等效电阻值，再计算电路总的等效电阻。

（3）根据电路总的等效电阻和电路的端电压计算电路的总电流。

（4）利用串联电阻的分压和并联电阻的分流关系，计算各部分的电压及电流。

[**例 2.1.7**]　如图 2-4 所示，已知 $R_1 = 6 \ \Omega$，$R_2 = 3 \ \Omega$，$R_3 = R_4 = 16 \ \Omega$，$R_5 = 10 \ \Omega$，$R_6 = 15 \ \Omega$，$R_7 = 16 \ \Omega$，电路两端的电压 $U = 24 \text{ V}$，试求通过 R_6 的电流和 R_3 两端的电压。

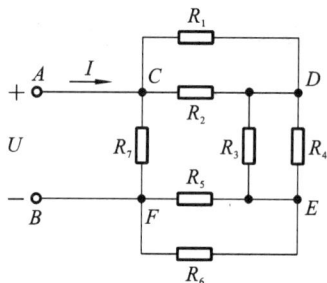

图 2-4　例 2.1.7 图

解： 根据电流的流向进行分析，总电流 I 在 C 点分成三路，一路流经 R_1，一路流经 R_2，一路流经 R_7 到 B 点流出。流过 R_1、R_2 的电流在 D 点汇合后，又分开流经 R_3、R_4 在 E 点汇合，然后分开流经 R_5、R_6 从 F 点流向端点 B。经过变换以后的等效电路如图 2-5 所示。

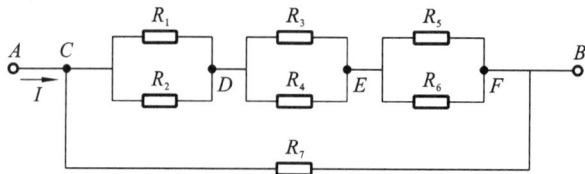

图 2-5　例 2.1.7 等效电路

根据电阻的串、并联关系计算电路的总电阻，可得

$$R_{总} = 8 \ \Omega$$

由欧姆定律可得电路的总电流为

$$I = \frac{U}{R_总} = \frac{24}{8} \text{ A} = 3 \text{ A}$$

由并联电路的分流关系,可得流过上半部分并联支路的电流为

$$I_上 = \frac{1}{2} \times 3 \text{ A} = 1.5 \text{ A}$$

然后可计算出经过 R_6 的电流为

$$I_6 = \frac{R_5}{R_5 + R_6} I_上 = \frac{10}{10 + 15} \times 1.5 \text{ A} = 0.6 \text{ A}$$

由串联电路的分压关系,可得 R_3 两端的电压为

$$U_3 = \frac{R_{34}}{R_{12} + R_{34} + R_{56}} U = \frac{8}{2 + 8 + 6} \times 24 \text{ V} = 12 \text{ V}$$

[**例 2.1.8**]　如图 2-6 所示的分压电路,输入电压 $U_1 = 24$ V,电阻 $R_1 = R_2 = 10$ kΩ。

求输出电压 U_2 的变化范围。

解:因为 R_P 与 R_2 并联,其等效电阻为

$$R = \frac{R_P R_2}{R_P + R_2} = \frac{10 R_P}{10 + R_P}$$

R_1 与等效电阻 R 串联,R_1 两端的电压为 $U_1 - U_2$,根据电阻串联时,电阻两端的电压与电阻的大小成正比,得

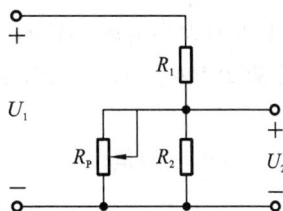

图 2-6　例 2.1.8 图

$$\frac{U_2}{U_1 - U_2} = \frac{R}{R_1}$$

将 R、R_1 和 U_1 代入上式可得 U_2 与 R_P 的关系:

$$U_2 = \frac{R U_1}{R + R_1} = \frac{\dfrac{10 R_P \times 24}{10 + R_P}}{\dfrac{10 R_P}{10 + R_P} + 10} = \frac{12}{R_P + 5}$$

当 $R_P = 0$ 时,输出电压 $U_2 = 0$;

当 $R_P = 10$ kΩ 时,输出电压

$$U_2 = \frac{12 R_P}{R_P + 5} = \frac{12 \times 10}{10 + 5} \text{ V} = 8 \text{ V}$$

所以,输出电压 U_2 的变化范围是 0~8 V。

*2.1.4　扩大电压表的量程

当被测量的电压高于电压表的量程时,需要扩大电压表的量程。

在电压表上串联电阻,可扩大电压表的量程。串联电阻可分担测量电路的电压,使电压表两端的电压不超过 U_g,串联的电阻越大,电压表的量程越大。

串联一个多大的电阻才能满足要求呢?知道电压表的量程 U_g、内阻 R_g 和扩大量程后所能测量的最高电压 U,就可以求出串联电阻 R_v 的大小。

如图 2-7 所示，当扩大量程后的电压表连接在电压为 U 的电路上，为使电压表的电压为 U_g，则串联电阻 R_v 两端的电压应为 $U-U_g$。

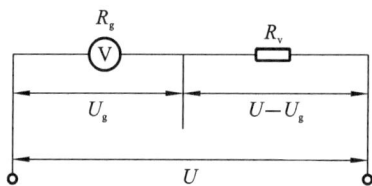

图 2-7　扩大电压表的量程电路

根据串联电路"电压的分配与电阻成正比"的规律，即：$\dfrac{U_g}{U-U_g}=\dfrac{R_g}{R_v}$，可得

$$R_v=\frac{U-U_g}{U_g}R_g=\left(\frac{U}{U_g}-1\right)R_g=(K-1)R_g$$

式中：$K=\dfrac{U}{U_g}$ 为电压表量程扩大倍数。若要将电压表的量程扩大 K 倍，则在电压表上串联电阻的大小为内电阻的 $(K-1)$ 倍。

[例 2.1.9]　将量程为 3 V，内电阻为 300 Ω 的电压表量程扩大到 300 V，应串联多大的电阻？

解：电压表的量程扩大倍数为

$$K=\frac{U}{U_g}=\frac{300}{3}=100$$

则串联电阻的大小为

$$R_V=(K-1)R_g=(100-1)\times 300\ \Omega=29.7\ \text{k}\Omega$$

*2.1.5　扩大电流表的量程

当被测量的电流大于电流表的量程时，需要扩大电流表的量程。

在电流表上并联电阻，可扩大电流表的量程。并联电阻可分担测量电路的电流，使通过电流表的电流不超过 I_g，并联的电阻越小，能测量的电流越大，但通过电流表的电流仍不超过 I_g。

并联一个多大的电阻才能满足要求呢？知道电流表的量程 I_g、内电阻 R_g 和扩大量程后所能测量的最大电流 I，就可以求出并联电阻 R_A 的大小。

如图 2-8 所示，当扩大量程后的电流表连接在电流为 I 的电路上，为使电流表的电流为 I_g，则并联电阻 R_A 的电流应为 $I-I_g$。

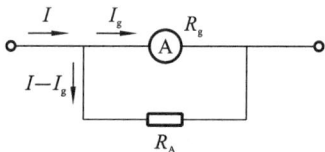

图 2-8　扩大电流表的量程电路

根据并联电路"电流的分配与电阻成反比"的规律,即:$\dfrac{I_g}{I-I_g}=\dfrac{R_A}{R_g}$ 可得

$$R_A=\frac{I_g}{I-I_g}R_g=\frac{R_g}{\dfrac{I}{I_g}-1}=\frac{R_g}{K-1}$$

式中:$K=\dfrac{I}{I_g}$ 为电流表量程扩大倍数。要将电流表的量程扩大 K 倍,并联电阻的大小为电流表内电阻的 $\dfrac{1}{K-1}$。

[**例 2.1.10**] 将量程为 3 A,内电阻为 300 Ω 的电流表量程扩大到 300 A,应并联多大的电阻?

解:电流表的量程扩大倍数为

$$K=\frac{I}{I_g}=\frac{300}{3}=100$$

则并联电阻的大小为

$$R_A=\frac{R_g}{K-1}=\frac{300}{100-1}\ \Omega=3.03\ \Omega$$

课后练习

一、判断题

1.电阻值为 $R_1=20$ Ω,$R_2=10$ Ω 的两个电阻串联,因电阻小对电流的阻碍小,故 R_2 中通过的电流比 R_1 中的电流大。(　　)

2.一条马路上路灯总是同时亮,同时灭,因此这些灯都是串联接入电网的。(　　)

二、选择题

1.将 $R_1>R_2>R_3$ 的三只电阻串联,然后接在电压为 U 的电源上,获得最大功率的电阻是(　　)。

A.R_1　　　　　　B.R_2　　　　　　C.R_3　　　　　　D.不能确定

2.(2016 年)电炉丝与导线串联,通电后电炉丝炽热发红,而导线却无此现象,其主要原因是(　　)。

A.电炉丝的电阻比导线电阻大得多

B.电炉丝的电阻比导线电阻小得多

C.通过电炉丝的电流比导线的电流大得多

D.通过导线的电流比电炉丝的电流大得多

3.两个均为 20 Ω 的电阻串联时的等效电阻与并联时的等效电阻之比为(　　)。

A.2 : 1　　　　　　B.1 : 2　　　　　　C.4 : 1　　　　　　D.1 : 4

4.在如图 2-9 所示电路中,量程 $U_g=3$ V 的电压表,表头内电阻 $R_g=300$ Ω,现需测量 300 V 的电压,应在电压表上串联的分压电阻 R_1 为(　　)kΩ。

A.297　　　　　　B.29.7　　　　　　C.303　　　　　　D.30.3

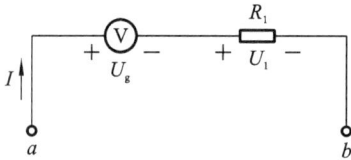

图 2-9　选择题 4 示例图

2.2　电　池　组

2.2.1　电池的串联

将第一个电池的负极和第二个电池的正极相连接,再把第二个电池的负极和第三个电池的正极相连接,像这样依次连接起来,就组成了串联电池组,如图 2-10 所示。第一个电池组的正极就是电池组的正极,最后一个电池的负极就是电池组的负极。

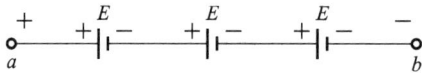

图 2-10　电池的串联

假设串联电池组由 n 个电动势都是 E,内电阻都是 R_0 的电池组成。由于开路时端电压等于电源电动势,而每一个电池正极的电位比负极电位高 E,前一个电池的负极和后一个电池的正极电位相同,因此串联电池组正极的电位比它的负极电位高 nE,整个电池组的电动势为

$$E_串=nE$$

由于电池组是串联的,电池内电阻也是串联的,因此串联电池组的内电阻也遵循电阻串联规律,即

$$R_{0串}=nR_0$$

串联电池组的电动势等于各电池电动势之和,串联电池组的内电阻等于各电池内电阻之和。

2.2.2　电池的并联

将电动势相同的电池的正极和正极相连接,负极和负极相连接,就组成并联电池组,如图 2-11 所示。并联在一起的正极就是电池组的正极,并联在一起的负极就是电池组的负极。

假设并联电池由 n 个电动势都是 E，内阻都是 R_0 的电池组成，由于导线连接的所有正极电位相等，连接的负极电位也都相等，并联电池组正负极间的电位差等于每个电池正负极间的电位差，而开路时正负极间的电位差等于电动势，所以并联电池组的电动势为

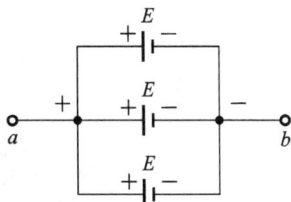

图 2-11 电池的并联

$$E_{并} = E$$

由于电池是并联的，电池的内电阻也是并联的，所以并联电池组内电阻也遵循电阻并联规律。

由 n 个电动势和内电阻都相同的电池连成的并联电池组，它的电动势等于一个电池的电动势，它的内电阻等于一个电池内电阻的 $1/n$，即

$$R_{0并} = \frac{R_0}{n}$$

课后练习

1. 当用电器的额定电压高于单个电池的电动势时，可以采用电池组_____供电，但用电器的额定电流必须_____单个电池组允许通过的最大电流。

2. 当用电器的额定电流比单个电池允许通过的最大电流大时，可采用电池组_____供电，但这时用电器的额定电压必须_____单个电池的电动势。

2.3　电压源与电流源

2.3.1　电压源

为电路提供一定电压的电源可用电压源来表征。如果电压源内阻为零，电源将提供一个恒定不变的电压，称为理想电压源，简称恒压源。理想电压源具有两大特点：①它的电压恒定不变；②通过它的电流可以是任意的，且取决于它外电路负载的大小。实际的电压源，因其有内阻的存在，其端电压随着它的电流改变而发生变化。故像电池这一类的实际电压源可以看成是由理想电压源与一内电阻 R_0 串联的组合，如图 2-12 所示。

2.3.2　电流源

为电路提供一定电流的电源可用电流源来表征。如果电源内阻无穷大，电源将提供一个恒定不变的电流，称为理想电流源，简称恒流源。理想电流源的端电压是任意的，由外部连接的电路来决定，但它提供的电流是一定的，不随外电路改变。实际上电源内阻不可能无穷大，实际电流源可看成由理想电流源与一内电阻 R_S 并联的组合，如图 2-13 所示。

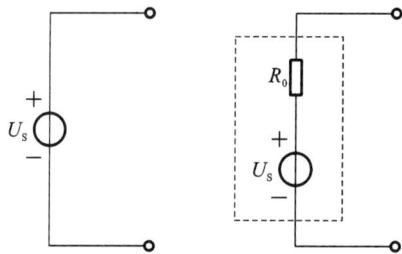

图 2-12　理想电压源与实际电压源

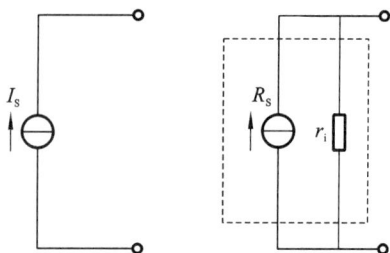

图 2-13　理想电流源与实际电流源

2.3.3　两种电源模型的等效变换

对于理想电压源和内电阻 R_0 串联的组合,其输出电压为

$$U = U_s - IR_0$$

或

$$I = \frac{U_s - U}{R_0} = \frac{U_s}{R_0} - \frac{U}{R_0}$$

式中:$\dfrac{U_s}{R_0}$是电压源的短路电流。

对于理想电流源与一内电阻 R_s 并联的组合,其输出电流为

$$I = I_s - \frac{U}{R_s}$$

如图 2-14 所示,如果要求两个电路对负载等效的话,则要求

$$I_s = \frac{U_s}{R_0} = \frac{U_s}{R_s}, R_0 = R_s$$

这样一个理想电压源和内电阻 R_0 串联的组合,便可以用一个理想电流源与一内电阻 R_s 并联的组合代替。条件是电流源的 $I_s = \dfrac{U_s}{R_s}$,其并联电阻 $R_0 = R_s$。反之,一个理想电流源与一内电阻 R_s 并联的组合,同样可以用一个理想电压源和内电阻 R_0 串联的组合来等效代替,条件是电压源的电压 $U_s = I_s R_s$,与其串联的电阻 $R_0 = R_s$,如图 2-14 所示。

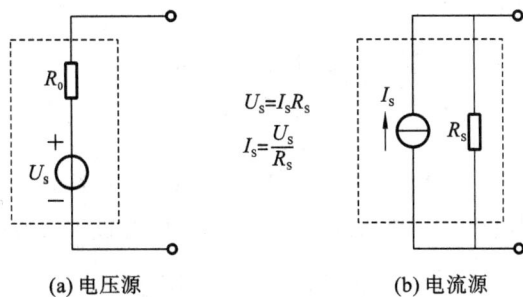

(a) 电压源   (b) 电流源

图 2-14　两种电源模型的等效变换

　　必须注意的是，I_S 与 U_S 的方向应当是一致的，即 I_S 的流出端与 U_S 的正极性端互相对应。这种等效变换是针对外部电路而言，电源内部是不等效的。

　　[例 2.3.1]　如图 2-15 所示，已知：$U_{S1}=70$ V，$U_{S2}=6$ V，$R_1=7$ Ω，$R_2=11$ Ω，$R_3=7$ Ω，求 I_3。

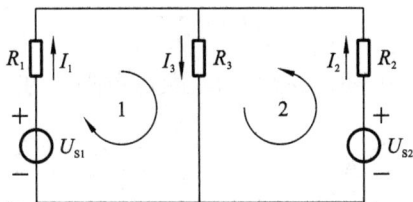

图 2-15　例 2.3.1 图

　　解：(1)根据电源等效原理，将图 2-15 等效成图 2-16(a)，其中：

$$I_{S1}=\frac{U_{S1}}{R_1}=\frac{70}{7}\ \text{A}=10\ \text{A}, I_{S2}=\frac{U_{S2}}{R_2}=\frac{6}{11}\ \text{A}$$

　　(2)根据电阻等效原理，将图 2-15 等效成图 2-16(b)，由 $\dfrac{1}{R}=\dfrac{1}{R_1}+\dfrac{1}{R_2}+\dfrac{1}{R_3}$，计算得：$R=\dfrac{77}{29}$ Ω。

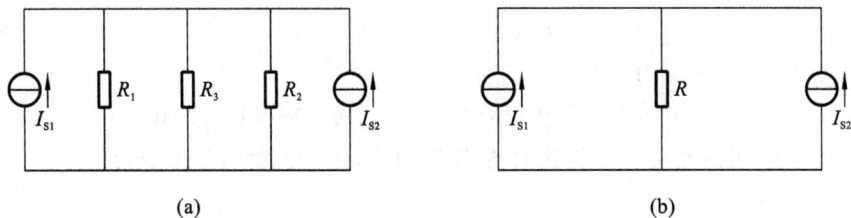

(a)   (b)

图 2-16　例 2.3.1 等效变换图

　　(3)根据部分电路欧姆定律：

$$U = IR = (I_{S1} + I_{S2})R = \left(10 + \frac{6}{11}\right) \times \frac{77}{29} \text{ V} = 28 \text{ V}$$

（4）由于并联电路总电压等于各支路分电压,可得:

$$I_3 = \frac{U}{R_3} = \frac{28}{7} \text{ A} = 4 \text{ A}$$

[例 2.3.2] 如图 2-17 所示,有一电压为 6 V,内电阻为 0.2 Ω 的电源,当接上 5.8 Ω 负载电阻时,用电压源与电流源两种方法,计算负载电阻消耗的功率和内电阻消耗的功率。

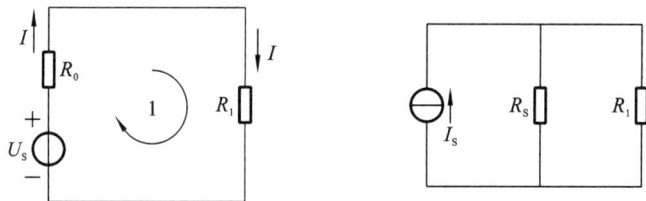

图 2-17 例 2.3.2 图

解:（1）按电压源计算,在图 2-17 中,流过负载电阻上的电流为

$$I = \frac{U_S}{R_0 + R} = \frac{6}{0.2 + 5.8} \text{ A} = 1 \text{ A}$$

负载电阻消耗的功率为

$$P = I^2 R = 1^2 \times 5.8 \text{ W} = 5.8 \text{ W}$$

内阻消耗功率为

$$P' = I^2 R_0 = 1^2 \times 0.2 \text{ W} = 0.2 \text{ W}$$

（2）按电流源计算,电流源的等效电流为

$$I_S = \frac{U_S}{R_0} = \frac{6}{0.2} \text{ A} = 30 \text{ A}$$

负载电阻上的电流为

$$I = \frac{R_S}{R_S + R} I_S = \frac{0.2}{0.2 + 5.8} \times 30 \text{ A} = 1 \text{ A}$$

负载电阻消耗的功率为

$$P = I^2 R = 1^2 \times 5.8 \text{ W} = 5.8 \text{ W}$$

内电阻消耗的功率为

$$P' = (I_S - I)^2 R_S = (30 - 1)^2 \times 0.2 \text{ W} = 168.2 \text{ W}$$

由此可见,两种方法对于负载 R 是等效的,而两个电源内部不等效。

课后练习

一、判断题

1.恒压源和恒流源之间也能等效变换。（　　　）

2.理想电流源的输出电流和电压都是恒定的,是不随负载而变化的。（　　　）

二、选择题

1.电压源和电流源的输出电压（　　　）。

A.均随负载的变化而变化

B.均不随负载而变化

C.电压源输出端电压不变,电流源输出端电压随负载而变化

D.电流源输出端电压不变,电压源输出端电压随负载而变化

2.如图 2-18 所示电路中,当开关 S 闭合后,电流源提供的功率（　　　）。

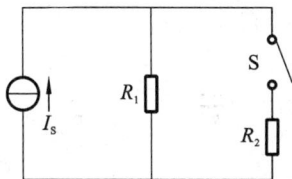

图 2-18　选择题 2 示例图

A. 不变　　　　　　B. 变小　　　　　　C. 变大　　　　　　D. 为 0

2.4　基尔霍夫定律

2.4.1　支路、节点和回路

支路:由一个或者几个元件首尾相连构成的无分支电路。在同一支路内,流过所有元件的电流相等。如图 2-19 所示,R_1 与 E_1 构成一条支路,R_2 与 E_2 构成一条支路,R_3 是另一条支路。

节点:三条或者三条以上支路汇聚的点。如图 2-19 中的 A 点和 B 点。

回路:电路中任一闭合路径。如图 2-19 中的 $CDEFC$、$AFCBA$、$EABDE$ 都是回路。

2.4.2　基尔霍夫电流定律(KCL)

电路中任一节点上,流入节点的电流之和等于流出节点的电流之和。这个规律称为基尔霍夫电流定律,又称节点电流定律。

如图 2-20 所示的节点 A 中：

$$I_1 + I_3 = I_2 + I_4 + I_5$$

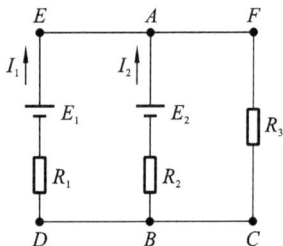

图 2-19　支路、节点和回路

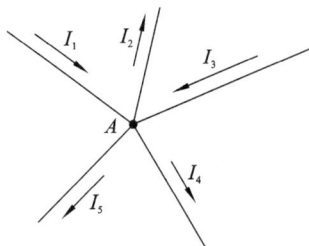

图 2-20　KCL 示意图

如果规定流入节点的电流为正,流出节点的电流为负,则基尔霍夫电流定律也可写成

$$I_1 + (-I_2) + I_3 + (-I_4) + (-I_5) = 0$$

即在任一电路的任一节点上,电流的代数和 $\sum I = 0$。

基尔霍夫电流定律可以推广应用于任意假定的封闭面,如图 2-21 所示的电路,假定一个封闭面 S 把电阻 R_1、R_2、R_3 所构成的三角形全部包围起来,则流进封闭面 S 的电流应等于从封闭面 S 流出的电流。

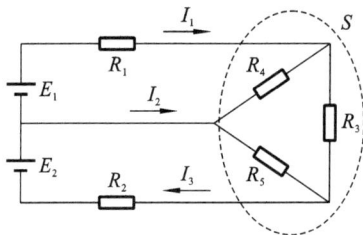

图 2-21　KCL 推广示意图

故得

$$I_1 + I_2 = I_3$$

在分析与计算复杂电路时,往往事先不知道每一支电路中电流的实际方向,这时可以任意假定每个支路中电流的方向,叫作参考方向,并且标在电路图上。若计算结果中,某一支路中电流为正值,表明原来假定的电流方向与实际方向一致;若某一支路的电流为负值,表明原来假定的电流方向与实际电流方向相反。

[例 2.4.1]　如图 2-21 所示电路,已知 $I_1 = 25\ \text{mA}$,$I_3 = 16\ \text{mA}$,$I_4 = 12\ \text{mA}$,求其余各电阻中的电流。

解:先任意标定未知电流 I_2、I_5 和 I_6 的参考方向,如图 2-22 所示。

在节点 a 应用基尔霍夫电流定律,列出节点电流方程式

$$I_1 = I_2 + I_3$$

求出

$$I_2 = I_1 - I_3 = (25 - 16)\ \text{mA} = 9\ \text{mA}$$

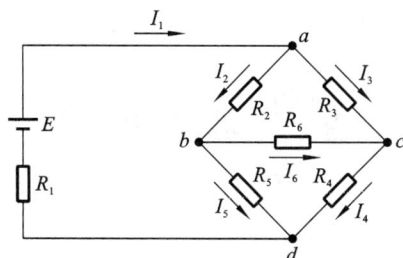

图 2-22 例 2.4.1 图

同样,分别在节点 b 和 c 应用基尔霍夫电流定律,列出节点电流方程式

$$I_2 = I_5 + I_6$$
$$I_4 = I_3 + I_6$$

求出

$$I_6 = I_4 - I_3 = (12 - 16)\ \text{mA} = -4\ \text{mA}$$
$$I_5 = I_2 - I_6 = [9 - (-4)]\ \text{mA} = 13\ \text{mA}$$

I_6 的值是负的,表示 I_6 的实际方向与标定的参考方向相反。

2.4.3 基尔霍夫电压定律(KVL)

基尔霍夫电压定律又称回路电压定律,它说明在一个闭合回路中各段电压之间的关系。如图 2-23 所示,回路 $abcdea$ 表示复杂电路若干回路中的一个回路(其他部分未画出),若各支路都有电流(方向如图 2-23 中所示),当沿 $a—b—c—d—e—a$ 绕行时,电位会升高也会降低,但当从 a 点绕闭合回路一周回到 a 点时,a 点电位不变,即各段电压降的代数和 $\sum U = 0$,这种规律叫作基尔霍夫电压定律。

对于图 2-23 所示电路有

$$U_{ac} = I_1 R_1 + E_1$$
$$U_{ce} = -I_2 R_2 - E_2$$
$$U_{ea} = I_3 R_3$$

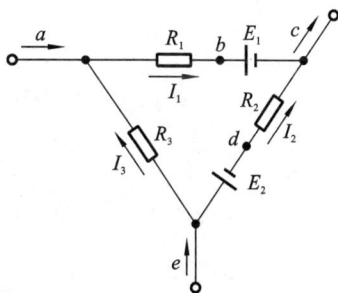

沿整个闭合回路的电压应为

$$U_{ac} + U_{ce} + U_{ea} = 0$$

即

$$I_1 R_1 + E_1 - I_2 R_2 - E_2 + I_3 R_3 = 0$$

移项后得

$$I_1 R_1 - I_2 R_2 + I_3 R_3 = -E_1 + E_2$$

图 2-23 KVL 示意图

上式表明:在一个闭合回路中,各段电阻上电压降的代数和等于各电源电动势的代数和,公式为

$$\sum IR = \sum E$$

在运用基尔霍夫电压定律时,电压和电动势均指的是代数和。列方程式时,回路绕行方向可以任意选择,但一经选定就不能中途改变。在用 $\sum U = 0$ 时,电压、电动势均集中在等式一边;但如果用 $\sum IR = \sum E$ 时(电压与电动势分别写在等式两边),当绕

行方向与电动势的方向(由负极指向正极)一致时,该电动势为正,反之为负。

课后练习

一、填空题

1. 在图 2-24 所示的电路中,电流 $I =$ _____ A。
2. 根据 KVL,列出图 2-25 所示电路的方程式:_____。

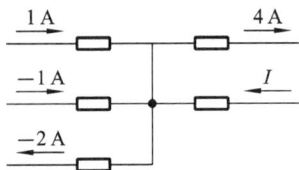

图 2-24 填空题 1 示意图

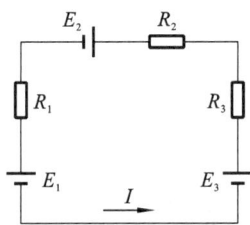

图 2-25 填空题 2 示意图

二、选择题

1. 关于网络,下列说法中正确的是( )。
A. 支路数与回路数相等   B. 回路数与网孔数相等
C. 支路数与网孔数相等   D. 回路数比网孔数大
2. 如图 2-26 所示,根据 KCL 列出的方程式,错误的是( )。

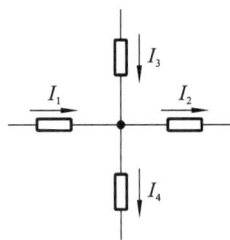

图 2-26 选择题 2 示意图

A. $I_1 + I_3 = I_2 + I_4$ B. $I_1 - I_2 + I_3 - I_4 = 0$
C. $I_1 + I_2 = I_3 + I_4$ D. $I_2 + I_4 = I_1 + I_3$

2.5   直流电路分析方法

2.5.1   支路电流法

对于一个复杂电路,先假设各支路的电流方向和回路方向,再根据基尔霍夫定律列

电工基础

出方程式来求解支路电流的方法叫作支路电流法,其步骤如下。

(1)假定各支路的电流方向和回路方向,回路方向可以任意假定,对于具有两个以上电动势的回路,通常取较大电动势的方向和回路方向,电流方向也可以参照此法来假设。

(2)用基尔霍夫电流定律列出节点电流方程式。一个具有 b 条支路、n 个节点($b>n$)的复杂电路,需列出 b 个方程式来联立求解。由于 n 个节点只能列出 $n-1$ 个独立方程式,这样还缺 $b-(n-1)$ 个方程式,可由基尔霍夫电压定律来补足。

(3)用基尔霍夫电压定律列出回路电压方程式。

(4)代入已知数,解联立方程式,求出各支路的电流。

(5)确定各支路电流的实际方向。当支路电流计算结果为正值时,其方向和假设方向相同;当计算结果为负值时,其方向和假设方向相反。

[**例 2.5.1**] 在图 2-27 所示电路中,已知电源电动势 $E_1=42$ V,$E_2=21$ V,电阻 $R_1=12$ Ω,$R_2=3$ Ω,$R_3=6$ Ω,求各电阻中的电流。

解:这个电路有三条支路,需要列出三个方程式。电路有两个节点,可用节点电流定律列出一个电流方程式,用回路电压定律列出两个回路电压方程式。

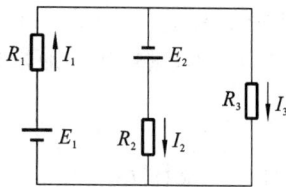

图 2-27 例 2.5.1 图

设各支路电流 I_1、I_2 和 I_3 的方向如图 2-27 中所示,回路绕行方向取顺时针,可得方程组

$$I_1=I_2+I_3$$
$$-E_2+I_2R_2-E_1+I_1R_1=0$$
$$I_3R_3-I_2R_2+E_2=0$$

将已知的电源电动势和电阻值代入得

$$I_1=I_2+I_3$$
$$-21+3I_2-42+12I_1=0$$
$$6I_3-3I_2+21=0$$

整理后得

$$I_1=I_2+I_3 \qquad\qquad ①$$
$$I_2+4I_1-21=0 \qquad\qquad ②$$
$$2I_3-I_2+7=0 \qquad\qquad ③$$

由②式和③式得

$$I_1=\frac{21-I_2}{4} \qquad\qquad ④$$

$$I_3=\frac{I_2-7}{2} \qquad\qquad ⑤$$

代入①式化简后得

$$21-I_2=4I_2+2I_2-14$$

即

$$I_2=5 \text{ A}$$

将 $I_2 = 5$ A 分别代入④式和⑤式,解出

$$I_1 = 4 \text{ A}$$
$$I_3 = -1 \text{ A}$$

其中,I_3 为负值,表示 I_3 的实际方向与假设方向相反。

*2.5.2 叠加定理

当电路是由多个线性电阻和多个电源组成的线性电路时,任何一个支路的电流(或电压)等于各个电源单独作用时,在此电路中产生的电流(或电压)的代数和。这种分析方法称为叠加定理。

下面通过一个例题来讲解运用叠加定理解题的步骤。

[例2.5.2] 如图 2-28(a)所示电路,已知 $E_1 = 17$ V,$E_2 = 17$ V,$R_1 = 2$ Ω,$R_2 = 1$ Ω,$R_3 = 5$ Ω,试运用叠加定理求各支路电流 I_1、I_2、I_3。

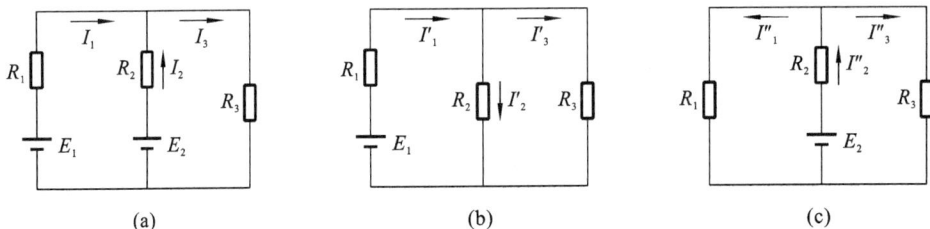

图 2-28 例 2.5.2 图

解:(1)当电源 E_1 单独作用时,将 E_2 视为短路,设

$$R_{23} = R_2 /\!/ R_3 = 0.83 \ \Omega$$

$$I'_1 = \frac{E_1}{R_1 + R_{23}} = \frac{17}{2.83} \text{ A} = 6 \text{ A}$$

则

$$I'_2 = \frac{R_3}{R_2 + R_3} I'_1 = 5 \text{ A}$$

$$I'_3 = \frac{R_2}{R_2 + R_3} I'_1 = 1 \text{ A}$$

(2)当电源 E_2 单独作用时,将 E_1 视为短路,设

$$R_{13} = R_1 /\!/ R_3 = 1.43 \ \Omega$$

$$I''_2 = \frac{E_2}{R_2 + R_{13}} = \frac{17}{2.43} \text{ A} = 7 \text{ A}$$

则

$$I''_1 = \frac{R_3}{R_1 + R_3} I''_2 = 5 \text{ A}$$

$$I''_3 = \frac{R_1}{R_1 + R_3} I''_2 = 2 \text{ A}$$

(3)当电源 E_1、E_2 共同作用时(叠加),若各电流分量与原电路电流参考方向相同

电工基础

时,在电流分量前面选取"+"号,反之,则选取"-"号：

$$I_1 = I'_1 - I''_1 = 1 \text{ A}, I_2 = -I'_2 + I''_2 = 2 \text{ A}, I_3 = I'_3 + I''_3 = 3 \text{ A}$$

*2.5.3 戴维南定理

戴维南定理的内容是：任何一个线性有源二端网络，对外电路而言，都可以等效为一个电压源，这个电压源的电动势为有源二端网络的开路电压 U_{OC}，这个电压源的内电阻为网络内所有电压源短路、电流源开路时的等效电阻 R_{OC}。

这里有几个概念：线性、有源、二端网络。二端网络是指任何具有两个出线端的部分电路。如果这部分电路中有电源，就是有源二端网络，没有电源就是无源二端网络。观察图 2-29 中的电路，虚线框内的部分只有两个出线端可以与框外连接，这部分电路就是二端网络。图 2-29(a)中虚线框内的电路中没有电源，称作无源；图 2-29(b)中有电源，称为有源。由于电阻为线性元件，如果二端网络中除电源外只有电阻元件，则称为线性二端网络。图 2-29 中的电路就属于线性二端网络。

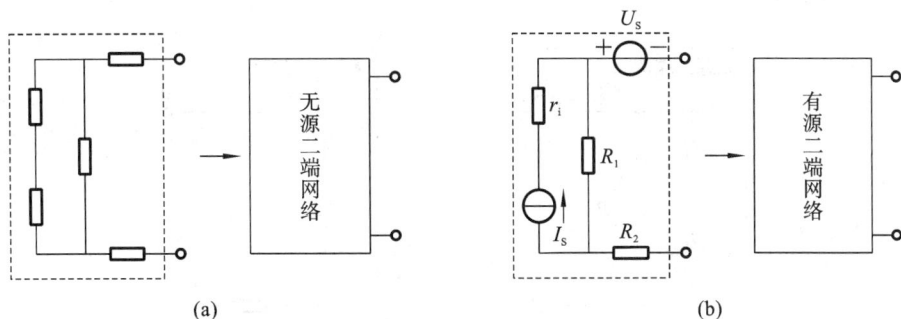

图 2-29 线性二端网络

开路电压是指将二端网络与外电路断开后两个出线端之间的电压。观察图 2-30(a)，当网络的两个出线端 a、b 与外电路 R_L 断开后，没有电流流经电源 U_S 和电阻 R_2，即 $I_2 = 0$。对节点 c 或 d 列基尔霍夫电流方程可知，$I_1 = I_S + I_2 = I_S$。由于二端网络中的电路可以看作电源 U_S，R_1 和 r_i、I_S 组成的并联电路以及 R_2 三个部分串联而成，如图 2-30(b)中的三个虚线框部分，根据串联电路总电压等于各部分分电压之和的规律，开路电压 U_{OC} 可以计算为

$$U_{OC} = U_{ab} = U_{ac} + U_{cd} + U_{db} = -U_S + I_1 R_1 + I_2 R_2 = -U_S + I_S R_1$$

这里，$U_{ac} = -U_S$ 是因为 U_{ac} 的方向是由 a 指向 c，与 U_S 的正负极相反。

计算等效电阻 R_{OC} 前要先将二端网络中各电源去掉，方法是：电压源短路、电流源开路。同样以图 2-30(b)所示的有源二端网络为例，按照定理内容去掉电源后的二端网络成了图 2-31(a)所示的无源二端网络，进而可整理成图 2-31(b)所示的形式。根据 R_1 与 R_2 的串联关系容易计算出等效电阻：$R_{OC} = R_1 + R_2$。

这样，经过戴维南定理等效交换，原有源二端网络被等效成由一个电源 U_{OC} 和一个内阻 R_{OC} 组成的电路（如图 2-32 所示），它对外电路 R_L 而言表现出与原电路相同的电压、电流等特性，只需根据等效后的电路就可以方便地计算出外电路 R_L 上的相关参

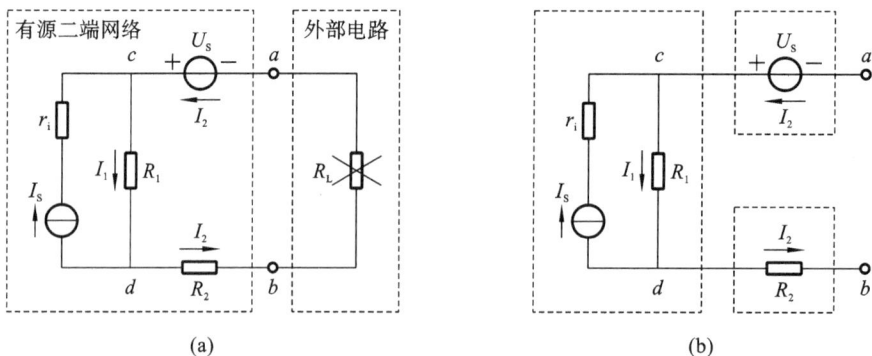

图 2-30　戴维南定理之一——开路电压的计算

数。这里需要特别说明的是,图 2-32 是计算出来的 U_{OC} 为正值时等效电路图的画法。如果 U_{OC} 为负值,画等效电路图时等效电源 U_{OC} 的极性应反过来,而计算时用不带负号的 U_{OC} 值计算。

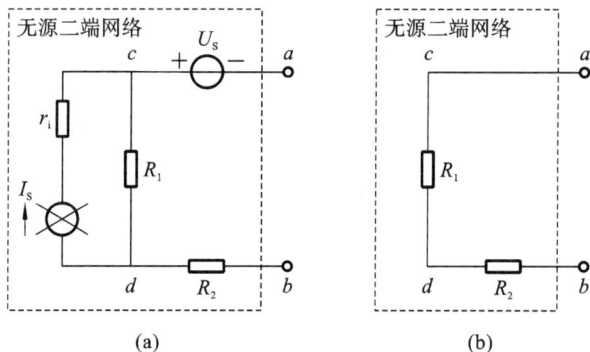

图 2-31　戴维南定理之二——等效电阻的计算

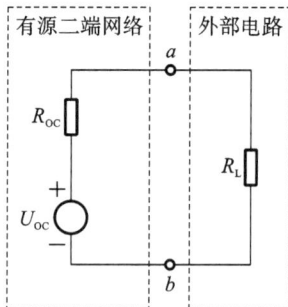

图 2-32　经戴维南定理等效后的电路

当然,戴维南定理的等效是有条件的:对外电路等效。换言之,如果要计算的是二端网络中的某部分,如图 2-30(b)中的 R_2,就应该将 R_2 划分在外电路中,其余部分尽可以归入二端网络之内,如图 2-33 所示。

(a) 原电路图

(b) 求I_L时的有源二端网络的划分

(c) 求I_2时的有源二端网络的划分

(d) 求I_1时先调整并联支路位置再进行有源二端网络的划分

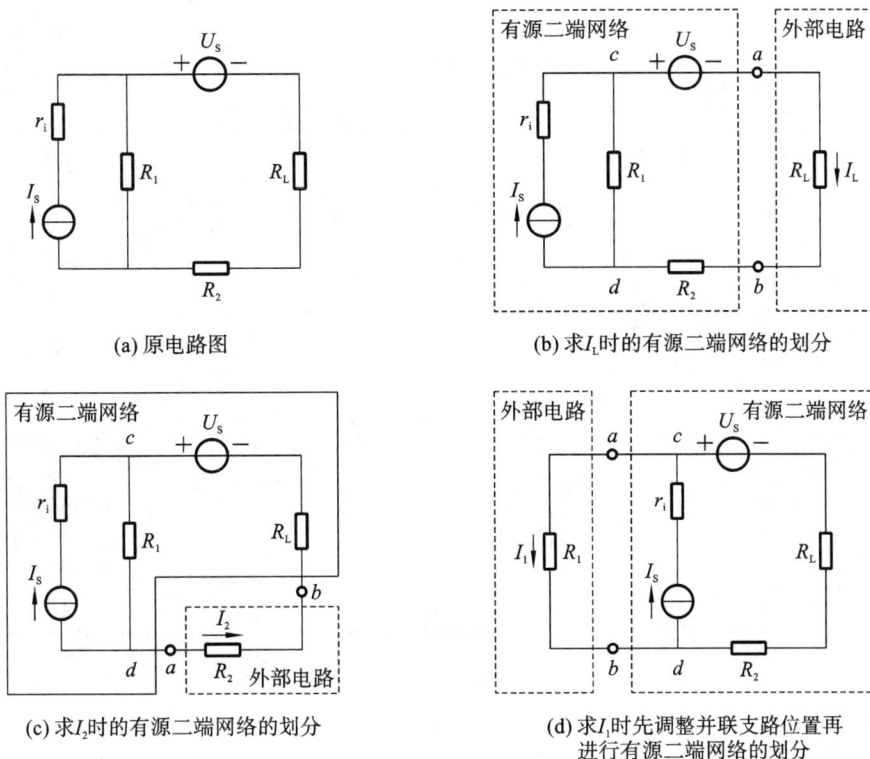

图 2-33　有源二端网络的划分

＊2.5.4　戴维南定理的运用

戴维南定理特别适合求解某一支路的电流。下面用这种方法求解例 2.5.3 和例 2.5.4 中各条支路的电流。

[例 2.5.3]　如图 2-34(a)所示,已知:$U_{S1}=70$ V,$U_{S2}=6$ V,$R_1=7$ Ω,$R_2=11$ Ω,$R_3=7$ Ω,求 I_3。

解:由于 U_{S2}、R_2 支路与 R_3 支路并联,并联支路电压相等,故将两支路调整位置,并如图 2-34(b)所示划分有源二端网络。

(1)计算开路电压 U_{OC}:由于外部电路电流为零,根据闭合回路欧姆定理,如图 2-34(c)所示,可得:

$$I_1=-I_2=\frac{U_{S1}-U_{S2}}{R_1+R_2}=\frac{70-6}{7+11} \text{ A}=\frac{32}{9} \text{ A}$$

$$U_{OC}=-I_1R_1+U_{S1}=\left(-\frac{32}{9}\times7+70\right) \text{ V}=\frac{406}{9} \text{ V}$$

(2)计算等效电阻 R_{OC}:根据图 2-34(d)所示去掉电源后的二端网络,R_1 与 R_2 并联,则

$$R_{OC}=\frac{R_1R_2}{R_1+R_2}=\frac{7\times11}{7+11} \text{ Ω}=\frac{77}{18} \text{ Ω}$$

(a)　　　　　　　　　　　　　　(b)

(c)　　　　　　　(d)　　　　　　(e)

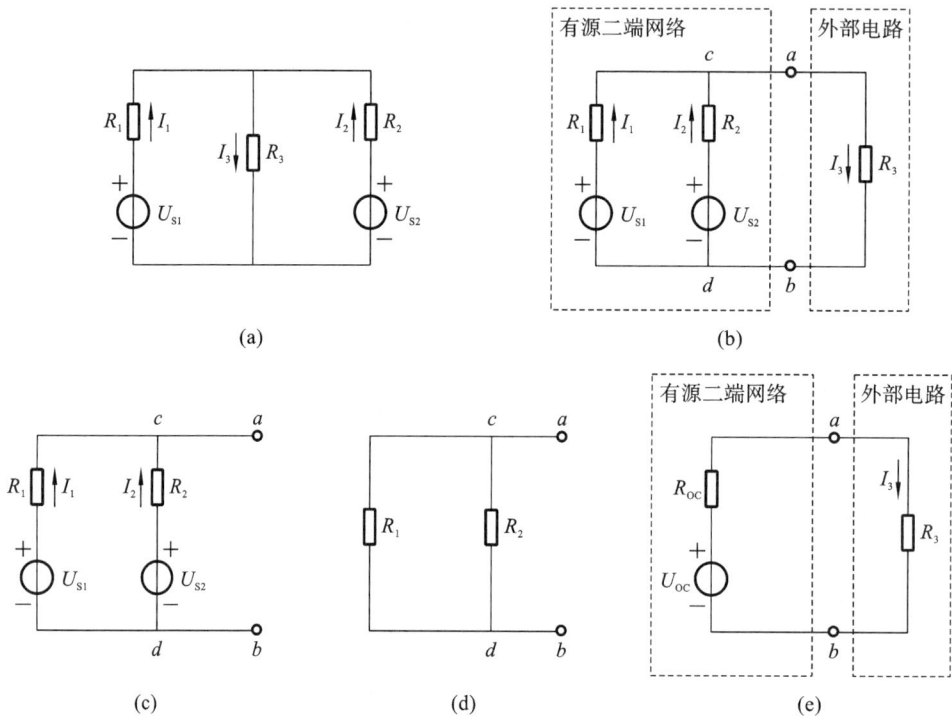

图 2-34　例 2.5.3 图

（3）计算外电路电流：经戴维南定理等效后电路如图 2-34(e)所示，根据闭合回路欧姆定律：

$$I_3 = \frac{U_{OC}}{R_{OC} + R_3} = \frac{\dfrac{406}{9}}{\dfrac{77}{18} + 7} \text{ A} = 4 \text{ A}$$

［例 2.5.4］　如图 2-35(a)所示，已知：$U_S = 70$ V，$I_S = 2$ A，$R_1 = 7$ Ω，$R_2 = 11$ Ω，求 R_1 支路电流。

解：如图 2-35(b)所示划分有源二端网络。

（1）计算开路电压 U_{OC}：如图 2-35(c)所示，由于外部电路电流为零，$I_2 = I_S = 2$ A，则

$$U_{OC} = U_{ad} + U_{db} = I_2 R_2 - U_S = (2 \times 11 - 70) \text{V} = -48 \text{ V}$$

（2）计算等效电阻 R_{OC}：去掉电源后的二端网络只剩下 R_2，如图 2-35(d)所示，故：

$$R_{OC} = R_2 = 11 \text{ Ω}$$

（3）计算外电路电流：由于 U_{OC} 为负值，将 U_{OC} 按正极在下、负极在上的形式在电路中画出，如图 2-35(e)所示。U_{OC} 在计算时用正值代入。

根据闭合回路欧姆定律：

$$I_1 = \frac{U_{OC}}{R_{OC} + R_1} = \frac{48}{11 + 7} \text{ A} = \frac{8}{3} \text{ A}$$

(a)

(b)

(c)

(d)

(e)

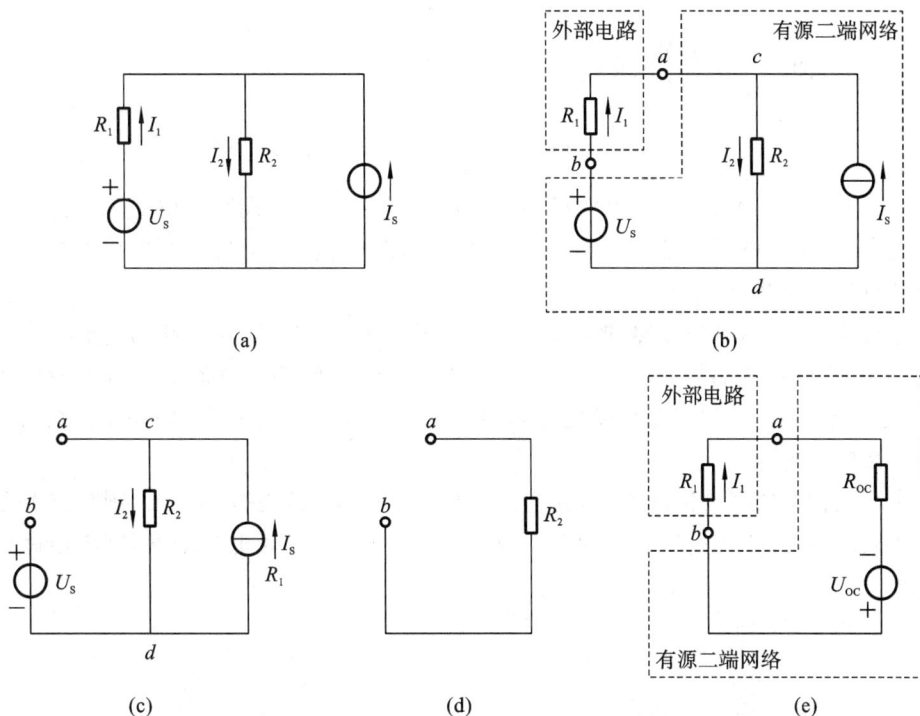

图 2-35　例 2.5.4 图

2.6　电桥平衡的条件

　　由电阻 R_1、R_2、R_3 和 R_4 连接成一个闭合的四边形,在这四边形回路的一个对角 C、D 上连接电阻 R_0,四边形回路的另一个对角 A、B 上连接电源 E,如图 2-36 所示,这样的电路称作电桥。电阻 R_1、R_2、R_3 和 R_4 分别称作桥臂;连接四边形回路对角 C、D 上的电阻 R_0 称作桥电阻;桥电阻 R_0 的支路称作桥支路。在桥支路上可以串联检流计,用以检测桥支路是否有电流通过。

　　当桥支路上的电流为"0"的状态,称作电桥平衡。电桥平衡时,桥支路的电流 $I_0 = 0$,桥支路两端的电压 $U_{CD} = 0$,桥支路连接的两个节点 C、D 的电位相等,即 $V_C = V_D$。

　　在图 2-36 所示的电路中,根据 KCL,若桥支路的电流 $I_0 = 0$,则

$$I_1 = I_3, I_2 = I_4$$

在回路 ACDA 中,根据 KVL 有

$$I_1 R_1 - I_2 R_2 = 0 \qquad ①$$

在回路 CBDC 中,根据 KVL 有

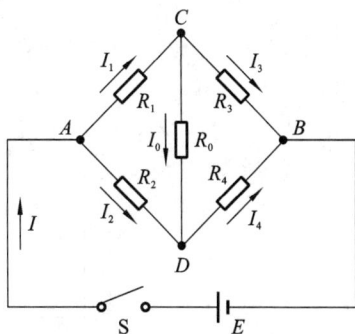

图 2-36　电桥电路

47

$$I_3 R_3 - I_4 R_4 = 0 \qquad \qquad ②$$

①÷②,即 $\dfrac{I_1 R_1}{I_3 R_3} = \dfrac{I_2 R_2}{I_4 R_4}$,可得

$$\frac{R_1}{R_3} = \frac{R_2}{R_4} \text{ 或 } \frac{R_1}{R_2} = \frac{R_3}{R_4} \text{ 或 } R_1 R_4 = R_2 R_3$$

电桥电路的平衡条件是:电桥相邻桥臂电阻的比值相等或相对桥臂电阻的乘积相等。电桥平衡时,电桥支路的电流为"0",电桥支路两端的电压为"0",连接电桥支路的两个节点的电位相等。

电桥平衡时,由于桥支路的电流为"0",将桥电阻 R_0 断开,对电路的电流 I 没有影响;由于电桥支路两端的电位相等,桥电阻 R_0 短路,对电路的电流 I 也没有影响。因此,在电桥平衡时,可以将电桥简化为如图 2-37(a)或图 2-37(b)所示的电路,然后再求解各支路中的电流。

求解电桥电路各支路的电流,先判断电桥是否平衡,若电桥不平衡,则根据基尔霍夫定律列出等式,用求解等式中的未知数的方法进行求解;若电桥平衡,则将电路简化后求解。

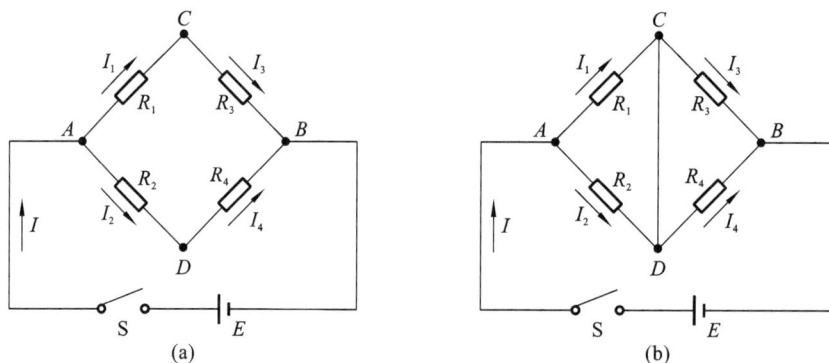

图 2-37 电桥简化电路

[例 2.6.1] 如图 2-38 所示的电路,电源电动势 $E = 10$ V,电阻 $R_1 = 16$ Ω,$R_2 = 4$ Ω,$R_3 = 4$ Ω,$R_4 = 1$ Ω,$R_5 = 100$ Ω,求各电阻中的电流。

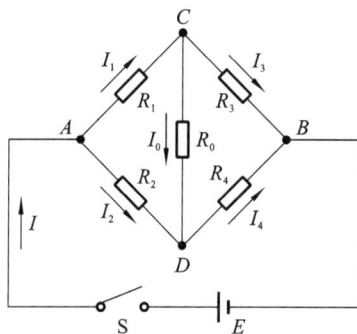

图 2-38 例 2.6.1 图

解:因为对应桥臂 R_1 与 R_4 的乘积

$$R_1 R_4 = 16 \times 1 \ \Omega = 16 \ \Omega$$

对应桥臂 R_2 与 R_3 的乘积

$$R_2 R_3 = 4 \times 4 \ \Omega = 16 \ \Omega$$

可见 $R_1 R_4 = R_2 R_3$,即对应桥臂电阻的乘积相等,所以电桥平衡,桥支路 R_5 中的电流 $I_0 = 0$。通过 R_1 和 R_3 的电流相等,为

$$I_1 = I_3 = \frac{E}{R_1 + R_3} = \frac{10}{16 + 4} \ \text{A} = 0.5 \ \text{A}$$

通过 R_2 和 R_4 的电流相等,为

$$I_2 = I_4 = \frac{E}{R_2 + R_4} = \frac{10}{1 + 4} \ \text{A} = 2 \ \text{A}$$

电桥常用于测量电阻,电桥测量电阻的电路如图 2-39 所示,连接被测电阻 R_x 的桥臂称作测量臂,连接电阻箱 R_P 的桥臂称作比较臂,其余的两个桥臂则称作比率臂,比率臂上电阻 R_1 和 R_2 的电阻值准确度很高。将被测电阻 R_x 连接在测量臂上,接通电源,调节电阻箱的电阻使检流计中的电流为"0"(电桥平衡)。

根据电桥平衡的条件:$\dfrac{R_x}{R_1} = \dfrac{R_P}{R_2}$,可得

$$R_x = \frac{R_1}{R_2} R_P$$

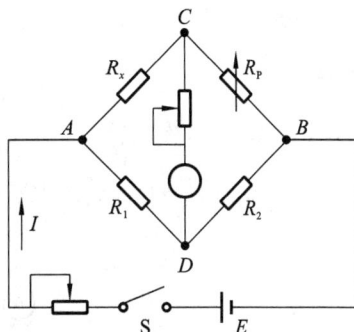

图 2-39 电桥测量电阻的电路

专门用于测量电阻的单臂直流电桥外形和电路如图 2-40 所示。电桥测量电阻的范围大,准确度高。

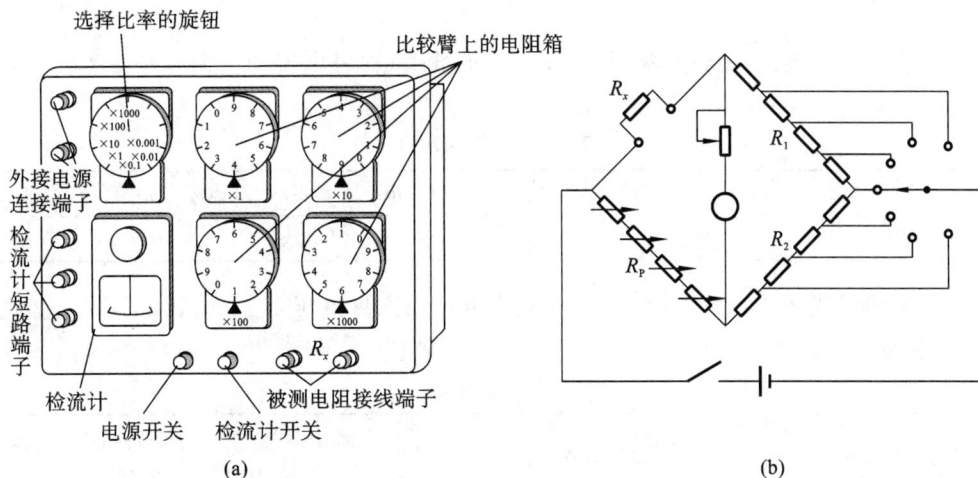

(a)

(b)

图 2-40 专门用于测量电阻的单臂直流电桥外形和电路

49

实训二　基尔霍夫定律

一、实验目的

应用基尔霍夫定律检查实验数据的合理性,加深对电路定律的理解。

二、实验器材

1. 基尔霍夫定律实验板 1 块。
2. 直流电源 16 V、6 V。
3. 直流电流表 3 只。
4. 万用表 1 只。
5. 导线若干。

三、实验步骤

1. 按图 2-41 所示,在实验板上将电源 E_1、E_2 接入电路,并调节使 $E_1 = 16$ V,$E_2 = 6$ V。

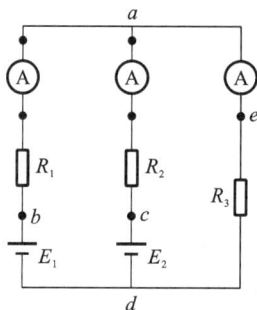

图 2-41　实验图

2. 将电流表接入电路中,测量 I_1、I_2、I_3 的数值(注意电流的方向),将数据填入表 2-1 中。

表 2-1　电流测量值

I_1/mA	I_2/mA	I_3/mA	节点 a 上电流的代数和

3. 用导线代替电流表,并用万用表直流电压挡测量电压 U_{ab}、U_{bd}、U_{dc}、U_{ca}、U_{ad} 的数值,将数据填入表 2-2 中。

表 2-2　电压测量值

U_{ab}/V	U_{bd}/V	U_{dc}/V	U_{ca}/V	U_{ad}/V	回路 $abdca$ 电压降之和/V	回路 $acdea$ 电压降之和/V

四、注意事项

1. E_1、E_2 在实验过程中要保持 16 V 和 6 V 不变。

2. 在测量过程中要特别注意电流的方向和电压的极性。如遇表针反转,要及时交换表笔的位置。

📖 本 章 小 结

1. 电阻的串联就是把两个或两个以上的电阻依次连接起来,使电流只有一条通路。串联电路有两个基本特点:①电路中电流处处相等;②电路总电压等于各部分电路两端的电压之和。

串联电阻的总电阻:

$$R_总 = R_1 + R_2 + \cdots + R_n$$

串联电路的总电阻等于各个电阻之和。

串联电路的电压分配:

$$U_总 = U_1 + U_2 + \cdots + U_n$$

串联电路中的每个电阻两端的电压与电阻的大小成正比,电路的总电压为每个电阻两端的电压之和。

串联电路的功率分配:

$$\frac{P_1}{P_2} = \frac{R_1}{R_2} = \frac{U_1}{U_2}$$

电阻串联时,功率的分配与电阻成正比,电阻越大,功率越大。

2. 将所有电阻或元件的一端连接在一起构成一个节点,另一端也连接在一起构成一个节点,这样的连接方式称作并联。并联电路有两个基本特点:①电路中各支路两端的电压相等;②电路中的总电流等于各支路的电流之和。

并联电路的总电阻:

$$\frac{1}{R_总} = \frac{1}{R_1} + \frac{1}{R_2} + \cdots + \frac{1}{R_n}$$

并联电路等效电阻的倒数等于各支路电阻的倒数之和。

并联电路的电流分配:

$$I_总 = I_1 + I_2 + \cdots + I_n$$

在并联电路中,电路总电流为各支路电流之和。

并联电路的功率分配:

$$P_1 = \frac{U^2}{R_1}, P_2 = \frac{U^2}{R_2}, \cdots, P_n = \frac{U^2}{R_n}$$

并联电阻的功率与电阻的大小成反比,电阻越大,功率越小;电阻越小,功率越大。

3. 电池的串联:

$$E_串 = nE$$

$$R_{0\text{串}} = nR_0$$

串联电池组的电动势等于各电池电动势之和,串联电池组的内电阻等于各电池内电阻之和。

电池的并联:

$$E_{\text{并}} = E$$

$$R_{0\text{并}} = \frac{R_0}{n}$$

由 n 个电动势和内电阻都相同的电池连成的并联电池组,它的电动势等于一个电池的电动势,它的内电阻等于一个电池内电阻的 $1/n$。

4.实际电压源可以看成由理想电压源与一内电阻 R_0 串联的组合,实际电流源可看成由理想电流源与一内电阻 R_S 并联的组合。

对于理想电压源和内电阻 R_0 串联的组合,其输出电压为

$$U = U_S - IR_0$$

对于理想电流源与一内电阻 R_S 并联的组合,其输出电流为

$$I = I_S - \frac{U}{R_S}$$

5.基尔霍夫电流定律(KCL):电路中任一节点上,流入节点的电流之和等于流出节点的电流之和。

$$\sum I = 0$$

基尔霍夫电压定律(KVL):在一个闭合回路中,各段电阻上电压降的代数和等于各电源电动势的代数和。

$$\sum IR = \sum E$$

章 末 练 习

一、选择题

1.如图 2-42 所示电路,若 $R_1 = R_2 = R_3 = R_4 = 12\ \Omega$,则 a、b 间的等效电阻 $R = (\quad)\Omega$。

  A. 48   B.24   C.12   D.3

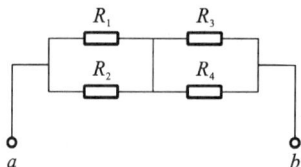

图 2-42   选择题 1 示例图

2.(2015 年)在图 2-43 所示电路中,节点数、支路数、网孔数、回路数正确的是( )。

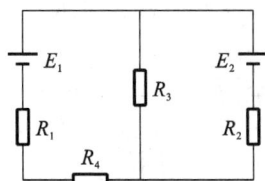

图 2-43　选择题 2 示例图

A. 3、4、3、4   B. 2、4、3、4

C. 2、3、2、3   D. 3、4、2、3

3.(2016 年)实验中需要一个 8 Ω 的电阻,但实验室只有 5 Ω、10 Ω、40 Ω 的电阻各一个,下列方法中能解决这一问题的是(　　)。

A. 5 Ω 与 10 Ω 电阻并联   B. 10 Ω 与 40 Ω 电阻串联

C. 5 Ω 与 40 Ω 电阻并联   D. 10 Ω 与 40 Ω 电阻并联

4.(2015 年,多选)由若干条支路并联的电路中,各支路(　　)。

A. 电流相等   B. 电压相等

C. 电流与支路电阻成反比   D. 电流与支路电阻成正比

5."220 V,100 W"与"220 V,40 W"的灯泡串联后,接在电压为 220 V 的电源上时,则(　　)。

A. 40 W 的灯泡较亮   B. 100 W 的灯泡较亮

C. 两个灯泡同样亮   D. 两个灯泡同样暗

6.如图 2-44 所示的电路中,若每个电阻的电阻值均为 R,则 M、N 之间的等效电阻仍为 R 的电路有(　　)。

A.(a)   B.(b)   C.(c)   D.(d)

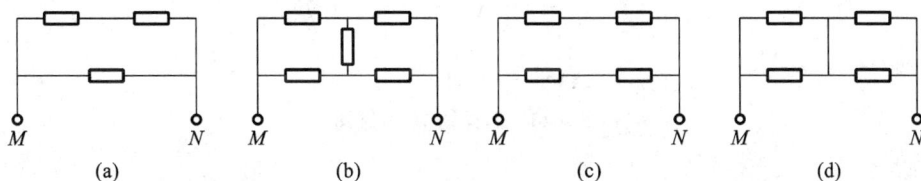

图 2-44　选择题 6 示例图

7.(2016 年)图 2-45 所示电路中,a、b 端的等效电阻为(　　)。

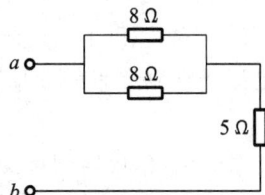

图 2-45　选择题 7 示例图

A. 5 Ω   B. 8 Ω   C. 9 Ω   D. 21 Ω

53

8.(2016 年)已知图 2-46 所示电路中,$I_1 = 6$ A,$I_2 = 2$ A,则 I_3 为(　　)。

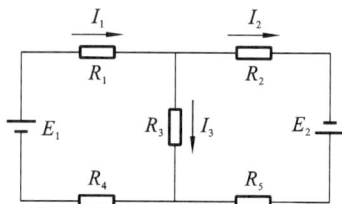

图 2-46　选择题 8 示例图

A.2 A　　　　　　B.4 A　　　　　　C.6 A　　　　　　D.8 A

9.在图 2-47 所示电路中,电压表 V_1、V_2、V_3 的读数分别为(　　)。

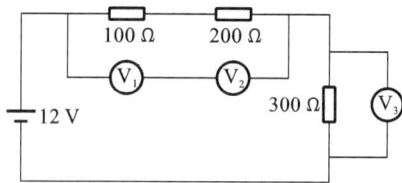

图 2-47　选择题 9 示例图

A.1 V、2 V、3 V　　　　　　　　　　B.2 V、4 V、6 V
C.3 V、4 V、5 V　　　　　　　　　　D.4 V、4 V、4 V

10.如图 2-48 所示,电流表的量程 $I_g = 200$ μA,内电阻 $R_g = 0.8$ Ω,要将电流表的量程扩大到 1 mA,应并联电阻值为(　　)的电阻 R_1。

A.0.2 Ω　　　　　　B.2 Ω　　　　　　C.0.13 Ω　　　　　　D.1.3 Ω

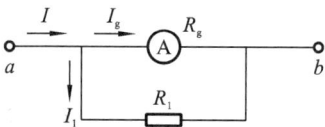

图 2-48　选择题 10 示例图

二、判断题

1.(2015 年)在多个电阻串联的电路中,流过各电阻的电流相等,各电阻上电压降与其阻值成正比。(　　)

2.电路串联电阻具有分压作用,并联电阻具有分流作用。(　　)

3.(2017 年)通过电阻上的电流增加到原来的 2 倍时,它所消耗的电功率也增加到原来的 2 倍。(　　)

4.(2016 年)对于具有 4 个节点的电路,可以列出 3 个独立的 KCL 方程。(　　)

5.(2017 年)流入任一节点的电流大于流出该节点的电流。(　　)

6.(2016 年)两个电阻值不相等的电阻串联接入电路时,电阻值大的电压大。(　　)

7.实际电源的内电阻 R_1 为零。(　　)

8.(2015 年)理想电压源和理想电流源、实际电压源和实际电流源之间都能等效变换。（　　）

9.(2015 年)根据基尔霍夫电压定律可知,在任一闭合回路中,各段电压的代数和恒等于零。（　　）

*10.戴维南定理不仅适用于线性有源网络,也适用于非线性有源网络。（　　）

三、计算题

1.如图 2-49 所示的电路,$R_1 = 10\ \Omega$,$R_2 = 20\ \Omega$,$R_3 = 30\ \Omega$,$U = 330\ V$,求：

(1)开关 S 断开时,各电阻中的电流和电压 U_2;

(2)开关 S 闭合时,各电阻中的电流和电压 U_2。

2.如图 2-50 所示的电路,$E_1 = 10\ V$,$E_2 = 6\ V$,电源的内电阻不计,$R_1 = 2\ \Omega$,$R_2 = 2\ \Omega$,$R_3 = 3\ \Omega$,求各支路的电流。

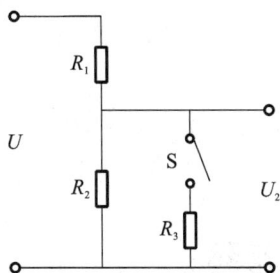

图 2-49　计算题 1 示例图

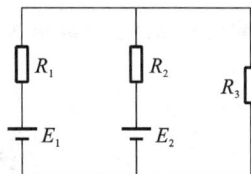

图 2-50　计算题 2 示例图

3.如图 2-51 所示,电源电动势 $E = 24\ V$,内电阻 $R_i = 1\ \Omega$,负载的电阻 $R = 5\ \Omega$,当开关 S 闭合后,求：

(1)负载 R 消耗电能的功率;

(2)电源内部消耗电能的功率;

(3)电源的功率。

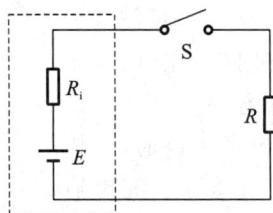

图 2-51　计算题 3 示例图

第3章 电容器

单元要点

1. 了解电容器的结构、电容量和工作电压。
2. 理解电容器充电和放电的特性。
3. 理解电容器中电场能量的计算方法。
4. 了解电容器的类型与用途。
5. 了解电容器的规格参数和图形符号。
6. 掌握电容串、并联时有关等效电容量和电压分配的计算。

3.1 电容器和电容

3.1.1 电容器

两个相互靠近的导体,中间夹一层不导电的绝缘介质,这就构成了电容器,其结构如图 3-1 所示。这两个彼此绝缘的导体就是电容器的两个极板,从极板上引出的导线称作电极,而极板间的绝缘物质叫作电介质。

将平行板电容器的一个极板连接电源的正极,另一个极板连接电源的负极,两个极板就会分别带上等量的异种电荷。这个过程叫充电,充了电的电容器的两极板之间存在电场。

用一根导线把电容器的两极直接连通,两极上的电荷相互中和,电容器就不带电了。充电后的电容器释放电荷的过程叫作放电。放电后,两极板之间不再存在电场。

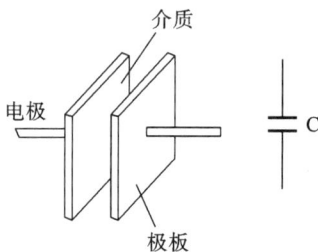

图 3-1　电容器结构图

3.1.2 电容

对于任何一个电容器而言,两极板间的电压都随所带电荷量的增加而增大,且电荷量与电压成正比,它们的比值是一个常量。不同的电容器,这个比值通常不同。电容器所带电荷量与两极板间电压的比值叫作电容器的电容。

同一个电容器两极板所带的电量越多,两电极之间电压越高,但所带电量 Q 与电压 U 的比值是不变的。这也就说明:一个电容器的电容 C 是不随极板所带电荷量和两极板之间电压的改变而改变,是电容器的固有特性。如果用 Q 表示电容器所带的电荷量,用 U 表示它两极板间的电压,用 C 表示它的电容,那么

$$C=\frac{Q}{U}$$

在国际单位制里,电容的单位是 F(法)。一个电容器,如果在带 1 C(库)的电荷量时,两极板间的电压是 1 V(伏),这个电容器的电容就是 1 F(法)。

$$1\ F=1\ C/V$$

实际中常用较小的单位 μF(微法)和 pF(皮法),它们之间的换算关系是

$$1\ F=10^{6}\ \mu F=10^{12}\ pF$$

[例 3.1.1] 电容器的电荷量 $Q=4\times10^{-3}$ C,电压 $U=200$ V,求电容器的电容;当电容器的电压为 $U=300$ V 时,求该电容的带电量。

解:

$$C=\frac{Q}{U}=\frac{4\times10^{-3}}{200}\ F=20\ \mu F$$

因为一个电容器的电容不随两电极之间的电压变化而变化,所以在电容器的电压 $U=300$ V 时,电容器 $C=2\times10^{-5}$ F。

$$Q=CU=2\times10^{-5}\times300\ C=6\times10^{-3}\ C$$

当在电容器的两个极板之间加上电压时,电容器两片极板上就会储存电荷。由于绝缘材料不同,所构成的电容器的种类也有所不同。

按结构可分为固定电容器、可变电容器、微调电容器。

按电介质材料可分为气体介质电容器、液体介质电容器、无机固体介质电容器、有机固体介质电容器和电解电容器。

按极性分为有极性电容器和无极性电容器,如图 3-2 所示。我们最常见到的就是电解电容器。

电容的符号分为国内标准表示法和国际电子符号表示法,唯一的区别在于有极性电容的表示上,国内的是一个空框下面一根横线,而国际的是普通电容符号加一个"+"号代表正极。

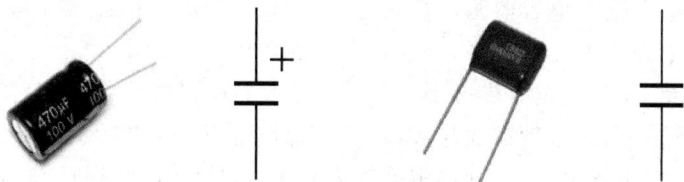

图 3-2 有极性电容和无极性电容

3.1.3 平行板电容器的电容

让平行板电容器带电后,用静电计来测量两极板间的电压,当不改变两极板所带的

57

电荷量,只改变两极板间的距离,可以看到,距离越大,静电计指示的电压越大。这表明平行板电容器的电容随两极板距离的增大而减小。

若不改变两极板所带的电荷量和它们之间的距离,只改变两极板的正对面积,可以看到,正对面积越小,静电计指示的电压越大,这表明平行板电容器的电容随两极板正对面积的减小而减小。

若保持两极板所带电荷量、它们的距离、正对面积不变,只在极板间插入电介质,可以看到,静电计指示的电压减小,这表明平行板电容器的电容由于插入电介质而增大。

根据理论的推导,可以得出结论:平行板电容器的电容 C,跟电介质的介电常数 ε 成正比,跟正对面积 S 成正比,跟极板的距离 d 成反比,即

$$C = \frac{\varepsilon S}{d}$$

式中:S 表示两极板的正对面积,用 m^2 作单位;

d 表示两极板间的距离,用 m 作单位;

ε 表示电介质的介电常数,用 F/m 作单位;

计算出的电容 C 以 F 为单位。

电介质的介电常数 ε 由介质的性质决定。真空中的介电常数 $\varepsilon_0 \approx 8.86 \times 10^{-12}$ F/m,某种介质的介电常数 ε 与 ε_0 之比,叫作该介质的相对介电常数,用 ε_r 表示,即 $\varepsilon_r = \varepsilon / \varepsilon_0$ 或 $\varepsilon = \varepsilon_r \varepsilon_0$。常用介质的相对介电常数见表 3-1。

表 3-1　常用介质的相对介电常数

介质名称	相对介电常数 ε_r	介质名称	相对介电常数 ε_r
石英	4.2	聚苯乙烯	2.2
空气	1	三氧化二铝	8.5
硬橡胶	3.5	无线电瓷	6～6.5
酒精	35	超高频瓷	7～8.5
纯水	80	五氧化二钽	11.6
云母	7		

电容是电容器的固有特性,外界条件变化、电容器是否带电或带电量多少都不会使电容发生改变。只有当电容器两极板间的正对面积、极板间的距离或极板间的绝缘材料(即介电常数)发生变化时,它的电容才会发生改变。

必须注意到,不只是电容器才具有电容,实际上任何两导体之间都存在电容。例如,两根传输线之间,每根传输线与大地之间,都被空气介质隔开,所以也都存在电容。一般情况下,这个电容值很小,其作用可忽略不计。如果传输线很长或所传输的信号频率很高,就必须考虑这一电容的作用。另外,在电子仪器中,导线和仪器的金属外壳之间也存在电容。上述这些电容通常叫作分布电容,虽然它的数值很小,但会给传输线路或仪器设备的正常工作带来干扰。

课后练习

一、判断题

1. 平行板电容器的电容量大小与外加电压的大小是无关的。（   ）

2. 电容器必须在电路中使用才会有电荷量，故此时才会有电容量。（   ）

二、选择题

1. 平行板电容器在极板面积和介质一定时，如果缩小两极板之间的距离，则电容量将（   ）。

　A. 增大　　　　　　　　　　B. 减小

　C. 不变　　　　　　　　　　D. 不能确定

2. 某电容器两端的电压为 40 V 时，它所带电荷量是 0.2 C，若它两端的电压降到 10 V 时，则（   ）。

　A. 电荷量保持不变　　　　　B. 电容量保持不变

　C. 电荷量减少一半　　　　　D. 电容量减小

3. 一空气介质的平行板电容器，充电后仍与电源保持相连，并在极板中间放入 ε ＝ 2 的电介质，则电容器所带的电荷量将（   ）。

　A. 增加一倍　　　　　　　　B. 减少一半

　C. 保持不变　　　　　　　　D. 不能确定

3.2　电容器的作用

3.2.1　电容器的充电

　　将电容器的两个电极与电源连接并合上开关后的一段时间内，在电源的作用下，电荷做定向移动（正电荷向电容器的上极板移动，负电荷向电容器的下极板移动），形成电流 I。当正电荷到达电容器的上极板（负电荷到达电容器的下极板）时，由于两极板之间是绝缘的电介质，电荷不能继续移动，便在电容器的极板上聚集，使电容器的两极板带上等量的异种电荷。

　　使电容器的极板带电的过程称作充电，如图 3-3 所示。电容器充电时，两极板带电，便在两极板之间的电介质内形成电场，两极板之间便有了电压。随着两极板带电量的增加，两极板之间的电压升高，当电容器两极板之间的电压与电源两端的电压相等时，电容器的充电结束。充电结束后，电路中没有电荷做定

图 3-3　电容器的充电

向运动,电流 I 为"0",电容器两极板所带的电量也不再改变。

电容器充电时,通过电流做功,将电能转换为电场能。充电过程中,电流逐渐减小,两极板间电压逐渐升高,电场逐渐增强,电场能逐渐增大。

3.2.2 电容器的放电

用一根导线将充电后的电容器两电极连接起来,电容器带正电的极板上的正电荷沿导线向带负电的极板移动,形成电流 I 。正电荷到达带负电的极板后与负电荷中和,使电容器两极板所带的电量减少。

使电容器极板所带电量减少直至消失的过程称作放电,如图 3-4 所示。电容器在放电过程中,随着极板所带电量的减少,两极板之间的电压降低。当两极板所带电量为"0"时,放电结束。放电结束后,电路中没有电荷做定向运动,电流 I 为"0",电容器两极板之间的电压也为"0"。

图 3-4 电容器的放电

电容器放电时,通过电流做功,将电场能转换为电能。放电过程中,电流逐渐减小,两极板间电压逐渐降低,电场逐渐减弱,电场能减小。

3.2.3 电容器的作用

当电路电压低于电容器两极板之间的电压时,电容器放电,电路中有电流;当电压方向改变时,电容器反方向充电,电路中有电流。由此可见,电容器接入电路时有没有电流,不是看电容器两极板之间有没有电压,而是看两极板之间电压有没有变化。电容器接入电路,电路中电流为

$$i = C \frac{\Delta u}{\Delta t}$$

式中:Δu 是电压的变化量;

Δt 是完成电压变化所用的时间;

$\frac{\Delta u}{\Delta t}$ 称作电压变化率,用来衡量电压变化的快慢。

将电容器连接在电压大小和方向都不变的直流电路中,充电过程中两极板之间的电压会发生变化,电路中有电流;充电结束,两极板之间的电压不再变化,电路中没有电流。但由于充电过程所用时间极短,所以,从宏观上看,在直流电路中接入电容器时,电路中没有电流。将电容器连接在电压大小和方向都在不断变化的交流电路中,充电过程中两极板之间的电压不断变化,电路中有电流。

电容器接在直流电路中,电路中没有电流;电容器接在交流电路中,电路中有电流。这说明电容器有"阻直流,通交流"的作用。

![课后练习]

一、填空题

1. 电容器在充电过程中,在电路中的电流逐渐_____,两电极之间的电压逐渐_____;在放电过程中,电路中电流逐渐_____,两电极之间的电压逐渐_____。

2. 电容器在直流电路中,电路中没有_____,两电极之间的电压逐渐_____;电容器在交流电路中,电路中有_____。这种情形称作为"_____"。

二、选择题

1. 电容器在充电过程中,下列说法错误的是(   )。

A. 电路的充电电流逐渐增大　　　　B. 两极板之间的电场逐渐增强

C. 电场能逐渐增大　　　　　　　　D. 两电极之间的电压逐渐升高

2. 电容器在放电过程中,下列说法正确的是(   )。

A. 放电电流逐渐减小　　　　　　　B. 转换为电场能的电能逐渐增多

C. 电场能逐渐增大　　　　　　　　D. 两电极之间的电压逐渐升高

3.3　电容器的连接

3.3.1　电容器的串联

把几个电容器的极板首尾相接,连成一个无分支电路的连接方式叫作电容器的串联。

如图 3-5 所示是两电容器的串联,接上电压为 U 的电源后,两侧的极板分别带电,电荷量分别为 $+q$ 和 $-q$。由于静电感应,中间各极板所带的电荷量也等于 $+q$ 或 $-q$,所以,串联时每个电容器带的电荷量都是 q。如果各个电容器的电容分别为 C_1、C_2,电压分别为 U_1、U_2,那么

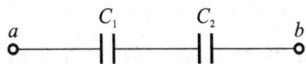

图 3-5　电容的串联

$$U_1 = \frac{q}{C_1}, U_2 = \frac{q}{C_2}$$

总电压 U 等于各个电容器上的电压之和,所以

$$U = U_1 + U_2 = q\left(\frac{1}{C_1} + \frac{1}{C_2}\right)$$

设串联电容器的总电容为 C,因为 $U = \frac{q}{C}$,所以

$$\frac{1}{C} = \frac{1}{C_1} + \frac{1}{C_2}$$

$$C = \frac{C_1 C_2}{C_1 + C_2}$$

即串联电容器的总电容的倒数等于各个电容器的电容的倒数之和。电容器串联之后,相当于增大了两极板间的距离,因此,总电容小于每一个电容器的电容。

[例 3.3.1] $C_1 = 20 \ \mu F$,$C_2 = 30 \ \mu F$,求两个电容器串联时的等效电容。

解:
$$C = \frac{C_1 C_2}{C_1 + C_2} = \frac{20 \times 30}{20 + 30} \ \mu F = 12 \ \mu F$$

[例 3.3.2] 在图 3-6 中,$C_1 = C_2 = C_3 = C_0 = 200 \ \mu F$,额定工作电压为 50 V,电源电压 $U = 120$ V,求这组串联电容器的等效电容为多大? 每个电容器两端的电压为多大? 说明在此电压下工作是否安全。

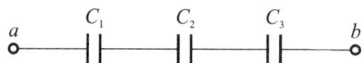

图 3-6 例 3.3.2 图

解: 三个电容器串联后的等效电容为

$$C = \frac{C_0}{3} = \frac{200}{3} \ \mu F \approx 66.67 \ \mu F$$

由于电容器串联时,各电容器上所带的电荷量相等,并等于等效电容器中所带的电荷量,即

$$q = q_1 = q_2 = q_3 = CU = 66.67 \times 10^{-6} \times 120 \ C \approx 8 \times 10^{-3} \ C$$

所以,每个电容器两端的电压是

$$U_1 = U_2 = U_3 = \frac{q}{C_0} = \frac{8 \times 10^{-3}}{200 \times 10^{-6}} \ V = 40 \ V$$

因为每个电容器的额定工作电压是 50 V,而现在每个电容器的实际工作电压是 40 V,小于它的额定工作电压值,所以电容器在这种情况下工作是安全的。

从例 3.3.2 中可看出,当一个电容器的额定工作电压值太小不能满足需要时,除选用额定工作电压值高的电容器外,还可采用电容器串联的方式来保障电路正常工作。

[例 3.3.3] 现有两个电容器,一个电容器的电容 $C_1 = 2 \ \mu F$,额定工作电压为 160 V,另一个电容器的电容 $C_2 = 10 \ \mu F$,额定工作电压为 250 V,若将这两个电容器串联起来,接在 300 V 的直流电源上,问每个电容器上的电压是多少? 这样使用是否安全?

解:两个电容器串联后的等效电容为

$$C = \frac{C_1 C_2}{C_1 + C_2} = \frac{2 \times 10}{2 + 10} \ \mu F \approx 1.67 \ \mu F$$

各电容器的电荷量为

$$q_1 = q_2 = q = CU = 1.67 \times 10^{-6} \times 300 \ C \approx 5 \times 10^{-4} \ C$$

所以

$$U_1 = \frac{q_1}{C_1} = \frac{5 \times 10^{-4}}{2 \times 10^{-6}} \text{ V} = 250 \text{ V}$$

$$U_2 = \frac{q_2}{C_2} = \frac{5 \times 10^{-4}}{10 \times 10^{-6}} \text{ V} = 50 \text{ V}$$

由于电容器 C_1 的额定工作电压是 160 V，而现在实际加在它上面的电压是 250 V，远大于它的额定工作电压，所以电容器 C_1 可能会被击穿。这个电容器击穿后，300 V 电压会全部加到电容器 C_2 上，这一电压也大于它的额定工作电压，因而也可能被击穿，所以这样使用是不安全的。

从例 3.3.3 中可看出，电容不等的电容器串联使用时，每个电容器上所分配到的电压是不相等的。各电容器上的电压分配和它的电容成反比，即电容小的电容器比电容大的电容器所分配的电压要高。所以，电容值不等的电容器串联时，应先通过计算，在安全可靠的情况下再串联使用，以免产生不必要的损失。

例 3.3.3 中每个电容器允许充入的电荷量分别是

$$q_1 = 2 \times 10^{-6} \times 160 \text{ C} = 3.2 \times 10^{-4} \text{ C}$$

$$q_2 = 10 \times 10^{-6} \times 250 \text{ C} = 2.5 \times 10^{-3} \text{ C}$$

为了使 C_1 上的电荷量不超过 3.2×10^{-4} C，故外加总电压不能超过

$$U = \frac{3.2 \times 10^{-4}}{1.67 \times 10^{-6}} \text{ V} \approx 192 \text{ V}$$

3.3.2　电容器的并联

把几个电容器的正极连在一起，负极也连在一起，这就是电容器的并联。

图 3-7 所示是三个电容器的并联，接上电压为 U 的电源后，每个电容器的电压都是 U。如果各个电容器的电容分别是 C_1、C_2、C_3，则

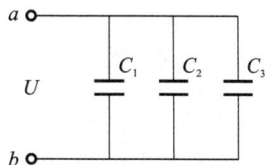

图 3-7　电容器的并联

所带的电荷量分别是 q_1、q_2、q_3，那么

$$q_1 = C_1 U, q_2 = C_2 U, q_3 = C_3 U$$

电容器组储存的总电荷量 q 等于各个电容器所带电荷量之和，即

$$q = q_1 + q_2 + q_3 = (C_1 + C_2 + C_3)U$$

设并联电容器的总电容为 C，因为 $q = CU$，所以

$$C = C_1 + C_2 + C_3$$

即并联电容器的总电容等于各个电容器的电容之和。电容器并联之后，相当于增大了两极板的面积，因此，总电容大于每个电容器的电容。

[例 3.3.4]　电容器 A 的电容为 10 μF，充电后电压为 30 V，电容器 B 的电容为 20 μF，充电后电压为 15 V，把它们并联在一起后，其电压是多少？

解：连接前，电容器 A 的电荷量为

$$q_1 = C_1 U = 10 \times 10^{-6} \times 30 \text{ C} = 3 \times 10^{-4} \text{ C}$$

连接前，电容器 B 的电荷量为

$$q_2 = C_2 U = 20 \times 10^{-6} \times 15 \text{ C} = 3 \times 10^{-4} \text{ C}$$

总电荷量为

$$q = q_1 + q_2 = 6 \times 10^{-4} \text{ C}$$

连接后的总电容为

$$C = C_1 + C_2 = 3 \times 10^{-5} \text{ F}$$

总电荷量并不会因为连接而改变,因此,连接后的共同电压为

$$U = \frac{q}{C} = \frac{6 \times 10^{-4}}{3 \times 10^{-5}} \text{ V} = 20 \text{ V}$$

[例 3.3.5] 标有"10 μF,500 V"和"50 μF,200 V"的电容器并联,等效电容是多少?并联后的电路最高电压是多少?当电路的电压为所加的最高电压时,每个电容器所带的电量是多少?

解:
$$C = C_1 + C_2 = (10 + 50) \text{ μF} = 60 \text{ μF}$$

因为电容器"50 μF,200 V"的额定电压最低,所以并联后的外加电压最高为 200 V。电路电压为 200 V 时,每个电容器的电量为

$$Q_1 = C_1 U = 10 \times 10^{-6} \times 200 \text{ C} = 2 \times 10^{-3} \text{ C}$$
$$Q_2 = C_2 U = 50 \times 10^{-6} \times 200 \text{ C} = 1 \times 10^{-2} \text{ C} = 0.01 \text{ C}$$

课后练习

一、判断题

1. 若干个不同容量的电容器并联,各电容器所带的电荷量相等。(   )
2. 电容器串联后,其耐压值总是大于其中任一电容器的耐压值。(   )

二、选择题

1. 两个电容器并联,若 $C_1 = 2C_2$,则 C_1、C_2 所带电荷量 q_1、q_2 的关系是(   )。

A. $q_1 = 2q_2$ B. $2q_1 = q_2$ C. $q_1 = q_2$ D. 无法确定

2. 1 μF 与 2 μF 的电容器串联后接在 30 V 的电源上,则 1 μF 电容器的端电压为(   )。

A. 10 V   B. 15 V   C. 20 V   D. 30 V

3.4 电容器中的电场能量

3.4.1 电场能量

电容器在充电过程中,两个极板上有电荷积累,两极板间形成电场。电场具有能量,此能量是从电源吸取过来而储存在电容器中的。

电容器充电时,极板上的电荷 q 逐渐增加,两极板间的电压 u_C 也在逐渐增加,电压是与电荷量成正比的,即 $q = Cu_C$。如图 3-8 所示,如果把充入电容器的总电荷量 q 分成许多细小的等分,每一小等分的电荷量为 Δq。在某一时刻当电容器的端电压为 u_C,此时电源对电容器所做的功应为 $u_C \Delta q$,这就是电容器储存的能量增加的数值。把各个不同的电压下充入 Δq 所做的功起来,就是电源输入电荷量为 q 时所做的总功,也就是储存于电容器中的能量。因为 Δq 可分得非常小,故所求的值可用以最后的稳定电压 U_C 为高,以输入的电荷量 q 为底的三角形的面积来表示。

所以,储存在电容器中的电场能量为

$$W_C = \frac{1}{2} q U_C = \frac{1}{2} C U_C^2$$

式中:电容 C 的单位是法拉(F);

电压 U_C 的单位是伏特(V);

电荷量 q 的单位是库仑(C)。

计算出的能量用焦耳(J)作单位。电容器中储存的电场能量与电容器的电容成正比,与电容器两极板之间的电压平方成正比。

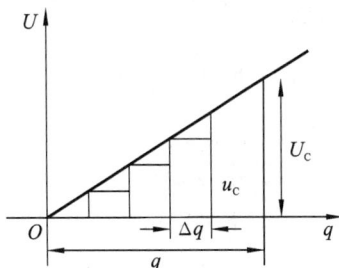

图 3-8 电容器储存能量曲线

电容器在充电过程中,两电极之间的电压由 U_1 上升到 U_2 时,电容器从电路吸收的电场能或由电能转换为电场能的能量为

$$\Delta W_C = \frac{1}{2} C U_2^2 - \frac{1}{2} C U_1^2 = \frac{1}{2} C (U_2^2 - U_1^2)$$

电容器在放电过程中,两电极之间的电压由 U_1 下降到 U_2 时,电容器释放的电场能或由电场能转换为其他形式能的能量为

$$\Delta W_C = \frac{1}{2} C U_1^2 - \frac{1}{2} C U_2^2 = \frac{1}{2} C (U_1^2 - U_2^2)$$

电容器两端电压升高时,电容器便从电源吸收能量并储存在它两极板之间的电场中;而当电容器两端电压降低时,它便把原来储存的电场能量释放出来。即电容器本身只与电源进行能量交换,而并不消耗能量,所以说电容器是一种储能元件。实际的电容器由于电介质漏电及其他原因,也会消耗一些能量,使电容器发热,这种能量消耗叫作电容器的损耗。

3.4.2 电容器质量的判别

通常用万用表的电阻挡($R \times 100$ 或 $R \times 1k$)来判别较大容量的电容器质量,这是利用了电容器的充放电作用。如果电容器的质量很好,漏电很小,将万用表的表棒分别与电容器的两端接触,指针会有一定的偏转,并很快回到接近起始位置的地方。如果电容器的漏电量很大,指针回不到起始位置,而是停在标度盘的某处,这时指针所指示的电阻数值即表示该电容器的漏电阻值。如果指针偏转到零欧位置后不再回位,则说明电容器内部已经短路。如果指针根本不偏转,则说明电容器内部可能断路,或者电容量很小,充放电电流很小,不足以使指针偏转。

课后练习

一、填空题

$C = 10\ \mu F$ 的电容器,两电极之间电压为 $U = 100\ V$,电场能 $W_C = $ _____ J;当两极板之间的电压上升到 $U' = 220\ V$ 时,电容器从电路中吸收的电场能 $\Delta W_C = $ _____ J。

二、计算题

$C_1 = 20\ \mu F$,$C_2 = 30\ \mu F$,电路电压 $U = 100\ V$,求:

(1)将两个电容并联接入电路时,每个电容器的电荷量和电容器中的电场能;

(2)将两个电容串联接入电路时,每个电容器的电荷量和电容器中的电场能。

 ## 本 章 小 结

1. 任何两个相互靠近又彼此绝缘的导体,都可以看成是一个电容器。

2. 电容器所带的电荷量与它的两极板间的电压的比值,叫作电容器的电容,即

$$C = \frac{q}{U}$$

3. 电容是电容器的固有特性,外界条件变化、电容器是否带电或带多少电都不会使电容改变。平行板电容器的电容是由两极板的正对面积、两极板间的距离以及两极板间的介质决定的,即

$$C = \frac{\varepsilon S}{d} = \frac{\varepsilon_r \varepsilon_0 S}{d}$$

4. 电容器的连接方法有并联、串联两种。并联时电压相等,等效电容等于各并联电容器的电容之和。

$$C = C_1 + C_2 + C_3$$

电容器串联时,各电容器上的电压与它的电容成反比,等效电容的倒数等于各电容器的电容的倒数之和。

$$C = \frac{C_1 C_2}{C_1 + C_2}$$

5. 电容器是储能元件,充电时把能量储存起来,放电时把储存的能量释放出去。储存在电容器中的电场能量为

$$W_C = \frac{1}{2} C U_C^2$$

电容器在充电过程中,两电极之间电压由 U_1 上升到 U_2 时,电容器从电路吸收的电场能或由电能转换为电场能的能量为

$$\Delta W_{\mathrm{C}} = \frac{1}{2}CU_2^2 - \frac{1}{2}CU_1^2 = \frac{1}{2}C(U_2^2 - U_1^2)$$

电容器在放电过程中,两电极之间电压由 U_1 下降到 U_2 时,电容器释放的电场能或由电场能转换为其他形式能的能量为

$$\Delta W_{\mathrm{C}} = \frac{1}{2}CU_1^2 - \frac{1}{2}CU_2^2 = \frac{1}{2}C(U_1^2 - U_2^2)$$

若电容器极板上所储存的电荷量恒定不变,则电路中就没有电流流过;当电容器极板上所储存的电荷量发生变化时,电路中就有电流流过,电路中的电流为

$$i = \frac{\Delta q}{\Delta t} = C\frac{\Delta u}{\Delta t}$$

6.加在电容器两极板上的电压不能超过某一限度,一旦超过这个限度,电介质将被击穿,电容器将损坏。这个极限电压叫作击穿电压,电容器的安全工作电压应低于击穿电压。一般电容器均标有电容量、允许误差和额定电压。

实训三　用万用表检测电容器

一、实训目的

1.认识不同类型的电容器。
2.能使用万用表对电容器进行简易检测。

二、实训器材

万用表和不同型号的电容器。

三、实训步骤

1.利用电容器的充放电特性可以大致判断大容量电容器的质量好坏,如图 3-9 所示。检测较大容量有极性电容器时,将万用表置于 $R \times 1\mathrm{k}$ 电阻挡,将黑表棒接电容器正极,红表棒接电容器负极;如果是检测无极性电容器,则两支表棒可以不进行区分。

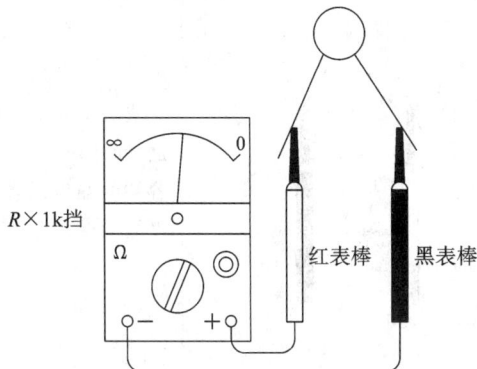

图 3-9　电容器的简易检测

2.如果是在线检测大容量电容器,应在电路断电后,先用导线将被测电容器的两个引脚先碰一下,放掉可能存在的电荷,对于容量很大的电容器则要用 100 Ω 左右的电阻来放电。由于小容量电容器漏电阻很大,所以测量时应用 $R \times 10k$ 挡,这样测量结果较为准确。

3.测量结果说明如表 3-2 所示。

表 3-2　测量结果说明

表针偏转情况	说明
表针不动　∞　0　$R \times 10k$ 挡　Ω　−　+　红表棒　黑表棒	表针无偏转和回转,说明电容器内部可能已断路,或者电容量很小,不足以使表针偏转
表针不回归　∞　0　$R \times 10k$ 挡　Ω　−　+　红表棒　黑表棒	表针向右偏到欧姆零位以后不再回摆,说明电容器内部短路
$R < 500\,k\Omega$　∞　$R \times 10k$ 挡　Ω　−　+　红表棒　黑表棒	表针先向右偏转,然后向左回摆不到底,而是停在某一刻度上,该阻值即为电容器的漏电阻值,此值越小,说明漏电越严重

表针偏转情况	说明
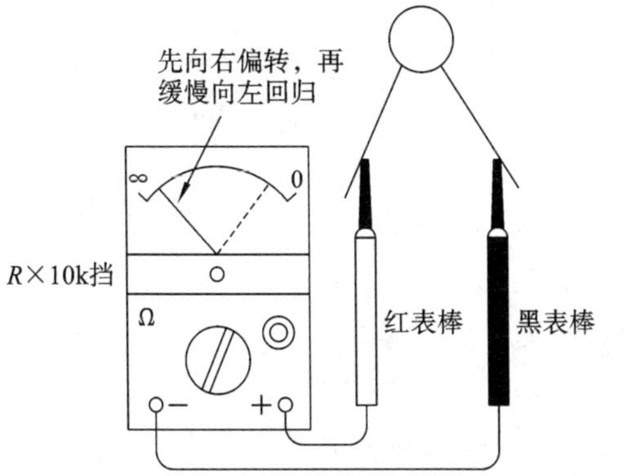	表针先向右偏转,然后向左回摆到底(阻值无穷大处),说明电容器正常

4.记录检测结果。

(1)取不同类型电容器若干,认识其外形,了解其主要参数并记入表3-3中。

(2)用万用表检测电容器,大致判断其质量好坏并记入表3-3中。

表 3-3 检测记录

序号	类型	主要参数	检测结果

章 末 练 习

一、选择题

1.电容器是一种能储存( )的元件。

A.电能   B.磁能   C.势能   D.动能

2.用色标法标志电容器时,其容量单位是( )。

A.F   B.nF   C.μF   D.pF

3.关于电容器的电容,下列说法中正确的是( )。

A.所带电量越多,电容越大

B.两电极之间的电压越高,电容越大

C.储存的电能越多,电容越大

D. 电容与所带电量和两电极之间的电压无关

4. 在下列情况中,能使平行板电容器的电容增大的是( )。

A. 增大两极板之间的距离　　　　　B. 减小两极板的正对面积

C. 将两极板之间的蜡纸取出　　　　D. 将两极板之间的蜡纸换成云母

5. (2016年)三个电容器的电容 $C_1 = 10\ \mu F$,$C_2 = 20\ \mu F$,$C_3 = 30\ \mu F$,将它们串联接入适当电源上,它们所带电荷量的关系是( )。

A. $q_1 = q_2 = q_3$　　　　　　　　B. $q_1 > q_2 > q_3$

C. $q_1 < q_2 < q_3$　　　　　　　　D. $q_1 = q_2 + q_3$

6. 电容器在放电过程中,下列说法中正确的是( )。

A. 放电电流逐渐减小　　　　　　　B. 转换为电场能的电能逐渐增多

C. 电场能逐渐增大　　　　　　　　D. 两电极之间的电压逐渐升高

7. (2016年)将三个电容串联后接入电路,已知 $C_1 > C_2 > C_3$,他们之间的电压关系是( )。

A. $U_1 = U_2 = U_3$　　　　　　　　B. $U_1 > U_2 > U_3$

C. $U_1 < U_2 < U_3$　　　　　　　　D. $U_1 = U_2 + U_3$

8. 两电极之间的电压为 100 V,电容器的电容为 10 μF,当两电极之间的电压为 400 V 时,该电容器的电容为( )μF。

A. 40　　　　　　B. 20　　　　　　C. 10　　　　　　D. 5

9. 将"50 V,30 μF"的电容器 C_1 和"50 V,20 μF"的电容器 C_2 串联,连接在 $U = 100\ V$ 的电路中,两个电容器在电路中的情况是( )。

A. C_1 和 C_2 都能正常工作　　　　B. C_1 正常工作,C_2 被击穿

C. C_2 正常工作,C_1 被击穿　　　　D. C_1 和 C_2 都会被击穿

10. 两个相同的电容器并联之后的等效电容,跟它们串联之后的等效电容之比为( )。

A. 1∶4　　　　　B. 4∶1　　　　　C. 1∶2　　　　　D. 2∶1

二、判断题

1. 电容器所带电荷量越多,电容器的电容越大。( )

2. (2015年)电容器既能储存电场能,也能储存磁场能。( )

3. (2015年)电容器的电容量越大,它储存电荷的能力就越小。( )

4. 电容器充电,电能转换为电场能;电容器放电,电场能转换为电能。( )

5. 一个电容器的漏电流越大越好。( )

6. 当平行板电容器两极板之间的距离增大时,电容器的电容增大。( )

7. 并联的电容器越多,等效电容越大,储存的电场能就越多。( )

8. 两个 10 μF 的电容器并联,等效电容为 5 μF。( )

9. (2017年)电容元件具有"通直流,隔交流"的作用。( )

10. (2016年)某电容器的电容量为 1 pF(皮法),其中"p"表示"10^{-6}"。( )

三、计算题

1.两个相同的电容器,标有"100 pF、600 V",串联后接到 900 V 的电路上,每个电容带有多少电荷量? 加在每个电容上的电压是多大? 电容器是否会被击穿?

2.一个 10 μF 的电容器已被充电到 100 V,欲继续充电到 200 V,问电容器可以增加到多少电场能?

第4章　磁场和电磁感应

单元要点

1. 了解磁场的产生方式,掌握载流导体与线圈产生磁场的概念;理解磁感应强度和磁通的物理意义,并熟悉其表达式。

2. 了解物质的磁化现象以及磁介质的磁导率,掌握磁场强度的概念及其表达式。

3. 理解感应电动势的产生条件、计算方法和方向判定方法。

4. 了解线圈的电感概念和自感系数的定义;理解自感电动势的大小和方向,掌握线圈中磁场能量的计算公式。

4.1 磁　场

4.1.1 磁场与磁感线

一般将能够吸引铁、钴、镍一类物质的物体定义为磁体。磁体上磁性最强的部分叫磁极。一个磁体无论多么小,都有两个磁极。在水平面内自由转动的磁体,静止时总是一个磁极指向南方,另一个磁极指向北方,指向南方的叫作南极(S极),指向北方的叫作北极(N极)。当两个磁极靠近时,同名磁极相互排斥,异名磁极相互吸引。

两个磁极互不接触,却存在相互作用力,这是因为在磁体周围的空间中存在着一种特殊的物质——磁场。

在磁场中画一些曲线(用虚线或实线表示),使曲线上任何一点的切线方向都跟这一点的磁场方向相同(且这些曲线互不交叉),这些曲线叫磁感线。磁感线上每一点的切线方向就是该点的磁场方向,也就是放在该点的小磁针N极所指的方向。磁感线在磁体外部由N极指向S极,在磁体内部由S极指向N极。磁感线的疏密程度形象地表现了各处磁场的强弱,如图4-1所示。

在磁场的某一区域中,如果磁感线是一些方向相同且分布均匀的平行直线,则称这一区域为匀强磁场(也可称作均匀磁场),如图4-2所示。距离很近的两个异名磁极之间的磁场,除边缘部分外,可近似认为是匀强磁场。

4.1.2 电流的磁场

磁铁并非磁场的唯一来源。当把一根水平放置的通电导线平行地置于小磁针上方

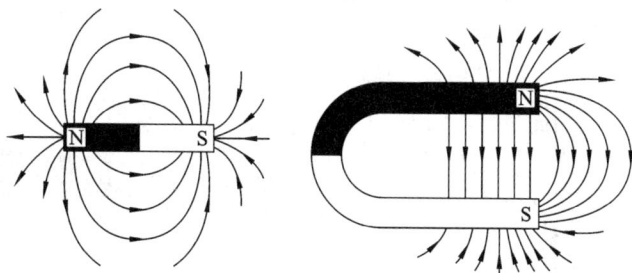

图 4-1　条形磁铁和蹄形磁铁的磁感线

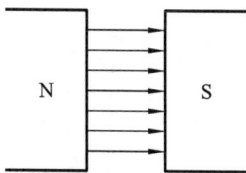

图 4-2　匀强磁场

时,小磁针立即发生偏转,如图 4-3 所示。上述现象说明,电流周围存在着磁场。电流产生磁场的现象称为电流的磁效应。

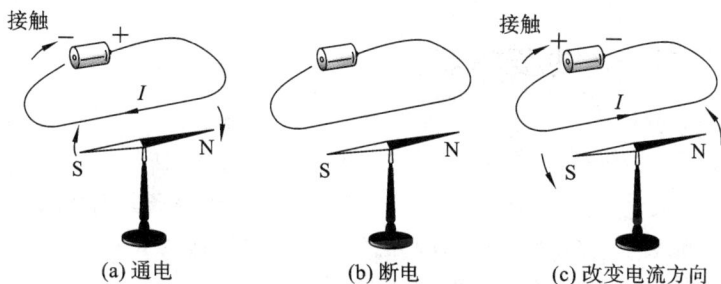

(a) 通电　　　　　　　(b) 断电　　　　　　(c) 改变电流方向

图 4-3　通电导线使小磁针发生偏转

通电长直导线及通电螺线管周围的磁场方向可用右手螺旋定则(也称作安培定则)来确定,具体判定方法如表 4-1 所示。

表 4-1　右手螺旋定则判定方法

通电直导线	通电螺线管
用右手握住通电导线,让伸直的大拇指所指的方向跟电流方向一致,那么弯曲的四指所环绕的方向就是磁感线的环绕方向	用右手握住通电螺线管,让弯曲的四指所环绕的方向跟电流的方向一致,则大拇指所指的方向就是螺线管内部磁感线的方向,也就是通电螺线管的磁场 N 极的方向

通电直导线	通电螺线管

通电螺线管表现出的磁性与条形磁体相似,一端相当于 N 极,另一端相当于 S 极,改变电流方向,它的两极就会对调。其外部的磁感线也是从 N 极出发进入 S 极;其内部的磁感线跟螺线管的轴线平行,方向由 S 极指向 N 极,并与外部的磁感线相连,形成闭合曲线。

4.1.3 磁场的主要物理量

1. 磁感应强度

用磁感应强度来描述磁场的强弱,符号为 B,单位是特斯拉(T),简称特。通电导线在磁场中会受到力的作用,例如将 1 m 长的导线垂直于磁场方向放入磁场中,并通以 1 A 的电流时,如果受到的力为 1 N,则导线所处的磁感应强度为 1 T。磁场中某点磁感应强度的方向,就是该点的磁场方向。

磁场越强,磁感应强度越大;磁场越弱,则磁感应强度越小。普通永磁体磁极附近的磁感应强度一般在 0.4~0.7 T,电机和变压器铁芯中心的磁感应强度可达 0.8~1.4 T,地面附近磁场的磁感应强度只有 0.00005 T。

通常把通电导体在磁场中受到的力称为安培力。把一小段通电导线垂直放入磁场中,根据通电导线受的力 F,导线中的电流 I 和导线长度 L 定义了磁感应强度 $B = \dfrac{F}{IL}$。把这个公式变形,就得到磁场对通电导线的作用力公式

$$F = BIL$$

电流方向与磁场方向垂直时,通电导线受的力最大,其值由公式 $F = BIL$ 给出;电流方向与磁场方向平行时,通电导线不受力,即所受的力为零。知道了通电导线在这两种特殊情况下所受的力,不难求出通电导线在磁场中任意 B 方向上所受的力。当电流方向与磁场方向间有一个夹角时,可以把磁感应强度 B 分解为两个分量:一个是跟电

流方向平行的分量 $B_1 = B\cos\theta$;另一个是跟电流方向垂直的分量 $B_2 = B\sin\theta$,如图 4-4 所示。前者对通电导线没有作用力,通电导线受到的作用力完全是由后者决定的,即 $F = B_2 IL$,将 $B_2 = B\sin\theta$ 代入,即得

$$F = BIL\sin\theta$$

这就是电流方向与磁场方向呈某一角度时作用力的公式。从这个公式可以看出:$\theta = \dfrac{\pi}{2}$ 时,力 F 的值最大;电流方向越偏离与磁场相垂直的方向,即 θ 越小,力 F 的值也越小;当 $\theta = 0$ 时,力 F 的值最小,等于零。

图 4-4　电流方向与磁场方向有夹角

根据实验可确定,磁场力的方向和磁场方向及电流方向均是垂直的,可用左手定则来判定:伸出左手,使大拇指跟其余四个手指垂直,并且都跟手掌在一个平面内,让磁感线垂直进入手心,并使四指指向电流方向,这时手掌所在的平面与磁感线和导线所在的平面垂直,大拇指所指的方向就是通电导线在磁场中受安培力的方向。

若电流方向与磁场方向不是垂直的,仍旧可以用左手定则来判定磁场力的方向,只是这时磁感线是倾斜进入手心的。

2. 磁通

为了定量地描述磁场在某一范围内的分布及变化情况,引入磁通这一物理量。如图 4-5 所示,设在磁感应强度为 $\boldsymbol{B}$ 的匀强磁场中,有一个与磁场方向垂直的平面,面积为 S,则把 $\boldsymbol{B}$ 与 S 的乘积定义为穿过这个面积的磁通量,简称磁通。用 $\boldsymbol{\Phi}$ 表示磁通,则有

$$\boldsymbol{\Phi} = \boldsymbol{B}S$$

磁通的单位是韦伯(Wb),简称韦。

平面不与匀强磁场平面垂直,则应以这个平面在垂直于磁场 $\boldsymbol{B}$ 的方向的投影面积 S' 与 B 的乘积来表示磁通。如图 4-6 所示,$S' = S\cos\theta$,而相应 $\boldsymbol{\Phi} = BS' = BS\cos\theta$。

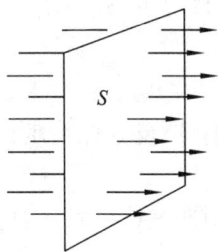

图 4-5　平面与 $\boldsymbol{B}$ 垂直

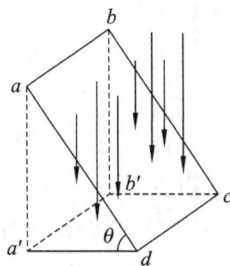

图 4-6　平面与 $\boldsymbol{B}$ 有夹角

由 $\boldsymbol{\Phi} = BS$ 可得 $B = 0$。这表示磁感应强度等于穿过单位面积的磁通,所以磁感应强度又称磁通密度,单位为 Wb/m^2。

当面积一定时,该面积上的磁通越大,磁感应强度越大,磁场越强。如变压器、电动机、电磁铁等就是通过尽可能地减少漏磁通,增强一定铁芯截面下的磁感应强度来提高

其工作效率的。

[例 4.1.1]　螺线管的直径为 20 cm,螺线管通电时管内任一横截面的磁通为 0.04 Wb,求螺线管内的磁感应强度。

解:螺线管横截面的面积为

$$S = \frac{\pi d^2}{4} = \frac{3.14 \times 0.2^2}{4} \ \text{m}^2 = 0.0314 \ \text{m}^2$$

因为螺线管内的磁场方向与横截面垂直,所以

$$B = \frac{\Phi}{S} = \frac{0.04}{0.0314} \ \text{T} = 1.27 \ \text{T}$$

3. 磁导率

在真空中,通电螺线管内各点的磁感应强度 B_0 为

$$B_0 = \mu_0 n i$$

式中:μ_0 是一个常量,为真空的磁导率,由实验测得真空中的磁导率 $\mu_0 = 4\pi \times 10^{-7}$ H/m,为一常数;

n 为通电螺线管在每米上的匝数;

i 为电流大小。

如果用一个插有铁棒的通电线圈去吸引铁屑,然后把通电线圈中的铁棒换成铜棒再去吸引铁屑,便会发现两种情况下的吸力大小不同,前者比后者大得多。这表明不同的媒介质对磁场的影响不同,影响的程度与媒介质的导磁性能有关。

磁导率就是一个用来表示媒介质导磁性能的物理量,用 μ 表示,其单位为 H/m (亨/米)。

自然界大多数物质对磁场的影响甚微,只有少数物质对磁场有明显的影响。为了比较媒介质对磁场的影响,把任一物质的磁导率与真空的磁导率的比值称作相对磁导率,用 μ_r 表示,即

$$\mu_r = \frac{B}{B_0} = \frac{\mu}{\mu_0}$$

相对磁导率只是一个比值。它表明在其他条件相同的情况下,媒介质中的磁感应强度是真空中磁感应强度的 μ_r 倍。

相对磁导率是没有单位的。

根据各种物质导磁性能的不同,可把物质分为三种类型,即反磁性物质、顺磁性物质和铁磁性物质。

$\mu_r < 1$ 的物质叫作反磁性物质,也就是说,在这类物质中所产生的磁场要比真空中弱一些。$\mu_r > 1$ 的物质叫作顺磁性物质,也就是说,在这类物质中所产生的磁场要比真空中强一些。铁磁性物质的 $\mu_r \gg 1$,而且不是一个常数,在其他条件相同的情况下,这类物质中所产生的磁场要比真空中的磁场强几千倍甚至几万倍,因而在电工技术方面应用甚广。铁、钢、钴、镍及某些合金都属于这一类物质。常用的铁磁性物质的相对磁导率如表 4-2 所示。

顺磁性物质和反磁性物质的相对磁导率都接近于 1,因而除铁磁性物质外,其他物

质的相对磁导率都可认为等于1,并称这些物质为非铁磁性物质。

表 4-2　常用的铁磁性物质的相对磁导率

材料	相对磁导率	材料	相对磁导率
钴	174	已经退火的铁	7000
未经退火的铸铁	240	变压器硅钢片	7500
已经退火的铸铁	620	真空中熔化的电解铁	12950
镍	1120	镍铁合金	60000
软钢	2180	"C"型坡莫合金	115000

[例 4.1.2]　一螺线管长度 $L=0.8$ m,线圈匝数 $N=800$ 匝,其中电流为 2.5 A 时,求:

(1)螺线管内为真空时,螺线管内的磁感应强度;

(2)该螺线管内的磁感应强度为 3.14 T 时,磁介质的磁导率和相对磁导率。

解:(1)根据 $B_0=\mu_0 ni$ 可得

$$B_0=\mu_0 ni=1.257\times10^{-6}\times\frac{800}{0.8}\times2.5 \text{ T}=3.14\times10^{-3} \text{ T}$$

(2)根据 $\mu_r=\dfrac{B}{B_0}=\dfrac{\mu}{\mu_0}$ 可得

$$\mu_r=\frac{B}{B_0}=\frac{3.14}{3.14\times10^{-3}}=1000$$

$$\mu=\mu_r\mu_0=1.257\times10^{-6}\times1000 \text{ H/m}=1.257\times10^{-3} \text{ H/m}$$

4. 磁场强度

既然磁场中各点磁感应强度的大小与媒介质的性质有关,这就使磁场的计算显得比较复杂。因此,为了使磁场的计算简单,常用磁场强度这个物理量来表示磁场的性质。

磁场中某点的磁感应强度 $\boldsymbol{B}$ 与媒介质磁导率 μ 的比值,叫作该点的磁场强度,用 $\boldsymbol{H}$ 来表示,即

$$H=\frac{B}{\mu}=ni=\frac{N}{L}i$$

或

$$B=\mu H=\mu_0\mu_r H$$

磁场强度 $\boldsymbol{H}$ 也是一个矢量,在均匀的媒介质中,它的方向和磁感应强度 $\boldsymbol{B}$ 的方向一致。在国际单位制中,它的单位为安/米(A/m)。

[例 4.1.3]　一螺线管长度 $L=1$ m,螺线管直径 $D=5$ cm,在螺线管上共绕有 5 层线圈,每层的匝数 $N=800$,当励磁电流为 2.5 A 时,求:

(1)螺线管内的磁场强度 H;

(2)当螺线管内磁介质的磁导率 $\mu=8.799\times10^{-3}$ H/m 时,螺线管内的磁感应强度 B 和磁通 Φ。

解:(1)螺线管上线圈匝数 $N=5\times800=4000$ 匝,根据 $H=\dfrac{B}{\mu}=ni=\dfrac{N}{L}i$ 可得

$$H=\dfrac{B}{\mu}=ni=\dfrac{N}{L}i=\dfrac{4000}{1}\times2.5=10000 \text{ A/m}$$

(2)根据 $B=\mu H$ 可得

$$B=\mu H=8.799\times10^{-3}\times10^{4} \text{ T}=87.99 \text{ T}$$

因螺线管的横截面积 $S=\dfrac{\pi D^2}{4}=\dfrac{3.14\times0.05^2}{4} \text{ m}^2=0.00196 \text{ m}^2$

$$\Phi=BS=87.99\times0.00196 \text{ Wb}=0.172 \text{ Wb}$$

4.1.4 铁磁性物质的磁化

1.铁磁性物质磁化

本来不具磁性的物质,由于受磁场的作用而具有磁性的现象叫作该物质的磁化。只有铁磁性物质才能被磁化,非铁磁性物质不能被磁化。

铁磁性物质能够被磁化的内因是,铁磁性物质由许多被称为磁畴的磁性小区域组成,每一个磁畴相当于一个小磁铁。在无外磁场作用时,磁畴排列杂乱无章,如图4-7(a)所示,磁性互相抵消,对外不显磁性。但在外磁场作用下,磁畴会沿着磁场方向做取向排列,形成附加磁场,从而使磁场显著增强,如图4-7(b)所示。有些铁磁性物质在去掉外磁场后,磁畴的一部分或大部分仍保持取向一致,对外仍显示磁性,这就成了永久磁铁。

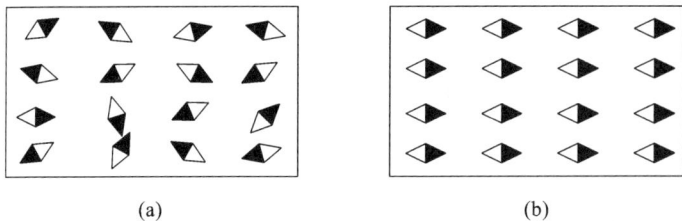

(a)   (b)

图 4-7 磁畴的磁性小区域

铁磁性物质能被磁化的特性广泛应用于电子和电气设备中。例如,变压器、继电器、电动机等采用相对磁导率高的铁磁性物质作为绕组的铁芯,可使同样容量的变压器、继电器和电动机的体积大幅缩小,质量大幅减轻;半导体收音机的天线线圈绕在铁氧体磁棒上,能提高收音机的灵敏度。

各种铁磁性物质,因其内部结构不同,磁化后的磁性各有差异,下面通过分析磁滞回线来了解各类铁磁性物质的特性。

2.铁磁性物质的分类

铁磁性物质根据磁滞回线的形状可分为软磁性物质、硬磁性物质和矩磁性物质三大类。

软磁性物质的磁滞回线窄而陡,回线所包围的面积较小,如图4-8(a)所示。因此,

在交变磁场中的磁滞损耗小,比较容易磁化,但撤去外磁场后,磁性基本消失,即剩磁和矫顽力都较小。这种物质适用于需要反复磁化的场合,可用来制造电动机、变压器、仪表和电磁铁的铁芯。软磁性物质主要有硅钢、坡莫合金(铁镍合金)和软磁铁氧体等。

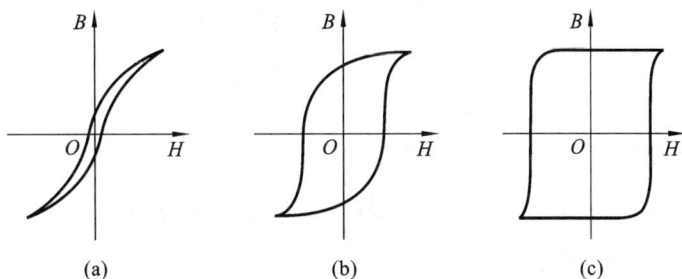

图 4-8 软磁性物质、硬磁性物质和矩磁性物质的磁滞回线

硬磁性物质的磁滞回线宽而平,回线所包围的面积较大,如图 4-8(b)所示。因此,在交变磁场中的磁滞损耗大,必须用较强的外加磁场才能使其磁化,但磁化后撤去外磁场,仍能保留较大的剩磁,且不易去磁,即矫顽力也较大。

这种物质适合制成永久磁铁。硬磁性物质主要有钨钢、铬钢、钴钢和钡铁氧体等。

矩磁性物质磁滞回线如图 4-8(c)所示。矩磁性物质的特点是,当施加很小的外磁场时,就能使其磁化并达到饱和,去掉外磁场时,磁感应强度仍然保持与饱和时一样。计算机中作为存储元件的环形磁心就是采用这种物质。矩磁性物质主要有锰镁铁氧体和锂锰铁氧体等。

此外,还有压磁性物质。它是一种磁致伸缩效应比较显著的铁磁性物质。在外磁场的作用下,磁体的长度会发生改变,这种现象叫作磁致伸缩效应。如果外加交变磁场,则磁致伸缩效应会使这种物质产生振动。这种物质可用来制造超声波发生器和机械滤波器等。

3. 永久磁铁的充磁

仪表或仪器设备中的永久磁铁退磁后,会使其性能降低或工作失灵,此时可设法充磁。一般来说,永久磁铁的材料都是硬磁材料,其特点是剩磁大,所以只要有足够的充磁磁源进行几次充磁,通常都能使永久磁铁达到磁饱和。恢复磁性的方法最好是用充磁机进行充磁,如果没有充磁机,也可用下述简易方法来充磁。

(1)接触充磁法:充磁的磁源是一根磁性很强的永久磁铁,将它与被充磁铁的相反极性的两极分别接触,并连续摩擦几下,充磁就完成了。

这个方法的充磁效果较差,但作为临时充磁很实用。应特别注意的是,接触极性必须是异极性,否则会使永久磁铁的磁性更加减弱。

(2)通电充磁法:如果永久磁铁上还绕有线圈,如耳机之类的永久磁铁,可采用 6 V 干电池(如属高阻抗耳机,电压可适当提高),将正极接入线圈的一端,然后用另一端碰触电池负极,如果永久磁铁的磁性增强,则再碰触几下即可;如磁性减弱,则要调换极性再充。

(3)加绕线圈充磁法:体积较大的长柱形永久磁铁失磁后,可用漆包线在永久磁铁上绕 200 圈左右,然后将该线圈的一端接上 6 V 电池负极,线圈的另一头与电池的正极碰触几下,永久磁铁就能达到充磁的目的,但必须先测试永久磁铁的磁场方向是否与线圈所产生的磁场方向一致。

课后练习

一、判断题

1. 在磁场中的某一点,小磁针所指的方向为该点的磁场方向。(　　　)
2. 磁感应线是真实存在的实物线。(　　　)
3. 当通电的直导线与磁感线平行时,导线不受磁场的作用力。(　　　)

二、选择题

1. 在磁场中的某一点,通电直导线的电流为 1 A,确定该点的磁感应强度为 1 T,当通电直导线的电流为 4 A 时,该点的磁感应强度为(　　　)T。

A. 4   B. 2   C. 1   D. 0.25

2. (2018 年,多选)关于磁通的概念,正确的是(　　　)。

A. 磁场中穿过的磁感线条数叫磁通

B. 磁通不仅取决于磁场的性质,而且取决于所研究的面的形状、大小和取向

C. 在匀强磁场中,磁通大小等于磁感应强度 B 与垂直于磁感应强度方向的面积 S 的乘积

D. 在国际单位制中,磁通的单位是韦伯(Wb)

4.2　电磁感应

4.2.1　电磁感应现象

1831 年 8 月,法拉第把两个线圈绕在一个铁环上,线圈 A 接直流电源,线圈 B 接电流表。他发现,当线圈 A 的电路接通或断开的瞬间,线圈 B 中会产生瞬时电流。法拉第还发现,铁环并不是必需的。拿走铁环,再做这个实验,上述现象仍然会出现,只是线圈 B 中的电流弱些。为了透彻研究电磁感应现象,法拉第做了许多实验。1831 年 11 月 24 日,在法拉第向皇家学会提交的论文中,他把这种现象定名为"电磁感应现象",并概括了可以产生感应电流的五种类型:变化的电流、变化的磁场、运动的恒定电流、运动的磁铁、在磁场中运动的导体。这一发现进一步揭示了电与磁的内在联系,为建立完整的电磁理论奠定了坚实的基础。

如图 4-9 所示,如果让导体 ab 在磁场中向前或向后运动,电流表的指针就会发生偏转,表明电路中有了电流。导体 ab 静止或上下运动时,电流表指针不偏转,说明电路中没有电流。可以借助于磁感线的概念来说明上述现象。导体 ab 向前或向后运动时

会切割磁感线,导体 ab 静止或上下运动时不会切割磁感线。可见,闭合电路中的一部分导体做切割磁感线的运动时,电路中就有电流产生。无论是导体运动,还是磁场运动,只要是闭合电路的一部分导体在做切割磁感线的运动,电路中就有电流。

如图 4-10 所示,把线圈 B 套在线圈 A 的外面,合上开关给线圈 A 通电时,电流表的指针发生偏转,说明线圈 B 中有了电流。当线圈 A 中的电流达到稳定时,线圈 B 中的电流消失。闭合开关使线圈 A 断电时,线圈 B 中也有电流产生。如果用滑动变阻器来改变电路中的电阻,使线圈 A 中的电流发生变化,线圈 B 中也有电流产生。在这个实验中,线圈 B 处在线圈 A 的磁场中,当 A 通电和断电时,或者使 A 中的电流发生变化时,A 的磁场会随之发生变化,穿过线圈 B 的磁通量也随着发生变化。因此,这个实验表明:在导体和磁场不发生相对运动的情况下,只要穿过闭合电路的磁通量发生变化,闭合电路中就有电流产生。

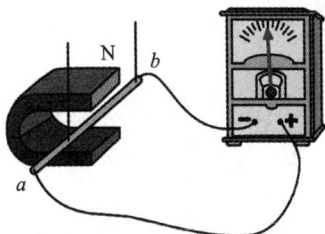

图 4-9 电磁感应现象

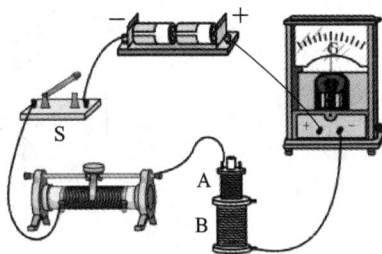

图 4-10 电磁感应验证实验

需要注意的是:导线切割磁感线或穿过线圈的磁通量发生变化,这是产生感应电动势的条件。电路中有感应电动势,不一定有感应电流。只有当电路中有感应电动势,且电路闭合时,电路中才有感应电流。

4.2.2 感应电动势的方向和大小

磁场产生电流的现象称为电磁感应现象,产生的电流称为感应电流,产生感应电流的电动势称为感应电动势。

在如图 4-11 所示实验中,当磁铁插入线圈时,穿过线圈的磁通量增加,这时感应电流的磁场方向跟磁铁的磁场方向相反,阻碍磁通量的增加;当磁铁抽出线圈时,穿过线圈的磁通量减少,这时感应电流的磁场方向跟磁铁的磁场方向相同,阻碍磁通量的减少。总之,感应电流的方向,总是要使感应电流的磁场阻碍引起感应电流的磁通量的变化,这就是楞次定律,它是判断感应电流方向的普遍规律。

在匀强磁场中放置一段导体,其两端分别与检流计相接,形成一个回路。让导体做切割磁感线运动,观察检流计指针偏转情况。感应电动势的方向可用右手定则判断。如图 4-12 所示,平伸右手,大拇指与其余四指垂直,让磁感线穿入掌心,大拇指指向导体运动方向,则其余四指所指的方向就是感应电动势的方向。

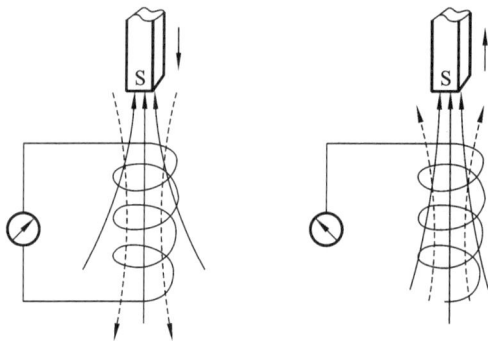

图 4-11 楞次定律

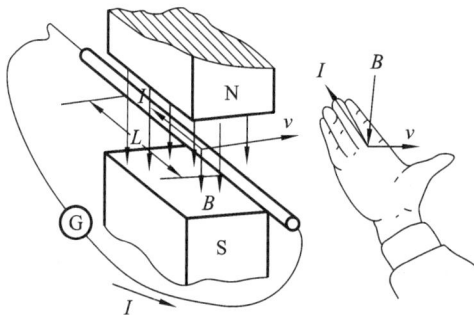

图 4-12 右手定则

需要注意的是:判断感应电动势方向时,要把导体看成是一个电源,在导体内部,感应电动势的方向由负极指向正极,感应电流的方向与感应电动势的方向相同。如果导体不形成闭合回路,导体中只产生感应电动势,而无感应电流。当导体、导体运动方向和磁感线方向三者互相垂直时,导体中的感应电动势为

$$E = BLv$$

如果导体运动方向与磁感线方向有一夹角 θ,如图 4-13 所示,则导体中感应电动势为

$$E = BLv\sin\theta$$

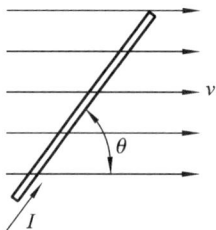

图 4-13 导体运动方向与磁感线方向有一个夹角

由上式可知,当导体的运动方向与磁感线垂直时($\theta = 90°$),导体中感应电动势最大;当导体的运动方向与磁感线平行时($\theta = 0°$),导体中感应电动势为零。

如图 4-14 所示,$abcd$ 是一个矩形线圈,它处于磁感应强度为 B 的匀强磁场中,线

圈平面和磁场垂直,磁感线垂直纸面射出,ab 边可以在线圈平面上自由滑动。ab 的长为 L,以速度 v 沿垂直于磁感线方向向右运动,这时导线中产生的感应电动势为 E,由于导线是闭合的,所以导线中有感应电流 I,电流方向由 a 指向 b。载有感应电流的运动导线 ab 在磁场中将受到作用力 F,而 $F=BIL$,由左手定则可知,此力 F 将阻碍导线的运动。要使导线 ab 快速地做切割磁感线

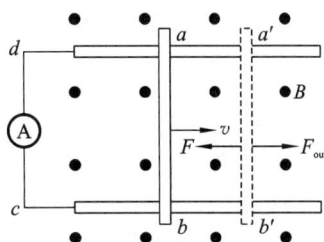

图 4-14 导体 ab 切割磁感线

运动,就必须有一个跟磁场力大小相等、方向相反的外力 F_{out} 作用在导线上,来反抗磁场力 F 做功。外力做功就把机械能转化为线圈中的电能,使线圈中产生感应电动势。

如果导线 ab 在 t 时间内运动的距离为 $L_{aa'}$,那么外力反抗磁场力所做的功为

$$W_1 = F_{out}L_{aa'} = FL_{aa'} = BILvt$$

在 t 时间内感应电流所做的功为

$$W_2 = EIt$$

根据能量守恒定律 $W_1 = W_2$,因此有

$$BILvt = EIt$$

由此得到感应电动势的大小为

$$E = BLv$$

ab 导线两端感应电动势的方向由 a 指向 b。

上式的适用条件是导线运动方向跟导线本身垂直,并且跟磁感线方向也垂直。在这种情况下感应电动势的数值最大。

[**例 4.2.1**] 在图 4-15 中,设匀强磁场的磁感应强度 $B=0.1$ T,磁感线垂直纸面射出,切割磁感线的导线长度 $L=40$ cm,向右匀速运动的速度 $v=5$ m/s,整个线框的电阻 $R=0.5$ Ω,求:

(1)感应电动势的大小;

(2)感应电流的大小和方向;

(3)使导线向右匀速运动所需的外力;

(4)外力做功的功率;

(5)感应电流的功率。

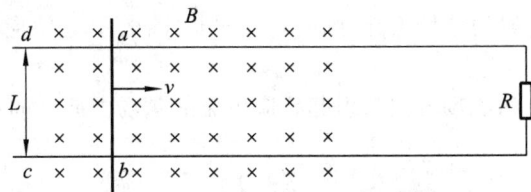

图 4-15 例 4.2.1 图

解:(1)线圈中的感应电动势为

$$E = BLv = 0.1 \times 0.4 \times 5 \text{ V} = 0.2 \text{ V}$$

(2)线圈中的感应电流为

$$I = \frac{E}{R} = \frac{0.2}{0.5} \text{ A} = 0.4 \text{ A}$$

利用楞次定律或右手定则,都可以确定出线圈中的电流方向是沿 abcd 方向。

(3)外力跟磁场对电流的力平衡,因此,外力的大小为

$$F = BIL = 0.1 \times 0.4 \times 0.4 \text{ N} = 0.016 \text{ N}$$

(4)外力做功的功率为

$$P = Fv = 0.016 \times 5 \text{ W} = 0.08 \text{ W}$$

(5)感应电流的功率为

$$P' = EI = 0.2 \times 0.4 \text{ W} = 0.08 \text{ W}$$

可以看到,$P = P'$,这正是能量守恒定律所要求的。由于线圈是纯电阻电路,电流的功完全用来生热,所以,发热功率 $I^2 R$ 也一定等于 P 或 P'。

课后练习

一、判断题

1. 只要线圈中的磁通发生变化,就有感应电流。(   )

2. 导体在磁场中运动,就能产生感应电动势。(   )

3. 感应电流产生的磁场,总是与引起感应电流的磁场方向相反。(   )

二、选择题

1. 关于线圈产生感应电动势的大小,下列说法中正确的是(   )。

A. 线圈中的磁通越大,感应电动势越大

B. 线圈中磁通的变化量越大,感应电动势越大

C. 线圈中磁通变化的时间越长,感应电动势越大

D. 线圈中磁通的变化率越大,感应电动势越大

2. 感应电流产生的磁场方向与引起感应电流的磁场方向之间的关系是(   )。

A. 感应电流产生的磁场方向总是与引起感应电流的磁场方向相反

B. 感应电流产生的磁场方向总是与引起感应电流的磁场方向相同

C. 若引起感应电流的磁场增强,则两者方向相反;若引起感应电流的磁场减弱,则两者方向相同

D. 感应电流产生的磁场方向与引起感应电流的磁场方向之间没有关系

4.3 自感现象

4.3.1 自感实验

在图 4-16 所示的实验中,先合上开关 S,调节变阻器 R 的电阻,使同样规格的两个

指示灯 HL_1 和 HL_2 的明亮程度相同。再调节变阻器 R_1,使两个指示灯都正常发光,然后断开开关 S。

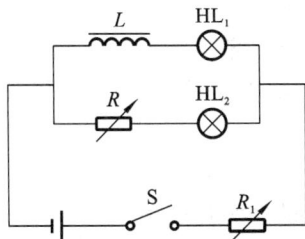

图 4-16　自感实验电路(1)

再接通电路时可以看到,跟变阻器 R 串联的指示灯 HL_2 立刻正常发光,而跟有铁芯的线圈串联的指示灯 HL_1 却是逐渐亮起来的。原来,在接通电路的瞬间,电路中的电流增大,穿过线圈 L 的磁通量也随着增加。根据电磁感应定律,线圈中必然会产生感应电动势,这个感应电动势阻碍线圈中电流的增大,所以,通过 HL_1 的电流只能逐渐增大,HL_1 只能逐渐亮起来。

现在再来做图 4-17 所示的实验,把指示灯 HL 和带铁芯的电阻较小的线圈 L 并联在直流电路里。接通电路,HL 正常发光后,再断开电路,这时可以看到,断电的那一瞬间,指示灯突然发出很强的亮光,然后才熄灭。这是由于电路断开的瞬间,通过线圈的电流突然减弱,穿过线圈的磁通量也就很快地减少,因而在线圈中产生感应电动势。虽然这时电源已经断开,但线圈 L 和指示灯 HL 组成了闭合电路,在这个电路中有感应电流通过,所以,指示灯不会立即熄灭。

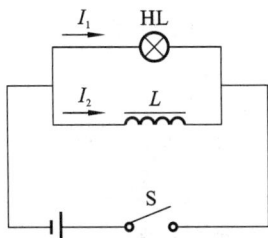

图 4-17　自感实验电路(2)

从上述两个实验可以看出,当线圈中的电流发生变化时,线圈本身就会产生感应电动势,这个电动势总是阻碍线圈中电流的变化。这种由于线圈本身的电流发生变化而产生的电磁感应现象,叫作自感现象,简称自感。在自感现象中产生的感应电动势,叫作自感电动势。

通电线圈有磁场,说明线圈能够储存磁场能。当线圈的电流增大时,电能转换为磁场能储存在线圈中;当线圈的电流减小时,线圈储存的磁场能转换为电能。因此,电感线圈在电路中是一种储能元件。

线圈在直流电路中相当于短路,在交流电路中具有阻抗较大起阻碍作用的特性,使线圈在电路中有"通直流,阻交流"的作用。

4.3.2　自感系数

下面进一步考察自感电动势与电流变化的定量关系。当电流通过回路时,在回路内就要产生磁通,叫作自感磁通,用符号 Φ_L 表示。当电流通过匝数为 N 的线圈时,线圈的每一匝都有自感磁通穿过,如果穿过线圈每一匝的磁通都一样,那么,这个线圈的自感磁链为

$$\psi_L = N\Phi_L$$

当同一电流 I 通过结构不同的线圈时,所产生的自感磁链 ψ_L 各不相同。为了表明各个线圈产生自感磁链的能力,将线圈的自感磁链与电流的比值叫作线圈(或回路)的自感系数(或叫作自感量),简称电感,用符号 L 表示,即

$$L = \frac{\psi_L}{I}$$

L 表示一个线圈通过单位电流所产生的磁链。自感系数的单位是 H(亨),在电子技术中,常采用较小的单位:毫亨(mH)和微亨(μH)。

4.3.3　线圈电感的计算

在实际工作中,常常需要估算线圈的电感,下面介绍环形螺旋线圈电感的计算公式。

假定环形螺旋线圈均匀地绕在某种材料做成的圆环上,线圈的匝数为 N,圆环的平均周长为 l。对于这样的线圈,可以近似认为磁通都集中在线圈的内部,而且磁通在截面 S 上的分布是均匀的。当线圈通上电流 I 时,线圈内的磁感应强度为

$$B = \mu H = \mu\,\frac{NI}{l}$$

而磁通为

$$\Phi = BS = \frac{\mu NIS}{l}$$

由 $N\Phi = LI$ 可得

$$L = \frac{N\Phi}{I} = \frac{\mu N^2 S}{l}$$

式中:l 的单位为 m;

　　　S 的单位为 m^2;

　　　$\mu = \mu_0\mu_r$,是线圈芯所用材料的磁导率;

　　　L 的单位是 H。

上式说明,线圈的电感是由线圈本身的特性决定的,它与线圈的尺寸、匝数和媒介质的磁导率有关,而线圈中是否有电流或电流的大小都不会使线圈电感改变。

其他近似环形的线圈,例如口字形铁芯的线圈或其他闭合磁路线圈,在铁芯没有饱和的条件下,也可以用上式近似地计算线圈的电感。若磁路不闭合,因为有气隙对电感影响很大,所以电感不能用上式计算。

必须指出,铁磁性材料的磁导率 μ 不是一个常数,它是随磁化电流的不同而变化

的量,铁芯越接近饱和,这种现象就越显著。所以,具有铁芯的线圈,其电感也不是一个定值,这种电感叫作非线性电感。因此,用上式计算出的电感只是一个大致的数值。

4.3.4 自感电动势

根据法拉第电磁感应定律,可以列出自感电动势的数学表达式为

$$E_L = \frac{\Delta\psi}{\Delta t}$$

把 $\psi_L = LI$ 代入,则

$$E_L = \frac{\psi_{L2} - \psi_{L1}}{\Delta t} = \frac{LI_2 - LI_1}{\Delta t}$$

即

$$E_L = L\frac{\Delta I}{\Delta t}$$

上式说明:自感电动势的大小与线圈中电流的变化率成正比。根据上式还可规定自感系数的单位,当线圈中的电流在 1 s 内变化 1 A 时,引起的自感电动势为 1 V,这个线圈的自感系数就是 1 H。

[**例 4.3.1**] 电感 $L = 20$ mH 的线圈中,当电流在 2 μs 内由 0 增加到 2 A,求线圈的自感电动势。

解: $$E_L = L\frac{\Delta I}{\Delta t} = 20 \times 10^{-3} \times \frac{2-0}{2 \times 10^{-6}} \text{ V} = 2 \times 10^4 \text{ V}$$

4.3.5 磁场能量的计算

电感线圈和电容器都是电路中的储能元件。通电线圈在切断电流的瞬间,能使与它并联的指示灯猛然一亮,然后逐渐熄灭,这是由于在电源切断的瞬间,磁场将其储存的能量释放出来,转换成指示灯的热能和光能。

通电线圈中有磁场,说明线圈能够储存磁场能。当线圈的电流增大时,电能转换为磁场能储存在线圈中;当线圈的电流减小时,线圈储存的磁场能转换为电能。因此,电感线圈在电路中是一种储能元件。

当线圈中的电流为 I 时,线圈中储存的磁场能 W_L 可用下式计算

$$W_L = \frac{1}{2}LI^2$$

式中:L 的单位为 H;

I 的单位为 A;

W_L 的单位为 J。

上式表明:当线圈通有电流时,线圈中就要储存磁场能,通过线圈的电流越大,储存的能量也越多,通电线圈从外界吸收能量;在通有相同电流的线圈中,电感越大的线圈,储存的能量越多。因此,线圈的电感是反映它储存磁场能量的能力。

当线圈中电流由 I_1 变化到 I_2 时,线圈中增加或减少的磁场能为

$$\Delta W = \frac{1}{2}LI_2^2 - \frac{1}{2}LI_1^2 = \frac{1}{2}L(I_2^2 - I_1^2)$$

可见:若线圈中的电流增大,则 $I_2 > I_1$,$\Delta W > 0$,表示电能转换为磁场能;若线圈中的电流减小,则 $I_2 < I_1$,$\Delta W < 0$,表示磁场能转换为电能。

[例 4.3.2] 电感 $L = 100$ mH 的线圈,当通电电流为 2 A 时,线圈中储存的磁场能是多少? 当电流增加到 4 A 时,有多少电能转换为磁场能?

解:当线圈中的电流为 2 A 时,线圈中储存的磁场能为

$$W_L = \frac{1}{2}LI^2 = \frac{1}{2} \times 100 \times 10^{-3} \times 2^2 \text{ J} = 0.2 \text{ J}$$

当线圈中的电流由 2 A 增加到 4 A 时,转换为磁场能的电能为

$$\Delta W = \frac{1}{2}L(I_2^2 - I_1^2) = \frac{1}{2} \times 100 \times 10^{-3} \times (4^2 - 2^2) \text{J} = 0.6 \text{ J}$$

课后练习

一、填空题

1. 根据法拉第电磁感应定律,自感电动势的大小与线圈的_____成正比,与线圈中电流的_____成正比。

2. 当线圈中的电流增大时,_____能转换为_____能储存在线圈中;当线圈中的电流减小时,_____能转换为_____能,因此电感线圈在电路中是一种储能元件。

二、判断题

1. 电感相同的线圈,线圈中的电流越大,储存的磁场能就越多。( )
2. 线圈中电流的变化量越大,自感电动势就越大。( )

本章小结

1. 磁铁周围和电流周围都存在着磁场。磁感线能形象地描述磁场,磁感线是互不交叉的闭合曲线,在磁体外部由 N 极指向 S 极,在磁体内部由 S 极指向 N 极。磁感线上任意一点的切线方向表示该点的磁场方向。

2. 电流产生的磁场方向可用安培定则判断。磁场对处在其中的载流直导体有作用力,其方向用右手定则判断,电磁力的大小为 $F = BIl\sin\alpha$,式中 α 为载流直导体与磁感

应强度方向的夹角。

3. 磁场与磁路的基本物理量见表 4-3。

表 4-3　磁场与磁路的基本物理量

名称	符号	定义式	意义	单位
磁通	Φ	$\Phi = BS$	描述磁场在某一范围内的分布及变化情况	Wb
磁感应强度	B	$B = \dfrac{\Phi}{S}$	描述磁场中某点处磁场的强弱	T
磁导率	μ	μ_0 为真空磁导率　μ_r 为相对磁导率　$\mu_r = \dfrac{\mu}{\mu_0}$	表示物质对磁场影响程度,也即表明物质的导磁能力,非铁磁物质的 μ 是一个常数,而铁磁物质的 μ 不是常数	H/m
磁动势	F_m	$F_m = NI$	描述磁路中产生磁通的条件和能力	A
磁阻	R_m	$R_m = \dfrac{1}{\mu s}$	描述磁路对磁通的阻力,它由磁路的材料、形状及尺寸所决定	H^{-1}

4. 产生感应电动势的条件是线圈中的磁通发生变化或导体相对磁场做切割磁感线的运动。直导体切割磁感线产生的感应电动势方向用右手定则来判断,其大小为

$$E = Blv\sin\alpha$$

5. 楞次定律:感应电流的磁场总是阻碍原磁通的变化。

法拉第电磁感应定律:线圈中感应电动势的大小与磁通的变化率成正比,即

$$E = N\frac{\Delta\Phi}{\Delta t}$$

通常用此公式计算感应电动势的大小,而用楞次定律判别感应电动势的方向。

6. 由于线圈本身的电流发生变化而产生的电磁感应现象,叫作自感现象。由自感现象产生的感应电动势叫作自感电动势,它的大小为

$$E_L = L\frac{\Delta I}{\Delta t}$$

式中,L 是线圈的自感磁链与电流的比值,叫作线圈的自感,即

$$L = \frac{\psi_L}{I}$$

线圈的自感是由线圈本身的特性决定的,即与线圈的尺寸、匝数和媒介质的磁导率有关,而与线圈中是否有电流或电流的大小无关,即

$$L = \frac{\mu N^2 S}{l}$$

7. 使原来没有磁性的物质具有磁性的过程称为磁化,只有铁磁性物质才能被磁化。

铁磁性物质根据其磁滞回线不同可分为软磁性物质、硬磁性物质、矩磁性物质。

8.线圈在电路中有"通直流,阻交流"的作用,电感线圈和电容器一样,都是电路中的储能元件。磁场能量的大小可按下式计算

$$W_{\mathrm{L}}=\frac{1}{2}LI^2$$

当线圈中电流由 I_1 变化到 I_2 时,线圈中增加或减少的磁场能为

$$\Delta W=\frac{1}{2}LI_2^2-\frac{1}{2}LI_1^2=\frac{1}{2}L(I_2^2-I_1^2)$$

可见:若线圈中的电流增大,则 $I_2>I_1$,$\Delta W>0$,表示电能转换为磁场能;若线圈中的电流减小,则 $I_2<I_1$,$\Delta W<0$,表示磁场能转换为电能。

章末练习

一、选择题

1.在图 4-18 所示的四幅图内没有感应电流的是(　　　)。

A.(a)　　　　　　B.(b)　　　　　　C.(c)　　　　　　D.(d)

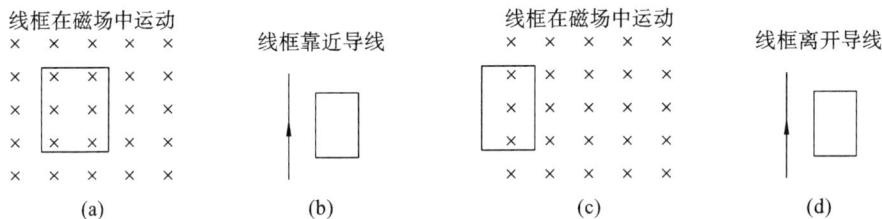

图 4-18　选择题 1 示意图

2.导体在磁场中切割磁感线产生感应电动势,下列情景中不能增大感应电动势的是(　　　)。

A.加快导体切割磁感线的速度　　　　B.增大磁场的磁感应强度

C.增大导体的横截面积　　　　　　　D.增加导体的长度

3.(2022 年)通电线圈插入铁芯后,它的磁场将(　　　)。

A.减弱　　　　　B.增强　　　　　C.不变　　　　　D.为零

4.(2022 年)线圈中产生的感应电动势,其大小取决于通过该线圈的(　　　)。

A.磁通量大小　　　　　　　　　　　B.磁通密度大小

C.磁通量变化率大小　　　　　　　　D.磁通量及磁通密度大小

5.(2018 年,多选)关于感应电流产生的条件,下列说法中,错误的是(　　　)。

A.位于磁场中的闭合电路,一定能产生感应电流

B.闭合线圈切割磁感线,一定能产生感应电流

C.穿过闭合线圈的磁感线条数发生变化,一定能产生感应电流

D. 直导线放在磁场中,一定能产生感应电流

6.(2015 年)判断通电直导线周围磁场方向,通常使用(　　)。

A. 顺时针定则　　　　　　　　　B. 逆时针定则

C. 右手定则　　　　　　　　　　D. 左手定则

7.(2016 年)已知某电感 $L=1$ H,电流 $I_L=4$ A,则该电感可存储的能量为(　　)。

A. 2 J　　　　　B. 4 J　　　　　C. 6 J　　　　　D. 8 J

8. 匝数 $N=100$ 的螺线管,在 $\Delta t=0.01$ s 的时间内,磁通量 $\Phi_1=0.001$ Wb 变化到 $\Phi_2=0.005$ Wb,则螺线管产生的感应电动势的大小为(　　)V。

A. 4　　　　　B. 10　　　　　C. 40　　　　　D. 50

9. 电感为 10 mH 的线圈,电流由 10 A 减小到 6 A,则线圈释放的磁场能为(　　)J。

A. 0.68　　　　　B. 0.5　　　　　C. 0.32　　　　　D. 0.18

10. 电感为 10 mH 的线圈,电流由 10 A 减小到 6 A 所用的时间为 0.01 s,则线圈的自感电动势大小为(　　)V。

A. 16　　　　　B. 10　　　　　C. 6　　　　　D. 4

二、判断题

1. 磁导率越大的磁介质,导磁性能越好。(　　)

2.(2024 年)判断流过直导线电流所产生的磁场方向时用左手定则,大拇指指向电流方向,四指弯曲的方向为直导线周围磁场的方向。(　　)

3.(2015 年)磁体上 N 极和 S 极总是成对出现的,不存在单独的 N 极和 S 极。(　　)

4. 铁磁性物质的磁导率是一个不变的常数。(　　)

5. 线圈有"通直流,阻交流"的作用。(　　)

6.(2016 年)线圈中磁通量变化率越大,感应电动势就越大。(　　)

7. 当线圈中电流增大时,自感电动势的方向与右手定则确定的参考方向相同。(　　)

8.(2016 年)用于表示物质导磁能力大小的物理量称为磁导率。(　　)

9.(2019 年)判断流过直导线电流所产生的磁场方向时用右手定则,大拇指指向电流方向,四指弯曲的方向为直导线周围磁场的方向。(　　)

10.(2019 年)磁场强度和磁感应强度是描述磁场的同一物理量。(　　)

三、计算题

1. 如图 4-19 所示,金属导轨之间的距离 $L=0.5$ m,放置在 $B=0.8$ T 的匀强磁场中,磁感线垂直纸面射出,导体在金属导轨上向右的运动速度为 $v=10$ m/s,电阻 $R=2$ Ω,求:

(1)电阻 R 中的电流;

(2)导体受到的磁场作用力的大小和方向。

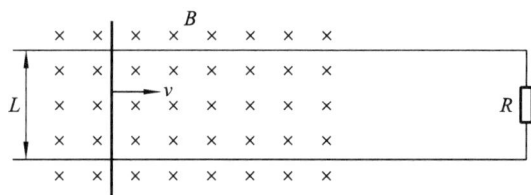

图 4-19 计算题 1 示例图

2.线圈中的电感 $L = 100$ mL,线圈中的电流 $I = 2$ A。求:

(1)线圈中储存的磁场能;

(2)线圈中的电流增加到 10 A,线圈从电路中吸收的电能;

(3)若线圈中的电流增加到 10 A 所用的时间为 0.01 s,线圈的自感电动势的大小。

电工基础

第5章 正弦交流电路

单元要点

1. 了解正弦交流电动势的产生及表达方式;理解瞬时值、最大值、有效值、周期、频率、角频率、初相位、相位差等概念。

2. 理解正弦交流电的解析式、波形图、相量这三种表示法;掌握瞬时值、最大值、有效值之间的相互关系,掌握周期、频率、角频率之间的相互关系。

3. 掌握纯电阻正弦交流电路中电流、电压、有功功率的计算方法以及电压与电流的相位关系。

4. 掌握纯电容正弦交流电路中容抗、电流、电压、无功功率的计算方法以及电压与电流的相位关系。

5. 掌握纯电感正弦交流电路中感抗、电流、电压、无功功率的计算方法以及电压与电流的相位关系。

6. 理解 RL 串联电路中阻抗、有功功率、无功功率、视在功率、功率因数的概念。

7. 掌握 RLC 串联交流电路中阻抗、相位角、电压、电流、有功功率、无功功率、视在功率的计算方法。

5.1 交流电的产生

5.1.1 交流电的概念

手电筒内干电池产生的电能是直流电,而工厂的生产设备使用的电能大多是交流电,家庭中的洗衣机、电冰箱和空调等,使用的电能也是交流电。交流电与直流电的根本区别是:直流电的方向不随时间变化,交流电的方向则随时间变化。

将大小和方向随时间按正弦规律周期性变化的电流、电压和电动势称作正弦交流电,简称交流电。若不特别说明,本书所说的交流电均指正弦交流电。

大小和方向随时间周期性变化的电流,按随时间周期性变化的规律不同可分为正弦交流电和非正弦交流电两种。电流、电压或电动势在某一时刻的大小称作瞬时值,若用横轴作为时间轴,电流、电压或电动势的大小作为纵轴,将各个时刻对应的瞬时值连接起来所得到的曲线,称作波形图或波形曲线,简称波形。

常见的非正弦交流电有两类,一类是大小、方向都周期性变化,这一类非正弦交流电根据波形的形状命名,如图 5-1(a)中,电压随时间变化的波形是矩形,所以称作矩形波;图 5-1(b)中,电压随时间变化的波形是三角形,称为三角波。另一类非正弦交流电的大小周期性变化,而方向不改变,这一类非正弦交流电称作脉冲,也根据波形的形状命名,如图 5-1(c)、(d)所示的脉冲,分别称作矩形脉冲波和锯齿脉冲波。

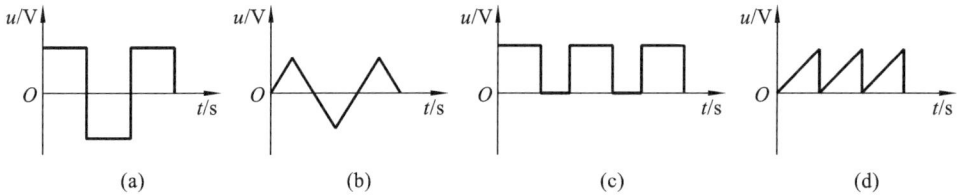

图 5-1　矩形波、三角波、矩形脉冲波和锯齿脉冲波

正弦交流电的电流、电压和电动势的大小和方向都随时间按正弦规律变化。正弦交流电的电压波形如图 5-2 所示。它从某一时刻开始,按正弦规律由"0"增加到最大值,然后由最大值下降到"0"并改变方向;再由"0"增加到反方向的最大值,最后由反方向的最大值下降到"0"又改变方向,如此周而复始地变化。

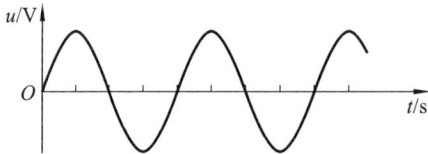

图 5-2　正弦交流电的电压波形图

5.1.2　交流电的产生

在电力系统中,交流电由交流发电机产生;在信号系统中,交流电由振荡电路产生。

交流发电机的模型与原理如图 5-3 所示。静止部分称作定子,由硅钢片和线圈组成,用于产生均匀的磁场。转动部分称作转子,由线圈和滑环组成。转子上的线圈在均匀磁场中转动产生感应电动势,该电动势通过滑环与负载连接形成电流。

线圈在磁场中产生的感应电动势 E 的大小可根据法拉第电磁感应定律计算,也可以直接用公式 $E=BLv\sin\alpha$ 进行分析。假定转子上的线圈沿顺时针方向以角速度(在 1 s 时间内转过的角度称作角速度,角速度的单位为 rad/s)ω 转动 1 周的时间为 T,线圈在时间 t 内转过的角度为 $\alpha=\omega t$,线圈转过的角度与线圈切割磁力线的运动方向和磁场方向的夹角相同。

设线圈切割磁力线边的长度为 L,另一边的边长为 L_1,根据物理学中圆周运动线速度与角速度的关系可知

$$v=\frac{\omega L_1}{2}$$

一个在磁场中转动的线圈,有两个线圈边切割磁力线,这两个线圈边串联。故在磁感应强度为 B 的磁场中,转动的线圈在时刻 t 的感应电动势为

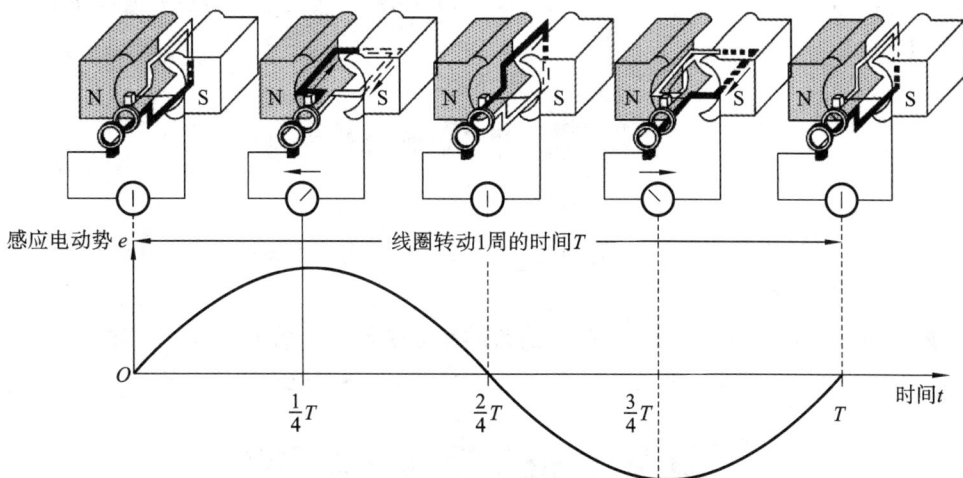

图 5-3 交流发电机的模型与原理

$$E = 2BL \frac{\omega L_1}{2} \sin\omega t = BLL_1\omega \sin\omega t$$

若 $E_m = BLL_1\omega$,将不同时刻对应的感应电动势用 e 表示,则

$$e = E_m \sin\omega t$$

当 $t=0$ 时,即开始时刻,线圈平面与磁力线垂直,切割磁力线的线圈边运动方向与磁力线平行,$\alpha = \omega t = 0$,线圈在该位置的感应电动势 $e=0$。

当 $t = \frac{1}{4}T$ 时,线圈平面与磁力线平行,切割磁力线的线圈边运动方向向上且与磁力线垂直,$\alpha = \omega t = \frac{\pi}{2} = 90°$,线圈在该位置的感应电动势 $e = E_m$。

当 $t = \frac{2}{4}T = \frac{1}{2}T$ 时,线圈平面与磁力线垂直,切割磁力线的线圈边运动方向与磁力线平行,$\alpha = \omega t = \pi = 180°$,线圈在该位置的感应电动势 $e = 0$。在 $0 \leqslant \omega t \leqslant \pi$ 的过程中,线圈中感应电动势的方向如图 5-3 所示。

当 $t = \frac{3}{4}T$ 时,线圈平面与磁力线平行,切割磁力线的线圈边运动方向向下且与磁力线垂直,$\alpha = \omega t = \frac{3\pi}{2} = 270°$,线圈在该位置的感应电动势 $e = -E_m$。

当 $t = T$ 时,即转动 1 周,线圈回到开始时的位置,该时刻 $\alpha = \omega t = 2\pi = 360°$,线圈在该位置的感应电动势 $e = 0$。在 $\pi \leqslant \omega t \leqslant 2\pi$ 的过程中,线圈中感应电动势的方向如图 5-3 所示。

以后,感应电动势将重复上述变化。

从以上分析可以看出:线圈在只有 1 对磁极(1 个 N 极和 1 个 S 极称为 1 对磁极)的磁场中转动 1 周,感应电动势按正弦规律完成 1 次变化。其周而复始变化的过程是:由"0"开始,按正弦规律增加到正方向的最大值,再由正方向的最大值按正弦规律减小到"0";然后由"0"按正弦规律增加到反方向的最大值,再由反方向的最大值按正弦规律减小到"0"。

课后练习

1. 大小和方向按_____规律_____性变化的电流、电压和电动势,称作正弦交流电,简称交流电。

2. 在发电机产生交流电的过程中,当线圈平面在与磁力线垂直的位置时,感应电动势为_____;线圈平面在与磁力线平行的位置时,感应电动势为_____。

5.2 表征交流电的物理量

5.2.1 瞬时值与最大值

交流电流、电压和电动势某一时刻对应的值称作瞬时值,如图 5-4 所示的正弦曲线上的各点,对应了相应时刻的瞬时值。不同时刻,有不同的瞬时值,故瞬时值随时间的变化而改变。交流电流、电压和电动势的瞬时值分别用符号 i、u 和 e 表示。

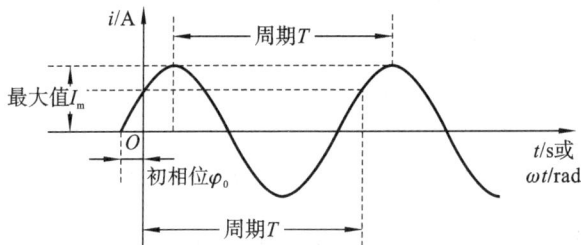

图 5-4　表征交流电的物理量

交流电在 1 次变化中出现的最大瞬时值称作最大值,也称作幅值,如图 5-4 所示。交流电的最大值是不随时间的变化而改变的,交流电流、交流电压和交流电动势的最大值分别用符号 I_m、U_m 和 E_m 表示。

交流电的最大值用来描述交流电的变化范围,交流电只能在"0"和最大值之间变化。

5.2.2 周期和频率

交流电变化 1 次所用的时间称作周期,如图 5-4 所示,周期用符号 T 表示。周期的单位是 s(秒),常用单位有 ms(毫秒)、μs(微秒)和 ns(纳秒)等。用周期来描述交流电变化的快慢时,周期越短,交流电的变化越快。

交流电每秒变化的次数称作频率,频率用符号 f 表示。频率的单位是 Hz(赫兹),当频率较高时,常用单位有 kHz(千赫)、MHz(兆赫)、GHz(吉赫)等。用频率来描述交流电变化的快慢时,频率越高,交流电的变化越快。

当周期用 s 作单位,频率用 Hz 作单位时,频率和周期有互为倒数的关系,即

$$f = \frac{1}{T} \text{ 或 } T = \frac{1}{f}$$

我国电力系统中交流电的频率为 $f = 50$ Hz,周期为 $T = 0.02$ s,而美国的交流电的频率为 60 Hz。

*5.2.3 机械角度与电角度

物体绕某一转轴旋转 1 周所经历的角度定义为 360°,这样的角度称作机械角度。

交流电变化 1 次所经历的角度定义为 360°,这样的角度称作电角度。

在只有 1 对磁极的均匀磁场中,线圈绕转轴转动 1 周,转过的机械角度为 360°;线圈中的感应电动势也变化 1 次,电角度为 360°。这时,电角度与机械角度相等。

在 2 对磁极的均匀磁场中,线圈转动 1 周,感应电动势变化 2 次。线圈转动的机械角度为 360°,而电角度为 360°×2=720°。

在 p 对磁极的均匀磁场中,线圈转动 1 周,感应电动势变化 p 次。线圈转动的机械角度为 360°,而电角度为 360°×p。

电角度与机械角度的关系是:电角度为磁极对数 p 与机械角度的乘积。

例如在 $p = 3$ 的均匀磁场中,线圈转过的角度为 30°,则线圈中感应电动势变化的电角度为 30°×p = 30°×3 = 90°。

5.2.4 相位与初相

交流电在某一时刻对应的电角度称作相位角,简称相位。相位的表示方法与角度的表示方法相同,例如,在 $t = \frac{1}{4}T$ 时刻对应的相位,可用角度 90° 表示,也可用 $\frac{\pi}{2}$ 表示。

$t = 0$ 的时刻,即开始时刻,交流电所对应的相位称作初相位,简称初相。

初相表示交流电的初始状态,它的单位是度(°)或弧度(rad)。

5.2.5 角频率

交流电不仅大小和方向随时间在变化,它的相位也在随时间的变化而变化。交流电每秒变化的相位称作角频率,用符号 ω 表示,单位为弧度每秒(rad/s)。

交流电变化 1 次所用的时间为 T,在时间 T 内相位变化的角度为 360° 或 2π。因此,角频率 ω 与周期 T 的关系为

$$\omega = \frac{2\pi}{T}$$

由于周期与频率有互为倒数的关系,因此,角频率与频率的关系为

$$\omega = 2\pi f$$

周期、频率、角频率都是描述交流电变化快慢的物理量。周期越短,频率或角频率越大,交流电的变化越快。

5.2.6 交流电的三要素

交流电随时间按正弦规律变化,知道交流电的初始状态、变化的范围和变化的快慢,就可以知道交流电在任何时刻的瞬时值。

交流电的最大值,描述了交流电的变化范围;交流电的角频率,描述了交流电的变化快慢;交流电的初相,描述了交流电的初始状态。因此,将最大值、角频率和初相称作交流电的三要素。

5.2.7 交流电的有效值

如图 5-5 所示,将开关 S 置于位置"1"时,电阻 R 中将通过交流电流 i,1 个周期 T 内,交流电流 i 在电阻 R 上产生的热量为 Q_i;将开关 S 置于位置"2"时,电阻 R 中将通过直流电流 I,在与交流电通电时间相同的 T 内,直流电流 I 在电阻 R 上产生的热量为 Q_I。若 $Q_i = Q_I$,则将该直流电流 I 称作交流电流 i 的有效值。同样,我们可以得到交流电压和交流电动势的有效值。交流电流、交流电压和交流电动势的有效值分别用符号 I、U 和 E 表示。

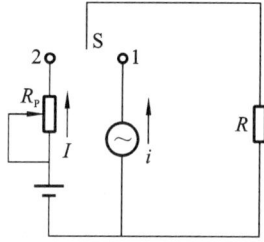

图 5-5 交流电的有效值

有效值是根据交流电的热效应与直流电的热效应等效的原理确定的。

最大值比有效值大,即 $I_m > I$,$U_m > U$,$E_m > E$。最大值是有效值的 $\sqrt{2}$ 倍。由此可以确定:

$$I = \frac{I_m}{\sqrt{2}} = 0.707 I_m, U = \frac{U_m}{\sqrt{2}} = 0.707 U_m, E = \frac{E_m}{\sqrt{2}} = 0.707 E_m$$

最大值与有效值的比值称作波顶因数,用符号 K_p 表示,$K_p = \frac{I_m}{I} = \frac{U_m}{U} = \frac{E_m}{E}$。正弦交流电的波顶因数为 $\sqrt{2} = 1.414$。

电流表和电压表的测量值,是指交流电的有效值;各种交流电气设备如电动机、冰箱和空调器等标注的额定电压和额定电流,也是指交流电的有效值。电气元件如电容器、晶体管等的击穿电压和电气设备的耐压,是指交流电的最大值。

5.2.8 交流电的平均值

交流电半个周期内所有瞬时值的平均值称作交流电的平均值。交流电流、交流电压和交流电动势的平均值分别用符号 I_{av}、U_{av} 和 E_{av} 表示。

交流电平均值与最大值的关系是

$$I_{av} = \frac{2}{\pi} I_m = 0.637 I_m$$

$$U_{av} = \frac{2}{\pi} U_m = 0.637 U_m$$

$$E_{av} = \frac{2}{\pi} E_m = 0.637 E_m$$

交流电有效值与平均值的比值称作波形系数,用符号 K_f 表示。正弦交流电的波形系数为

$$K_f = \frac{U}{U_{av}} = \frac{0.707U_m}{0.637U_m} = 1.11$$

课后练习

一、填空题

1. 交流电压的周期为 0.01 s,则此交流电压的频率为＿＿＿＿＿＿Hz,角频率为＿＿＿＿＿＿rad/s。

2. 我国电力系统中交流电的频率为＿＿＿＿＿＿Hz,周期为＿＿＿＿＿＿s,角频率为＿＿＿＿＿＿rad/s。

二、选择题

1. 交流电的开始时刻不同,则交流电的(　　　)不同。

A. 最大值　　　　　B. 有效值　　　　　C. 频率　　　　　D. 初相位

2. 在交流电中,随时间变化的物理量有(　　　)。

A. 交流电的瞬时值　　　　　　　　B. 交流电的周期

C. 交流电的角频率　　　　　　　　D. 交流电的相位

5.3　交流电的表示方法

5.3.1　解析式表示法

用数学表达式描述交流电时,首先要选定参考方向。由于交流电的实际方向总是随时间变化,在指定的参考方向下,若交流电的瞬时值为正,表示其实际方向与指定的参考方向相同;若交流电的瞬时值为负,表示其实际方向与指定的参考方向相反。

要用数学表达式描述交流电,还需明确交流电的三要素,即交流电的最大值、角频率和初相。

用数学表达式描述交流电的方法如图 5-6 所示。

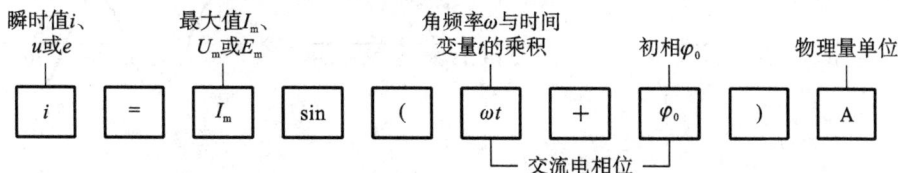

图 5-6　用数学表达式描述交流电

交流电流的数学表达式为

$$i = I_m \sin(\omega t + \varphi_0) \text{ A}$$

交流电压的数学表达式为

$$u = U_m \sin(\omega t + \varphi_0) \text{ V}$$

交流电动势的数学表达式为

$$e = E_m \sin(\omega t + \varphi_0) \text{ V}$$

将时间 t 的值代入交流电的数学表达式，可计算对应时刻交流电的瞬时值；根据最大值和有效值的关系，可以从交流电的数学表达式中得知交流电的有效值；根据角频率与周期、频率的关系，可以从交流电的数学表达式中知道交流电的周期和频率。

[**例 5.3.1**] 正弦交流电压 $u = 220\sin(314t - 30°)$ V，此交流电压的频率是多少？周期是多少？用电压表测量这个交流电压，读数是多少？在 $t = 0.005$ s 时电压的瞬时值是多少？

解：从该交流电压的数学表达式中可知 $U_m = 220$ V，$\omega = 314$ rad/s，$\varphi_0 = -30°$。

根据 $\omega = 2\pi f$ 得

$$f = \frac{\omega}{2\pi} = \frac{314}{2 \times 3.14} \text{ Hz} = 50 \text{ Hz}$$

根据 $\omega = \frac{2\pi}{T}$ 得

$$T = \frac{2\pi}{\omega} = \frac{2 \times 3.14}{314} \text{ s} = 0.02 \text{ s}$$

仪表测量的是交流电的有效值，根据 $U = 0.707 U_m$，得出电压表的读数为

$$U = 0.707 \times 220 \text{ V} = 155.5 \text{ V}$$

将 $t = 0.005$ s 代入 $u = 220\sin(314t - 30°)$ V，得出对应时刻电压的瞬时值为

$$u = 220\sin(314t - 30°) \text{ V} = 220\sin(0.5\pi - 30°) \text{ V} = 190.5 \text{ V}$$

5.3.2　波形图表示法

交流电随时间变化的图线称作波形图。根据交流电的数学表达式画出交流电的波形图的方法和步骤如图 5-7 所示。

首先选取坐标，用横轴作时间轴或交流电的电角度轴，并用单位长度代表一定的时间或一定的电角度；用纵轴作交流电电量的瞬时值轴，并用单位长度代表一定大小的瞬时值，如图 5-7(a)所示。

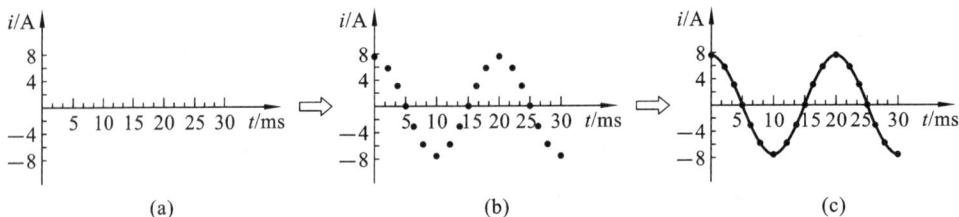

图 5-7　画交流电的波形图

然后假定时间 t,并根据交流电的数学表达式计算该时刻的瞬时值,在平面坐标中,画出各时刻和各时刻交流电的瞬时值所对应的点,如图5-7(b)所示。

最后将这些点用平滑的曲线连接起来,即可得到交流电的波形图,如图5-7(c)所示。图5-7(c)所示的图形是根据 $i=8\sin(314t+90°)$ A 画出的。

用波形图描述交流电的优点是形象直观,很容易从图中看出交流电的最大值、周期;缺点是量值不够准确。

交流电的波形,最好用示波器观察和测量。选择好示波器荧光屏横轴的 t/div(每格代表的时间)和纵轴的 V/div(每格代表的电压值),就很容易根据波形图确定交流电的最大值和周期。

从波形图上确定最大值、角频率和初相后,可按照数学表达式的书写方法将波形图转换为交流电的数学表达式。

[例5.3.2] 选择示波器的 t/div$=5$ ms/div,V/div$=10$ V/div,得到的波形如图5-8所示,从波形图中确定该交流电压三要素并写出该交流电压的数学表达式。

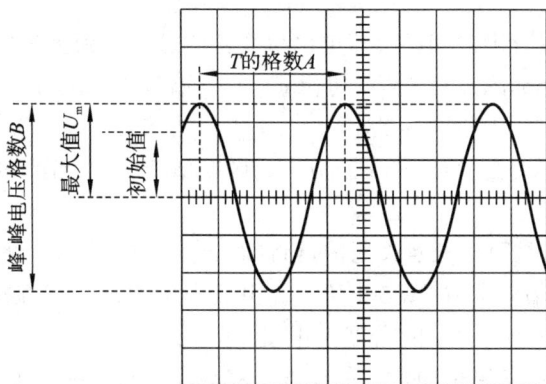

图 5-8 例 5.3.2 图

解: 从示波器的荧光屏上可以看出,交流电压两个波峰之间所占的格数为 4.5 div,故交流电压的最大值为

$$U_{\mathrm{m}}=\frac{BV/\mathrm{div}}{2}=\frac{4.5\times10}{2}\ \mathrm{V}=22.5\ \mathrm{V}$$

(交流电两波峰之间的差值称作峰-峰值,交流电的最大值为峰-峰值的一半)

从示波器的荧光屏上可以看出,交流电压1个周期所占的格数为 4 div,故交流电压的周期为

$$T=At/\mathrm{div}=4\times5\ \mathrm{ms}=20\ \mathrm{ms}=0.02\ \mathrm{s}$$

交流电压的频率为

$$f=\frac{1}{T}=\frac{1}{0.02}\ \mathrm{Hz}=50\ \mathrm{Hz}$$

交流电压的角频率为

$$\omega=2\pi f=\frac{2\pi}{T}=314\ \mathrm{rad/s}$$

交流电压的初始值($t=0$ 的瞬时值)所占格数为 1.7 div,故电压初始值为

$$u=BV/\text{div}=1.7\times10\text{ V}=17\text{ V}$$

将 $t=0$ 和对应的电压初始值代入交流电压的数学表达式 $u=22.5\sin(314t+\varphi_0)$ V,得

$$\sin\varphi_0=\frac{u}{U_m}=\frac{17}{22.5}=0.756$$

所以初相 $\varphi_0=49°$,故该交流电压的数学表达式为

$$u=22.5\sin(314t+49°)\text{ V}$$

根据波形图确定交流电的初相的步骤是:先从波形曲线与纵轴的交点确定交流电的初始值,然后将 $t=0$ 和对应的电压初始值代入假定的数学表达式中求得正弦函数值,最后再根据正弦函数值查表确定初相。

相位变化 360°或 2π rad,交流电变化 1 次。为区别相位,我们取 $|\varphi_0|\leqslant180°$ 或 $|\varphi_0|\leqslant\pi$ 来表示初相。如果初相大于 180°或 π,应转化为负角。如初相为 330°,则初相应用 $-30°$ 来表示。

从波形图中可以看出初相即交流电由负变正的过零点到坐标原点的距离。如果由负变正的过零点在坐标原点的左边,初相 $\varphi_0>0°$;如果由负变正的过零点在坐标原点的右边,初相 $\varphi_0<0°$。

交流电参考方向改变后,原来是正方向的瞬时值变为反方向,因此交流电的初相增加或减小 180°或 π。

计时起点($t=0$)是可以任意设定的,但计时起点不同,交流电的初相也不同。改变计时起点,相当于纵轴移动,如图 5-9 所示。由负变正的过零点在纵轴的左侧(即纵轴向横轴的正方向移动)时,初相的角度为正,且 $0°\leqslant\varphi_0\leqslant180°$ 或 $0\leqslant\varphi_0\leqslant\pi$;由负变正的过零点在纵轴的右侧(即纵轴向横轴的反方向移动)时,初相的角度为负,且 $-180°\leqslant\varphi_0\leqslant0°$ 或 $-\pi\leqslant\varphi_0\leqslant0$。

参考方向的选择、计时起点的改变都可以影响初相。

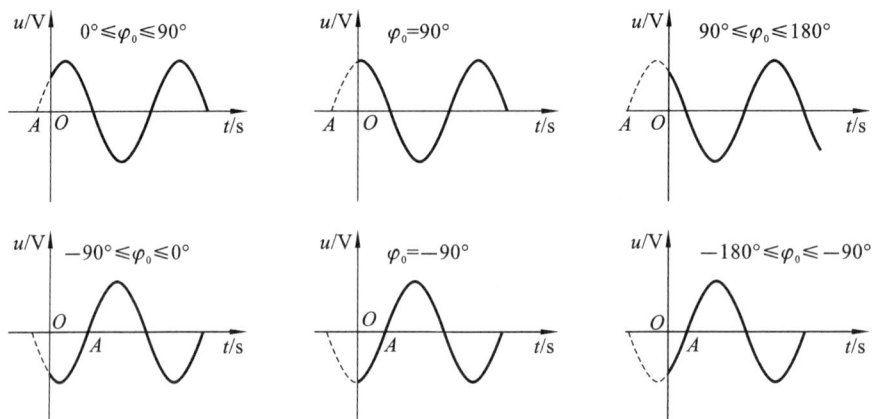

图 5-9　根据波形图确定交流电的初相位

5.3.3 相量图表示法

选定一个参考方向,再画一条带箭头的线段(矢量),线段的长度为交流电的最大值或有效值,线段与参考方向的夹角为交流电的初相,则这一带箭头的线段(矢量)称作交流电的相量,这样构成的图形称作相量图。

表示交流电的相量还需注意以下几点。

(1)任意选定参考方向画交流电的相量时,应画出参考方向;如果在直角坐标中画交流电的相量,则不必画出参考方向。

(2)相量从画出的位置开始,以角频率(也称作角速度,即每秒转过的角度)ω按逆时针方向转动时,这个相量称作旋转矢量。旋转矢量某一时刻在纵轴上的投影,为交流电该时刻的瞬时值。画相量图时,可以不画出相量的旋转方向和标示 ω 的大小。

(3)相量的长度为交流电的有效值时,这个相量称作有效值相量。交流电流、交流电压和交流电动势的有效值相量分别用符号 $\dot{I}$、$\dot{U}$ 和 $\dot{E}$ 表示;相量的长度为交流电的最大值时,这个相量称作最大值相量,交流电流、交流电压和交流电动势的最大值相量分别用符号 $\dot{I}_m$、$\dot{U}_m$ 和 $\dot{E}_m$ 表示。

(4)相量还可以用相量式描述,相量式的表示方法是:有效值相量＝有效值∠初相位;最大值相量＝最大值∠初相位。

$$\dot{I} = I \angle \varphi_{0i}, \dot{U} = U \angle \varphi_{0u}, \dot{E} = E \angle \varphi_{0e}$$

$$\dot{I}_m = I_m \angle \varphi_{0i}, \dot{U}_m = U_m \angle \varphi_{0u}, \dot{E}_m = E_m \angle \varphi_{0e}$$

(5)频率相同的交流电(不分电压、电流还是电动势)可以画在同一个图上;不同频率的交流电(即使同是电流,或同是电压,或同是电动势)不能画在同一个图上。在同一个相量图中,不允许一些用有效值相量,而另一些用最大值相量。

[例 5.3.3] 画出 $u = 10\sin(\omega t + 60°)$ V 的相量图,并写出画图步骤。

解:$u = 10\sin(\omega t + 60°)$ V 的相量图如图 5-10 所示。画出相量图的步骤如下:

①选取参考方向;

②在逆时针方向,与参考方向呈 60°夹角画一直线;

③选取单位线段代表一定的电压(例中选取的单位线段代表电压 2 V),用单位线段截取线段的长度等于有效值或最大值;

④在截取线段的终点画上箭头,标注相量的符号。

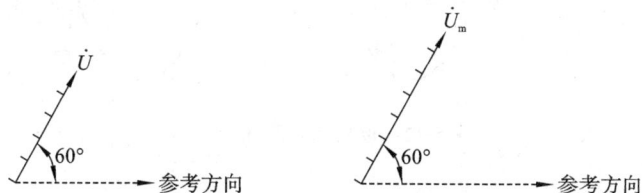

图 5-10　例 5.3.3 图

从交流电的相量图上,很容易看出交流电的最大值、有效值和初相,也很容易将交流电的相量图转换为数学表达式或波形图。

将相量图表示的最大值和初相写在交流电数学表达式的相应位置,若已知角频率的大小,把角频率与时间变量 t 的乘积写在交流电数学表达式的相应位置;若未知角频率的大小,直接把 ωt 写在交流电数学表达式的相应位置,就将交流电的相量图变成了交流电的数学表达式。

[例 5.3.4] 写出如图 5-11 所示的交流电动势的数学表达式。

解:相量表示的电动势的有效值为 220 V,根据 $E = \dfrac{E_m}{\sqrt{2}} = 0.707E_m$ 得

$$E_m = \sqrt{2}E = 1.414 \times 220 \text{ V} = 311 \text{ V}$$

相量与参考方向的夹角为 120°,图中未标出角频率,故交流电动势的表达式为

$$e = 311\sin(\omega t + 120°) \text{ V}$$

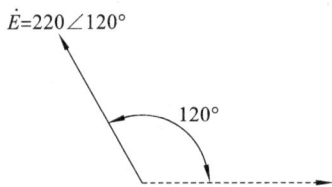

图 5-11　例 5.3.4 图

课后练习

1.交流电流的最大值为 15 A,频率为 50 Hz,初相位为 −45°,用数学表达式描述这个交流电流时,$i =$ _____ A。

2.交流电压 $u = 311\sin(314t + 120°)$ V,则最大值为 _____ V,有效值为 _____ V;交流电压的频率为 _____ Hz,周期为 _____ s,初相位为 _____ °。

3.交流电流的波形如图 5-12 所示,该交流电流的最大值 $I_m =$ _____ A,有效值 $I =$ _____ A,初相位 $\varphi_0 =$ _____ °。若该电流的角频率为 1000 rad/s,则 $i =$ _____ A。

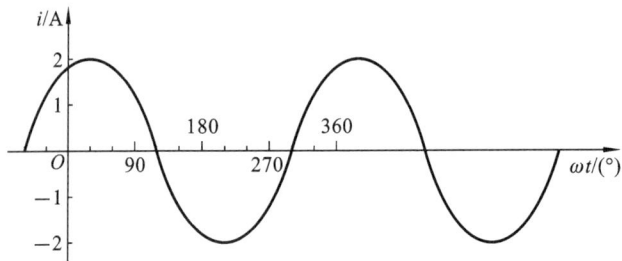

图 5-12　课后练习题 3 示意图

5.4　两个交流电的叠加

5.4.1　两个交流电的相位差

两个交流电量(两个交流电流、电压或电动势,一个交流电流和一个交流电压等都是两个交流电量)相位的差值,称作相位差,用符号 $\Delta\varphi$ 表示。若第一个交流电量的相位为 $\varphi_1 = \omega_1 t + \varphi_{01}$,第二个交流电量的相位为 $\varphi_2 = \omega_2 t + \varphi_{02}$,则

$$\Delta\varphi = \varphi_1 - \varphi_2 = (\omega_1 t + \varphi_{01}) - (\omega_2 t + \varphi_{02}) = (\omega_1 - \omega_2)t + (\varphi_{01} - \varphi_{02})$$

如果两个交流电的频率不同,则相位差随时间变化;如果两个交流电的频率相同,则相位差为两个交流电量的初相的差,且不随时间变化。研究频率相同的交流电的相位差很有意义,需要大家掌握的,就是频率相同的两个交流电的相位差。

同频率的两个交流电的相位差,就是两个交流电的初相位的差,即 $\Delta\varphi = \varphi_{01} - \varphi_{02}$。

频率相同的两个交流电的相位差可以认为是两个交流电到达最大值的时间差,若 $\Delta\varphi = \varphi_{01} - \varphi_{02} > 0$,相位差为正值,说明第一个交流电先到达最大值,我们说第一个交流电超前第二个交流电 $\Delta\varphi$,或说第二个交流电滞后第一个交流电 $\Delta\varphi$。若 $\Delta\varphi = \varphi_{01} - \varphi_{02} < 0$,相位差为负值,说明第二个交流电先到达最大值,我们说第二个交流电超前第一个交流电 $\Delta\varphi$,或说第一个交流电滞后第二个交流电 $\Delta\varphi$。

在两个交流电的相位关系中,有三种特殊情形:

(1) $\Delta\varphi = 0$,两个交流电同时到达最大值或同时为"0",这种情形称作同相;

(2) $\Delta\varphi = \dfrac{\pi}{2} = 90°$,两个交流电到达最大值的时间相差 $\dfrac{T}{4}$,这种情形称作正交;

(3) $\Delta\varphi = \pi = 180°$,一个交流电到达正方向的最大值时,另一个交流电到达反方向的最大值,这种情形称作反相。

根据交流电的数学表达式,计算两个同频率交流电的相位差的方法如下。

(1)直接计算初相的差。如交流电流 $i = I_m \sin(\omega t + \varphi_{0i})$,交流电压 $u = U_m \sin(\omega t + \varphi_{0u})$,则电流与电压的相位差为: $\Delta\varphi = \varphi_{0i} - \varphi_{0u}$。

(2)从交流电的波形图确定两个交流电的相位差。其方法如图 5-13 所示。

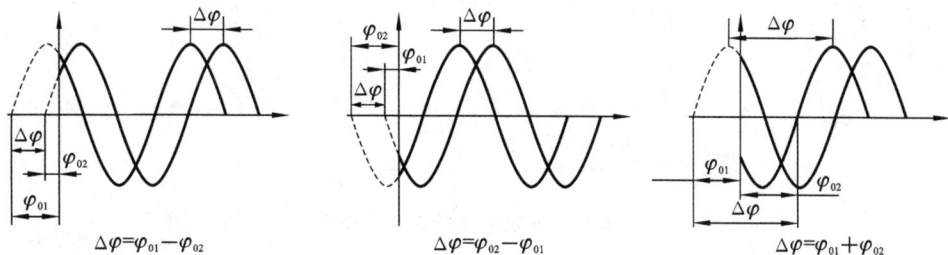

图 5-13　从波形图确定相位差

(3)从相量图确定两个交流电的相位差。其方法如图 5-14 所示。

相位差的范围为: $0 \leqslant \Delta\varphi \leqslant \pi$ 或 $0° \leqslant \Delta\varphi \leqslant 180°$,相位差 $\Delta\varphi > \pi$ 或 $\Delta\varphi > 180°$ 时,应转

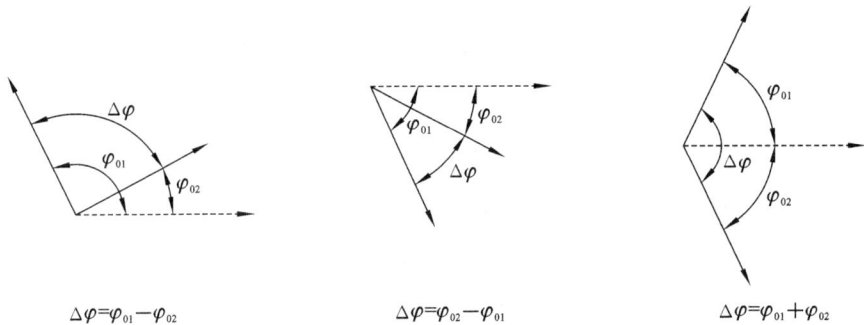

$\Delta\varphi = \varphi_{01} - \varphi_{02}$ 　　　　 $\Delta\varphi = \varphi_{02} - \varphi_{01}$ 　　　　 $\Delta\varphi = \varphi_{01} + \varphi_{02}$

图 5-14　从相量图确定相位差

化为小于 π 或 $180°$ 的负角。

5.4.2　两个交流电的叠加

两个同频率交流电的和仍为交流电,且频率与原来两个交流电的频率相同。

用相量图求解两个交流电的和,需要完成计算两个交流电之和的最大值或有效值以及确定两个交流电之和的初相这两个任务。完成这两个任务,必须运用相量的平行四边形法则。

在平面直角坐标中,以两个交流电的相量为邻边的平行四边形的对角线为两个交流电之和的相量,对角线的长度为两个交流电之和的相量的大小,对角线与横轴的夹角为两个交流电之和的初相位。

以求两个交流电压之和为例,先在平面直角坐标中画出这两个交流电压的相量,并以这两个相量为邻边作出平行四边形,从坐标原点画出平行四边形的对角线,如图 5-15 所示。该对角线就是两个交流电之和的相量,对角线的长度就是两个交流电之和的大小,对角线与坐标轴 x 轴的夹角就是两个交流电之和的初相。

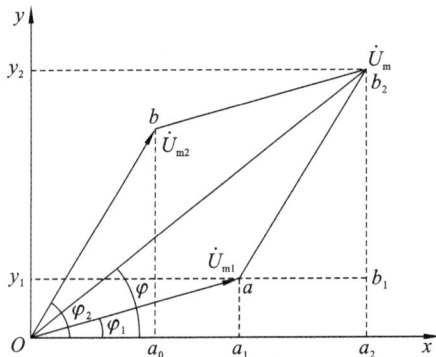

图 5-15　相量的平行四边形法则

不仅要求出两个交流电之和的大小,还要求出两个交流电之和的初相,才能算完成交流电的求和任务。

根据图 5-15,可以先计算两个交流电的相位差 $\Delta\varphi = \varphi_1 - \varphi_2$,再根据 $\Delta\varphi$ 的情况按

下列方法计算两个交流电之和的大小和初相。

(1)两个交流电同相,即 $\varphi_1=\varphi_2$,$\Delta\varphi=\varphi_1-\varphi_2=0$,则:

两个交流电之和的最大值为
$$U_m=U_{m1}+U_{m2},I_m=I_{m1}+I_{m2},E_m=E_{m1}+E_{m2}$$

两个交流电之和的有效值为
$$U=U_1+U_2,I=I_1+I_2,E=E_1+E_2$$

两个交流电之和的初相为
$$\varphi=\varphi_1=\varphi_2$$

(2)两个交流电反相,即 $\Delta\varphi=\varphi_1-\varphi_2=180°$,则:

两个交流电之和的最大值为
$$U_m=U_{m1}-U_{m2},I_m=I_{m1}-I_{m2},E_m=E_{m1}-E_{m2}$$

两个交流电之和的有效值为
$$U=U_1-U_2,I=I_1-I_2,E=E_1-E_2$$

两个交流电之和的初相,与最大值或有效值较大的交流电的初相位相同。

(3)两个交流电正交,即 $\Delta\varphi=\varphi_1-\varphi_2=90°$,则:

两个交流电之和的最大值为
$$U_m=\sqrt{U_{m1}^2+U_{m2}^2},I_m=\sqrt{I_{m1}^2+I_{m2}^2},E_m=\sqrt{E_{m1}^2+E_{m2}^2}$$

两个交流电之和的有效值为
$$U=\sqrt{U_1^2+U_2^2},I=\sqrt{I_1^2+I_2^2},E=\sqrt{E_1^2+E_2^2}$$

两个交流电之和的初相
$$\tan\varphi=\frac{U_{m1}\sin\varphi_1+U_{m2}\sin\varphi_2}{U_{m1}\cos\varphi_1+U_{m2}\cos\varphi_2}$$

(4)两个交流电为一般情况,则:

两个交流电之和的最大值为
$$U_m=\sqrt{U_{m1}^2+U_{m2}^2+2U_{m1}U_{m2}\cos(\varphi_2-\varphi_1)}$$
$$I_m=\sqrt{I_{m1}^2+I_{m2}^2+2I_{m1}I_{m2}\cos(\varphi_2-\varphi_1)}$$
$$E_m=\sqrt{E_{m1}^2+E_{m2}^2+2E_{m1}E_{m2}\cos(\varphi_2-\varphi_1)}$$

两个交流电之和的有效值为
$$U=\sqrt{U_1^2+U_2^2+2U_1U_2\cos(\varphi_2-\varphi_1)}$$
$$I=\sqrt{I_1^2+I_2^2+2I_1I_2\cos(\varphi_2-\varphi_1)}$$
$$E=\sqrt{E_1^2+E_2^2+2E_1E_2\cos(\varphi_2-\varphi_1)}$$

两个交流电之和的初相为
$$\tan\varphi=\frac{U_{m1}\sin\varphi_1+U_{m2}\sin\varphi_2}{U_{m1}\cos\varphi_1+U_{m2}\cos\varphi_2}$$

[例 5.4.1] 如图 5-16 所示,已知流入节点的电流为 $i_1=6\sin(314t-30°)$ A,$i_2=8\sin(314t+60°)$ A,求流出节点的电流 i。

解:因为相位差 $\Delta\varphi=\varphi_2-\varphi_1=60°-(-30°)=90°$,即两个交流电正交,所以

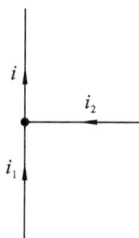

图 5-16 例 5.4.1 图

$$I_m = \sqrt{I_{m1}^2 + I_{m2}^2} = \sqrt{6^2 + 8^2} \text{ A} = 10 \text{ A}$$

$$\tan\varphi = \frac{I_{m1}\sin\varphi_1 + I_{m2}\sin\varphi_2}{I_{m1}\cos\varphi_1 + I_{m2}\cos\varphi_2} = \frac{6\times(-0.5) + 8\times0.866}{6\times0.866 + 8\times0.5} = 0.427$$

查表得 $\varphi = 23°$，所以

$$i = 10\sin(314t + 23°) \text{ A}$$

[例 5.4.2] 已知交流电压 $u_1 = 220\sin(314t - 30°)$ V，$u_2 = 100\sin(314t + 150°)$ V，求两个交流电压之和 u。

解：因为两个交流电压的相位差 $\Delta\varphi = \varphi_2 - \varphi_1 = 180°$，即两个交流电压反相，所以

$$U_m = U_{m1} - U_{m2} = (220 - 100) \text{ V} = 120 \text{ V}$$

两个交流电压之和的初相与电压最大值较大的交流电压的初相相同，$\varphi = \varphi_1 = -30°$，所以

$$u = 120\sin(314t - 30°) \text{ V}$$

课后练习

1. 电压 $u = 220\sin(500t - 60°)$ V，电流 $i = 5\sin(500t - 90°)$ A，则电压与电流的相位差为 _____，电压超前电流的角度为 _____，电流滞后电压的角度为 _____。

2. 交流电流 i_1 与 i_2 的波形如图 5-17 所示，交流电流 i_1 与 i_2 的相位差为 _____，电流 _____ 的相位超前电流 _____ 的相位。

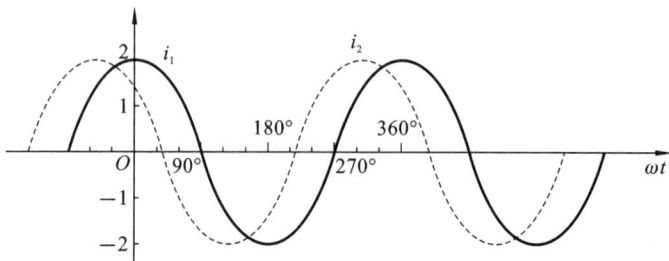

图 5-17 课后练习题 2 的示意图

3. 交流电压 $u_1 = 110\sin(314t + 45°)$ V，$u_2 = 220\sin(314t + 45°)$ V，两个交流电压

叠加后的电压 u 的数学表达式为＿＿＿＿＿＿＿＿＿＿。

4.交流电流 $i_1=5\sin(314t+90°)$ A，$i_2=10\sin(528t-90°)$ A，两个交流电流叠加后的电流 i 的数学表达式为＿＿＿＿＿＿＿＿＿＿。

5.5 正弦交流电路

5.5.1 纯电阻交流电路

没有电容和电感，只有电阻的交流电路称作纯电阻交流电路，如图 5-18(a)所示。通过实验和示波器观察到电路中电流和电路两端电压的波形如图 5-18(b)所示，因而可以得到电流和电压的相量图，如图 5-18(c)所示。

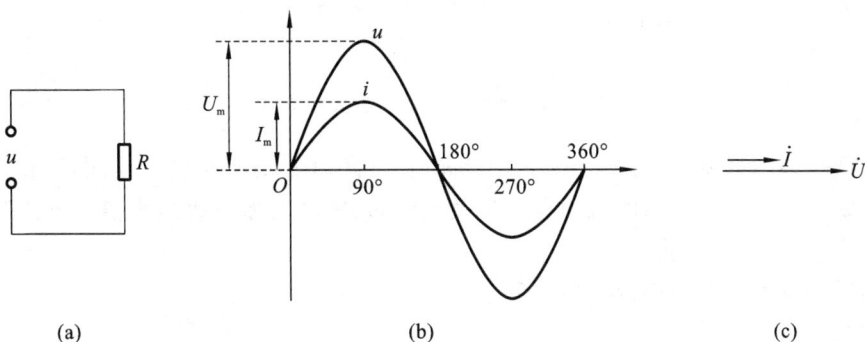

图 5-18 纯电阻交流电路

1.纯电阻交流电路电流与电压的关系

纯电阻交流电路中电流与电压的频率相同，初相相同，相位相同。瞬时值、有效值和最大值都遵循欧姆定律。

设电路的电压为 $u=U_m\sin(\omega t+\varphi_0)$ V，电阻为 R，则

$$i=\frac{u}{R}=\frac{U_m\sin(\omega t+\varphi_0)}{R}=\frac{U_m}{R}\sin(\omega t+\varphi_0) \text{ A}$$

$$I_m=\frac{U_m}{R}, I=\frac{U}{R}$$

2.电阻元件的功率

在交流电路中，把电压瞬时值与电流瞬时值的乘积称作瞬时功率，用符号 p 表示。在纯电阻电路中，设 $u=U_m\sin\omega t$，$i=I_m\sin\omega t$，则

$$p=ui=(U_m\sin\omega t)(I_m\sin\omega t)=U_mI_m\sin^2\omega t$$

根据数学公式 $\sin^2\alpha=\dfrac{1-\cos2\alpha}{2}$ 得

$$p=U_mI_m\frac{1-\cos2\omega t}{2}=\frac{U_mI_m}{2}-\frac{U_mI_m}{2}\cos2\omega t=UI-UI\cos2\omega t$$

电阻是消耗电能的元件，电阻消耗电能的瞬时功率变化的频率是电流或电压变化频率的2倍。

从上述分析中知道,由于电压与电流同相(同时为正或同时为负,同时到达"0"或最大值),它们的乘积总是为正,表明电路每一瞬间都在消耗电能。纯电阻电路中只有电阻元件,所以电阻元件在电路中被称作耗能元件。纯电阻电路功率的波形图如图 5-19 所示。

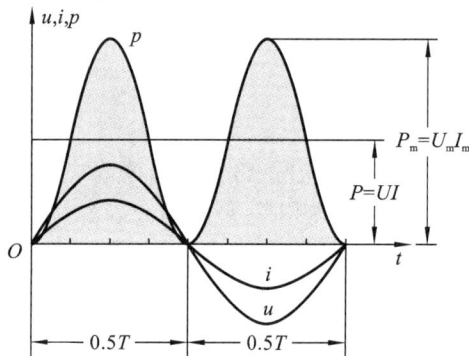

图 5-19　纯电阻电路功率的波形图

从数学表达式和波形图上可以看出瞬时功率随时间变化的规律是:电流和电压为"0"时,瞬时功率也为"0";电流和电压为最大值时,瞬时功率也为最大值。电流和电压变化 1 次,瞬时功率变化 2 次。

瞬时功率在 1 个周期内的平均值,称作平均功率,用符号 P 表示。平均功率的计算公式为

$$P = UI = \frac{U^2}{R} = I^2 R$$

式中:平均功率 P 的单位为瓦特(W)。工程上常用千瓦(kW)和兆瓦(MW)作平均功率的单位。

由于平均功率反映电阻消耗电能的情况,因此,使用平均功率比瞬时功率更有意义。平均功率又称作有功功率,它等于电压有效值与电流有效值的乘积。

[例 5.5.1]　$R = 5\ \Omega$ 的电阻接在电压 $u_1 = 100\sin(314t + 45°)$ V 的电路上,求:

(1)电阻中的电流 i;

(2)电阻的有功功率 P。

解:(1)电流为

$$i = \frac{u_1}{R} = \frac{100}{5}\sin(314t + 45°)\ \text{A} = 20\sin(314t + 45°)\ \text{A}$$

(2)有功功率为

$$P = UI = \frac{U_m}{\sqrt{2}} \times \frac{I_m}{\sqrt{2}} = \frac{100}{\sqrt{2}} \times \frac{20}{\sqrt{2}}\ \text{W} = 1000\ \text{W} = 1\ \text{kW}$$

5.5.2　纯电感交流电路

电路中只有线圈(电感元件)且线圈电阻忽略不计的交流电路称作纯电感交流电路,又称纯电感电路。线圈对交流电有阻碍作用吗？ 在纯电感电路中,电流与电压的相

位还相同吗？线圈消耗电能吗？这些都是我们要分析的问题。

1. 感抗

线圈连接在直流电路中，由于电流的大小不随时间变化，在线圈中没有感应电动势产生。线圈连接在交流电路中，由于电流的大小、方向随时间变化以及线圈的自感现象，线圈产生的感应电动势将阻碍线圈中电流的变化。线圈对交流电流的阻碍作用称作感抗。感抗用符号 X_L 表示。

感抗的大小与交流电流变化的频率成正比，与线圈的电感成正比。

当交流电的角频率为 ω（或频率为 f，或周期为 T），线圈的电感为 L 时，感抗为

$$X_L = \omega L = 2\pi f L = \frac{2\pi L}{T}$$

式中：ω 的单位为 rad/s（或 f 的单位为 Hz，T 的单位为 s）；

电感 L 的单位为亨利（H）；

感抗 X_L 的单位为欧姆（Ω）。

2. 纯电感电路电流与电压的关系

当纯电感电路的电压为 $u = U_m \sin\omega t$ 时，电路电压、电流的波形图和相量图如图5-20 所示。从波形图可以看出电压和电流变化的频率、电压和电流之间的相位关系以及电压和电流最大值、有效值之间的关系等。

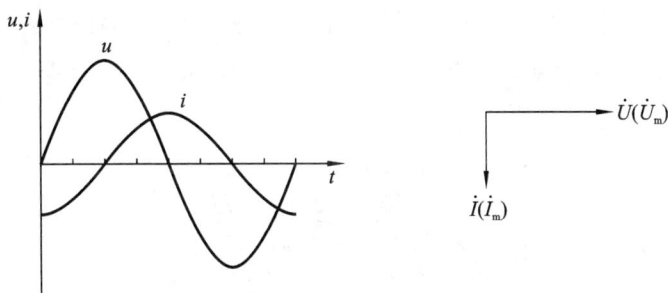

图 5-20　纯电感电路电压、电流的波形图和相量图

在纯电感交流电路中，电压和电流的频率相同。电压和电流的相位关系是：电压超前电流 90°（或说电流滞后电压 90°）。电压最大值、有效值与电流最大值、有效值之间的关系遵循欧姆定律，电压瞬时值与电流瞬时值之间的关系不遵循欧姆定律。

电压最大值、有效值与电流最大值、有效值之间的关系遵循欧姆定律，即

$$I_m = \frac{U_m}{X_L}, I = \frac{U}{X_L}$$

可先根据欧姆定律求出电流最大值，然后按照电流与电压的相位关系，求出电流瞬时值的初相，最后写出电流瞬时值的数学表达式。

[**例 5.5.2**]　将 $L = 5$ mH 的线圈接在电压为 $u = 220\sin(1000t + 60°)$ V 的电路中，写出线圈中电流 i 的数学表达式并画出电压和电流的相量图。

解：线圈的感抗为

$$X_L = \omega L = 1000 \times 5 \times 10^{-3} \ \Omega = 5 \ \Omega$$

线圈中电流的最大值为

$$I_m = \frac{U_m}{X_L} = \frac{220}{5} \text{ A} = 44 \text{ A}$$

因为电流的相位滞后电压 90°，即 $\Delta\varphi = \varphi_i - \varphi_u = -90°$，所以

$$\varphi_i = \Delta\varphi + \varphi_u = -90° + 60° = -30°$$

所以，线圈中电流的数学表达式为

$$i = 44\sin(1000t - 30°) \text{ A}$$

选取参考方向，画出电压和线圈中电流的相量图，如图 5-21 所示。

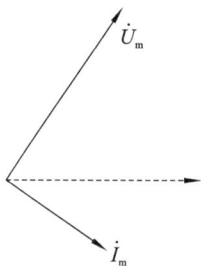

图 5-21　例 5.5.2 图

3. 纯电感电路的功率

若纯电感电路的电压 $u = U_m\sin\omega t$，$i = I_m\sin(\omega t - 90°)$，则纯电感电路的瞬时功率 $p = ui = (U_m\sin\omega t)[I_m\sin(\omega t - 90°)] = U_m I_m\sin\omega t\cos\omega t = -UI\sin2\omega t$。电压、电流和功率的波形图如图 5-22 所示。

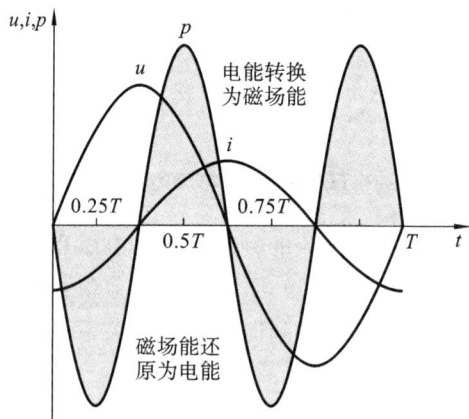

图 5-22　纯电感电路电压、电流和功率的波形图

　　线圈中的电流由"0"增加到最大值的过程中，线圈中磁场增强，磁场能增大，电能转换为磁场能；线圈中的电流由最大值减小到"0"的过程中，线圈中磁场的能量减小，磁场能转换为电能返还给电源。在纯电感电路中，交流电 1 个周期内，电路不消耗电能，只存在电能与磁场能的相互转换。

　　为描述电能与磁场能的相互转换，把电感元件瞬时功率的最大值称作无功功率，用符号 Q_L 表示。无功功率的计算公式为

$$Q_L = UI = \frac{U^2}{X_L} = I^2 X_L$$

式中：无功功率 Q_L 的单位为乏尔（Var）（读"乏"即可）。

线圈的无功功率是电能与磁场能相互转换过程中瞬时功率的最大值，它的大小为电压有效值与电流有效值的乘积。

[**例 5.5.3**] 将 $L = 10$ mH 的线圈接在电压为 $u = 14.14\sin(500t + 60°)$ V 的电路中，求：

(1) 线圈中电流的有效值 I 和电路的无功功率 Q_L；

(2) 当电压变为 $u = 14.14\sin(1000t + 60°)$ V 时，线圈中电流的有效值 I 和电路的无功功率 Q_L。

解：(1) 线圈的感抗为

$$X_L = \omega L = 500 \times 10 \times 10^{-3} \ \Omega = 5 \ \Omega$$

电压有效值为

$$U = \frac{U_m}{\sqrt{2}} = \frac{14.14}{\sqrt{2}} \ V = 10 \ V$$

电流有效值为

$$I = \frac{U}{X_L} = \frac{10}{5} \ A = 2 \ A$$

电路的无功功率为

$$Q_L = UI = 10 \times 2 \ Var = 20 \ Var$$

(2) 当电压的角频率变为 1000 rad/s 时，线圈的感抗为

$$X_L = \omega L = 1000 \times 10 \times 10^{-3} \ \Omega = 10 \ \Omega$$

电流有效值为

$$I = \frac{U}{X_L} = \frac{10}{10} \ A = 1 \ A$$

电路的无功功率为

$$Q_L = UI = 10 \times 1 \ Var = 10 \ Var$$

5.5.3 纯电容交流电路

电路中只有电容元件的交流电路称作纯电容交流电路，又称纯电容电路。在纯电容电路中，电流与电压的相位关系怎样？电容消耗电能吗？这些都是我们要分析的问题。

1. 容抗

电容器连接在直流电路中，电容器两电极之间的电压不变，电容器内的绝缘材料又不导电，电路中没有电流。电容器连接在交流电路中，由于电容器两电极之间的电压不断变化，电容器总是处于充电和放电的状态，电路中有电荷移动而形成电流。电容器对交流电流的阻碍作用称作容抗，用符号 X_C 表示。

交流电路的频率越高，容抗越小；电容器的电容越大，容抗越小。

在交流电路中,容抗可用下式计算

$$X_C = \frac{1}{\omega C} = \frac{1}{2\pi f C} = \frac{T}{2\pi C}$$

2. 纯电容电路电流与电压的关系

当纯电容电路的电压为 $u = U_m \sin \omega t$ 时,电路电压、电流的波形图和相量图如图 5-23 所示。从波形图可以看出电压和电流变化的频率、电压和电流之间的相位关系以及电压和电流最大值、有效值之间的关系等。

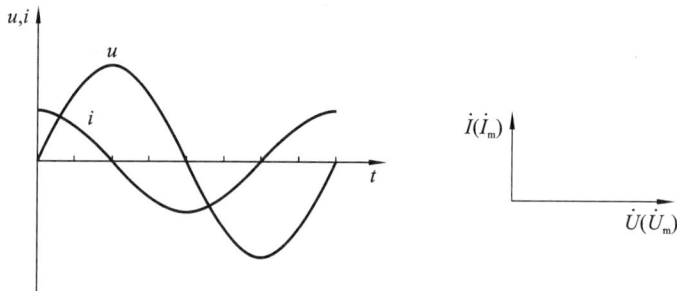

图 5-23 纯电容电路电压、电流的波形图和相量图

电压最大值、有效值与电流最大值、有效值之间的关系遵循欧姆定律,即

$$I_m = \frac{U_m}{X_C}, I = \frac{U}{X_C}$$

可先根据欧姆定律求出电流最大值,然后按照电流与电压的相位关系,求出电流瞬时值的初相,最后写出电流瞬时值的数学表达式。

在纯电容交流电路中,电压和电流的频率相同。电压和电流的相位关系是:电流超前电压90°(或说电压滞后电流90°)。电压最大值、有效值与电流最大值、有效值之间的关系遵循欧姆定律,但电压瞬时值与电流瞬时值之间的关系不遵循欧姆定律。

[例 5.5.4] 将 $C = 50 \ \mu F$ 的电容接在电压为 $u = 220 \sin(2000t + 60°)$ V 的电源上,写出电路中电流 i 的数学表达式并画出电压和电流的相量图。

解:电路的容抗为

$$X_C = \frac{1}{\omega C} = \frac{1}{50 \times 10^{-6} \times 2000} \ \Omega = 10 \ \Omega$$

电路中电流最大值为

$$I_m = \frac{U_m}{X_C} = \frac{220}{10} \ A = 22 \ A$$

因为纯电容电路电流的相位超前电压90°,$\Delta\varphi = \varphi_i - \varphi_u = 90°$,所以

$$\varphi_i = \Delta\varphi + \varphi_u = 90° + 60° = 150°$$

电路中电流的表达式为

$$i = 22 \sin(2000t + 150°) \ A$$

选取参考方向,画出电压和电流的相量图,如图 5-24 所示。

3. 纯电容电路的功率

若纯电容电路的电压 $u = U_m \sin \omega t$,$i = I_m \sin(\omega t + 90°)$,则纯电容电路的瞬时功率

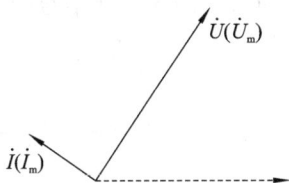

图 5-24 例 5.5.4 图

$p = ui = (U_m \sin\omega t)[I_m \sin(\omega t + 90°)] = U_m I_m \sin\omega t \cos\omega t = UI \sin2\omega t$。电压、电流和功率的波形图如图 5-25 所示。

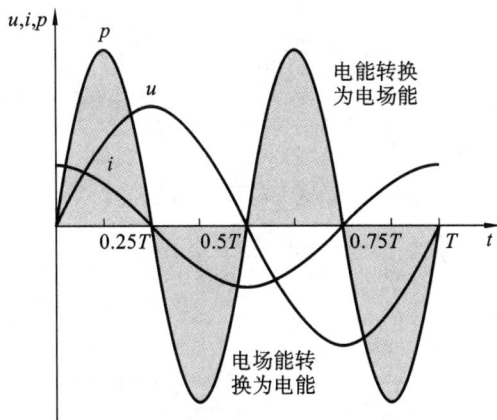

图 5-25 纯电容电路电压、电流和功率的波形图

电容两端的电压由"0"增加到最大值的过程中,电容两极板的电荷量增加,两极板之间的电场增强,电场能增大,电能转换为电场能;电容两端的电压由最大值减小到"0"的过程中,电容两极板的电荷量减少,两极板之间的电场减弱,电场能减小,电场能转换为电能。在纯电容电路中,交流电 1 个周期内,电容不消耗电能,只存在电能与电场能的相互转换。

为描述电能与电场能的相互转换,把电容元件瞬时功率的最大值称作无功功率,用符号 Q_C 表示。无功功率可用下式计算

$$Q_C = UI = \frac{U^2}{X_C} = I^2 X_C$$

式中:U 为交流电压的有效值,单位是伏特(V);

　　　I 为交流电流的有效值,单位是安培(A);

　　　无功功率 Q_C 的单位为乏尔(Var)。

工程上常用千乏(kVar)作无功功率的单位。

$$1 \text{ kVar} = 1000 \text{ Var}$$

电容的无功功率是电能与电场能相互转换过程中瞬时功率的最大值,它的大小为电压有效值与电流有效值的乘积。

[例 5.5.5] 将 $C = 10 \ \mu F$ 的电容接在电压为 $u = 200\sin(1000t + 60°)$ V 的电路中,求:

(1)电路中电流的有效值 I 和电路的无功功率 Q_C；

(2)当电压变为 $u=200\sin(4000t+60°)$ V 时,电路中电流的有效值 I 和电路的无功功率 Q_C。

解：(1)在 $u=200\sin(1000t+60°)$ V 时,电路的容抗为

$$X_C=\frac{1}{\omega C}=\frac{1}{10\times10^{-6}\times1000}\ \Omega=100\ \Omega$$

电路电压的有效值为

$$U=0.707U_m=0.707\times200\ V=141.4\ V$$

电路电流的有效值为

$$I=\frac{U}{X_C}=\frac{141.4}{100}\ A=1.414\ A$$

电路的无功功率为

$$Q_C=UI=141.4\times1.414\ Var=200\ Var$$

(2)在 $u=200\sin(4000t+60°)$ V 时,电路的容抗为

$$X_C=\frac{1}{\omega C}=\frac{1}{4000\times10\times10^{-6}}\ \Omega=25\ \Omega$$

电路电流的有效值为

$$I=\frac{U}{X_C}=\frac{141.4}{25}\ A=5.656\ A$$

电路的无功功率为

$$Q_C=UI=141.4\times5.656\ Var=800\ Var$$

课后练习

1.在纯电阻电路中,已知电阻 $R=44\ \Omega$,交流电压 $u=311\sin(314t+30°)$ V：

(1)求通过电阻的电流的有效值和最大值；

(2)写出电流的数学表达式。

2.在纯电容电路中,已知 $C=2\ \mu F$,交流电压 $u=220\sqrt{2}\sin314t$ V：

(1)写出电流瞬时值的表达式；

(2)画出电流、电压的相量图。

5.6 多个参数的交流电路

5.6.1 RL 串联的交流电路

RL 串联的交流电路如图 5-26 所示。由于串联电路中各元件中的电流是相等的,所以电阻和电感元件中的电流相等,我们设这个电流为

$$i = I_m \sin\omega t$$

电阻元件两端的电压与电流同相位,电阻两端电压 u_R 为

$$u_R = I_m R \sin\omega t$$

电感元件两端电压的相位超前电流 $90°$,电感两端电压为

$$u_L = I_m X_L \sin(\omega t + 90°)$$

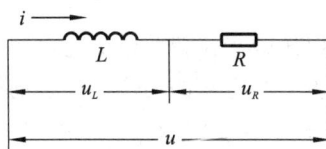

图 5-26 RL 串联的交流电路

1. 总电压与电阻两端电压和电感两端电压的关系

串联电路的总电压为各个元件两端电压的叠加,由于电阻元件两端的电压和电感元件两端的电压均为交流电压,我们必须用交流电叠加的方法分析总电压与电阻两端电压和电感两端电压的关系。

因为电阻元件和电感元件中的电流相等,我们选取电流的相量作参考方向,并作出电阻元件两端电压的相量 $\dot{U}_R$(或 $\dot{U}_{mR}$)、电感元件两端电压的相量 $\dot{U}_L$(或 $\dot{U}_{mL}$),然后以这两个相量为邻边作平行四边形,就可以得到总电压的相量 $\dot{U}$(或 $\dot{U}_m$),如图 5-27 (a)所示。

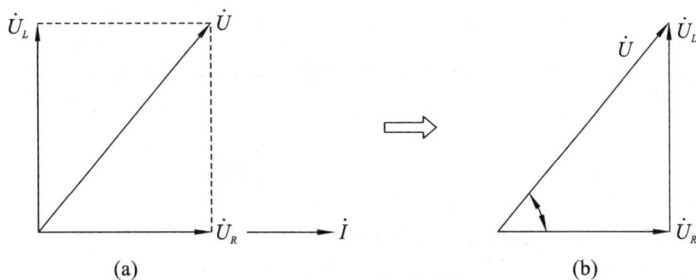

图 5-27 RL 串联的交流电路中总电压与电阻两端电压和电感两端电压的关系

因为电阻元件两端电压与电感元件两端电压的相位差为 $90°$,它们的相位关系为正交,所以总电压的有效值和最大值可用勾股定理确定,即

$$U = \sqrt{U_R^2 + U_L^2}$$
$$U_m = \sqrt{U_{mR}^2 + U_{mL}^2}$$

由电阻元件两端电压的相量 $\dot{U}_R$(或 $\dot{U}_{mR}$)、电感元件两端电压的相量 $\dot{U}_L$(或 $\dot{U}_{mL}$)和总电压的相量 $\dot{U}$(或 $\dot{U}_m$)组成的直角三角形,称作电压三角形,如图 5-27(b)所示。从电压三角形可以看出,总电压与串联电路中电流相位差 φ 的三角函数为

$$\cos\varphi = \frac{U_R}{U} = \frac{U_{mR}}{U_m}$$

$$\tan\varphi = \frac{U_L}{U_R} = \frac{U_{mL}}{U_{mR}}$$

在 RL 串联电路中,总电压 u 的相位总是超前电流 i。若电流的初相位为"0",则总电压的初相为 φ;若电流的初相位为 φ_{0i},则总电压的初相 $\varphi_{0u} = \varphi_{0i} + \varphi$。

用公式 $U = \sqrt{U_R^2 + U_L^2}$ 或 $U_m = \sqrt{U_{mR}^2 + U_{mL}^2}$,可求出 RL 串联电路总电压的有效值

或最大值,用公式 $\tan\varphi=\dfrac{U_L}{U_R}=\dfrac{U_{mL}}{U_{mR}}$ 或 $\cos\varphi=\dfrac{U_R}{R}=\dfrac{U_{mR}}{U_m}$ 可确定总电压的初相。

电压的相位超前电流的电路称作感性电路,RL 串联电路就是感性电路,因为 RL 串联电路中电压的相位总是超前电流。

[例 5.6.1] $R=8\ \text{k}\Omega$ 的电阻与 $L=6\ \text{mH}$ 的线圈串联后接在交流电源上,通过电阻和电感中的电流为 $i=0.5\sqrt{2}\sin(10^6 t+30°)$ mA,求:

(1)电阻两端电压的有效值 U_R、线圈两端电压的有效值 U_L 和电源电压的有效值 U;

(2)电源电压 u 的数学表达式。

解:(1)电路中电流的有效值为 0.5 mA,电阻两端电压的有效值为
$$U_R=IR=0.5\times10^{-3}\times8\times10^3\ \text{V}=4\ \text{V}$$
电感两端电压的有效值为
$$U_L=IX_L=I\omega L=0.5\times10^{-3}\times10^6\times6\times10^{-3}\ \text{V}=3\ \text{V}$$
电源电压的有效值为
$$U=\sqrt{U_R^2+U_L^2}$$
$$=\sqrt{4^2+3^2}\ \text{V}=5\ \text{V}$$

(2)因为电源电压的有效值 $U=5$ V,所以电源电压的最大值为 $U_m=5\sqrt{2}$ V。电压与电流的相位差的三角函数为
$$\tan\varphi=\frac{U_L}{U_R}=\frac{3}{4}=0.75$$
查数学用表得 $\varphi=37°$,电源电压的初相为
$$\varphi_0=\varphi_{0i}+\varphi=30°+37°=67°$$
电源电压频率与电流的频率相同,将电源电压的最大值和初相写在其数学表达式的相应位置,得到电源电压的数学表达式为
$$u=5\sqrt{2}\sin(10^6 t+67°)\ \text{V}$$

2.RL 串联电路的阻抗

RL 串联后,对交流电有阻碍作用,这种阻碍作用用阻抗来描述。把 RL 串联电路的总电压有效值与电路电流有效值的比值(或最大值的比值,但不是瞬时值的比值)称作电路的阻抗,用符号 Z 表示,阻抗 Z 的单位为欧姆(Ω)。

根据欧姆定律,$U_R=IR$,$U_L=IX_L$,代入 RL 串联电路总电压有效值或最大值的计算式得
$$U=\sqrt{U_R^2+U_L^2}=\sqrt{(IR)^2+(IX_L)^2}=I\sqrt{R^2+X_L^2}$$
或
$$U_m=\sqrt{U_{mR}^2+U_{mL}^2}=\sqrt{(I_m R)^2+(I_m X_L)^2}=I_m\sqrt{R^2+X_L^2}$$
于是,电路的阻抗为
$$Z=\frac{U}{I}=\frac{U_m}{I_m}=\sqrt{R^2+X_L^2}$$

从上式可以看出,阻抗 Z、电阻 R 和感抗 X_L,三个物理量在数值上符合直角三角形的三个边之间的关系。我们把由阻抗 Z、电阻 R 和感抗 X_L 构成的直角三角形称作阻抗三角形。阻抗三角形可以认为是由电压三角形各边的边长同时除以电流 I 得到的,如图 5-28 所示,因而阻抗三角形与电压三角形是相似三角形。

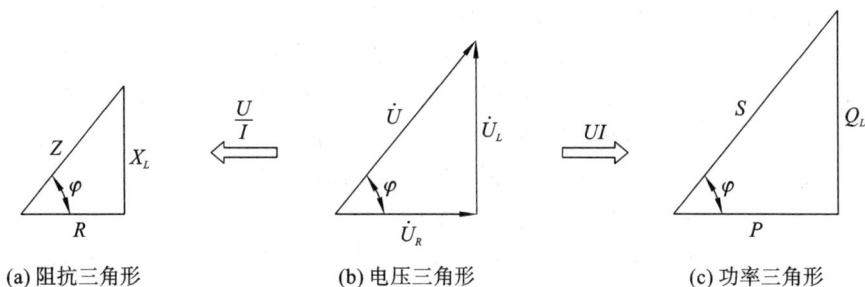

(a) 阻抗三角形　　　　(b) 电压三角形　　　　(c) 功率三角形

图 5-28　阻抗三角形、电压三角形和功率三角形

阻抗三角形与电压三角形是相似三角形,因而总电压与电路中电流的相位差可以从电压三角形中得到,也可以从阻抗三角形中得到,即:$\tan\varphi=\dfrac{U_L}{U_R}=\dfrac{X_L}{R}$ 或 $\cos\varphi=\dfrac{U_R}{U}=\dfrac{R}{Z}$。

[例 5.6.2]　将 $R=40\ \Omega$ 的电阻与 $X_L=30\ \Omega$ 的线圈串联后,接在 $U=220\ \text{V}$ 的电源上,求通过电路的电流 I、电阻两端的电压 U_R 和线圈两端的电压 U_L。

解:电路的阻抗为

$$Z=\sqrt{R^2+X_L^2}=\sqrt{40^2+30^2}\ \Omega=50\ \Omega$$

电路的电流为

$$I=\frac{U}{Z}=\frac{220}{50}\ \text{A}=4.4\ \text{A}$$

从阻抗三角形中可以得到

$$\sin\varphi=\frac{X_L}{Z}=\frac{30}{50}=0.6,\cos\varphi=\frac{R}{Z}=\frac{40}{50}=0.8$$

因为电压三角形和阻抗三角形是相似三角形,所以电阻两端的电压为

$$U_R=U\cos\varphi=220\times0.8\ \text{V}=176\ \text{V}$$

线圈两端的电压为

$$U_L=U\sin\varphi=220\times0.6\ \text{V}=132\ \text{V}$$

3. RL 串联电路的功率

在由多个元件组成的交流电路中,把总电压有效值 U 和总电流有效值 I 的乘积称作视在功率,用符号 S 表示。视在功率的计算公式为

$$S=UI=\frac{U^2}{Z}=I^2Z$$

式中:电压 U 的单位是伏特(V);

电流 I 的单位是安培(A);

视在功率 S 的单位是伏安(V·A)。

工程上通常将视在功率称作容量,常用千伏安(kV·A)作单位。

$$1 \text{ kV} \cdot \text{A} = 1000 \text{ V} \cdot \text{A}$$

在 RL 串联电路中

$$S = UI = I\sqrt{U_R^2 + U_L^2} = \sqrt{(U_R I)^2 + (U_L I)^2} = \sqrt{P^2 + Q_L^2}$$

可以看出,视在功率 S、有功功率 P 和无功功率 Q_L,三者的关系也符合直角三角形三边之间的关系,所以由 S、P 和 Q_L 组成的三角形也是直角三角形,称作功率三角形。实际上,将电压三角形的每边乘以电流有效值,即可得到功率三角形,如图 5-28 所示。

电压三角形、阻抗三角形和功率三角形是三个相似直角三角形。但要注意:电压三角形三条边所代表的是相量,所以三条边都有箭头;而阻抗三角形和功率三角形的三条边只是代表量值的大小,所以三条边没有箭头。

在工程上,将有功功率与视在功率的比值称作功率因数。从功率三角形中可以看出这个比值是角 φ 的余弦函数,所以,功率因数用符号 $\cos\varphi$ 表示。

因为电压三角形、阻抗三角形和功率三角形是相似三角形,所以

$$\cos\varphi = \frac{P}{S} = \frac{U_R}{U} = \frac{R}{Z}$$

[例5.6.3] 将 $R = 40 \ \Omega$ 的电阻与 $X_L = 30 \ \Omega$ 的线圈串联后,接在 $U = 100 \ \text{V}$ 的交流电源上,求电路的 S、P、Q_L 和 $\cos\varphi$。

分析:知道电路的电阻和感抗,即电路元件的参数确定后,电路的电流、电压与电流的相位关系和功率等(即电路的状态)也可以确定。因此,求解电路状态的各物理量的途径应有多种。除下面的参考途径外,还可以根据欧姆定律,电压三角形、阻抗三角形和功率三角形相似等,找到求解 S、P、Q_L 和 $\cos\varphi$ 的其他途径。

解:电路的阻抗为

$$Z = \sqrt{R^2 + X_L^2} = \sqrt{40^2 + 30^2} \ \Omega = 50 \ \Omega$$

通过电路的电流为

$$I = \frac{U}{Z} = \frac{100}{50} \ \text{A} = 2 \ \text{A}$$

电路的视在功率为

$$S = UI = 100 \times 2 \ \text{V} \cdot \text{A} = 200 \ \text{V} \cdot \text{A}$$

电路的有功功率为

$$P = I^2 R = 2^2 \times 40 \ \text{W} = 160 \ \text{W}$$

电路的无功功率为

$$Q_L = I^2 X_L = 2^2 \times 30 \ \text{Var} = 120 \ \text{Var}$$

电路的功率因数为

$$\cos\varphi = \frac{P}{S} = \frac{160}{200} = 0.8$$

5.6.2 RC 串联的交流电路

RC 串联电路如图 5-29 所示。由于串联电路中各元件中的电流是相等的,所以电阻和电容元件中的电流相等,我们设这个电流为

$$i = I_m \sin\omega t$$

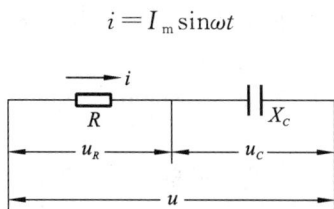

图 5-29 *RC* 串联电路

电阻元件两端的电压与电流同相位,电阻两端电压 u_R 为

$$u_R = I_m R \sin\omega t$$

电容元件两端的电压的相位滞后电流 90°,电容两端的电压 u_C 为

$$u_C = I_m X_C \sin(\omega t - 90°)$$

1. 总电压与电阻两端电压和电容两端电压的关系

因为电阻元件和电容元件中的电流相等,我们选取电流的相量作参考方向,并作出电阻元件两端电压的相量 $\dot{U}_R$(或 $\dot{U}_{mR}$)、电容元件两端电压的相量 $\dot{U}_C$(或 $\dot{U}_{mC}$),然后以这两个相量为邻边作平行四边形,就可以得到总电压的相量 $\dot{U}$(或 $\dot{U}_m$),如图 5-30(a)所示。

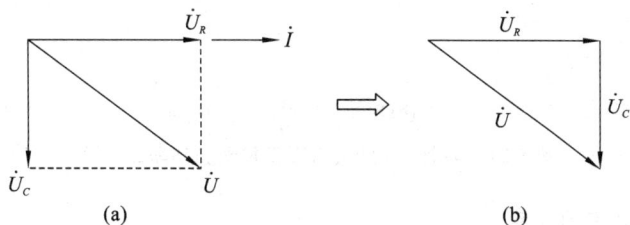

图 5-30 *RC* 串联的交流电路中总电压与电阻两端电压和电容两端电压的关系

因为电阻元件两端电压与电容元件两端电压的相位差为 90°,它们的相位关系为正交,所以总电压的有效值和最大值可用勾股定理确定,即

$$U = \sqrt{U_R^2 + U_C^2}$$

$$U_m = \sqrt{U_{mR}^2 + U_{mC}^2}$$

电阻元件两端电压的相量 $\dot{U}_R$(或 $\dot{U}_{mR}$)、电容元件两端电压的相量 $\dot{U}_C$(或 $\dot{U}_{mC}$)和总电压的相量 $\dot{U}$(或 $\dot{U}_m$)构成的电压三角形,如图 5-30(b)所示。它与 *RL* 串联电路的电压三角形的区别是:*RL* 串联电路总电压的相量方向为上斜,而 *RC* 串联电路总电压的相量方向为下倾。从 *RC* 串联电路的电压三角形中可以看出,总电压与串联电路中电流相位差 φ 的正切函数为

$$\tan\varphi = \frac{U_C}{U_R} = \frac{U_{mC}}{U_{mR}}$$

查阅数学用表,可得到总电压与电流相位差的角度值。

在 *RC* 串联电路中,总电压 u 的相位总是滞后电流 i,因此,电压与电流的相位差 φ

为负值。若电流的初相为"0",则总电压的初相位为 $-\varphi$;若电流的初相为 φ_{0i},则总电压的初相位 $\varphi_{0u}=-(\varphi_{0i}-\varphi)$。

用公式 $U=\sqrt{U_R^2+U_C^2}$ 或 $U_m=\sqrt{U_{mR}^2+U_{mC}^2}$ 可求出 RC 串联电路总电压的有效值或最大值,用公式 $\tan\varphi=\dfrac{U_C}{U_R}=\dfrac{U_{mC}}{U_{mR}}$ 可确定总电压的初相。

电压的相位滞后电流的电路称作容性电路,RC 串联电路就是容性电路,因为 RC 串联电路中电压的相位总是滞后电流。

2. RC 串联电路的阻抗

RC 串联对交流电的阻碍作用用阻抗来描述。阻抗用符号 Z 表示,单位为欧姆(Ω)。同 RL 串联电路一样,阻抗 Z、电阻 R 和容抗 X_C 也构成阻抗三角形,阻抗三角形与电压三角形是相似三角形,如图 5-31 所示。根据勾股定理,可得电路的阻抗为

$$Z=\sqrt{R^2+X_C^2}$$

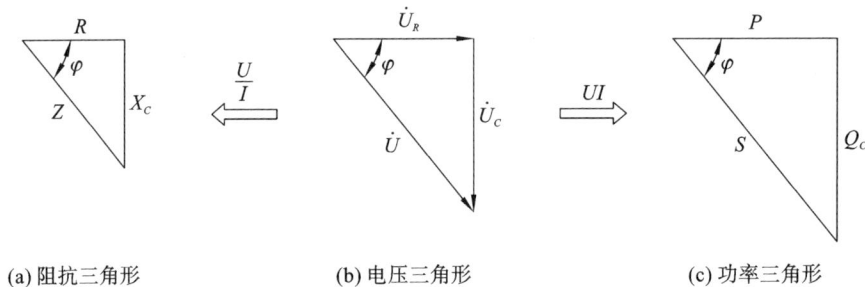

(a) 阻抗三角形　　　　(b) 电压三角形　　　　(c) 功率三角形

图 5-31　阻抗三角形、电压三角形和功率三角形

3. RC 串联电路的功率

同 RL 串联电路一样,将 RC 串联电路两端的电压有效值与电路中电流有效值的乘积称作电路的视在功率。视在功率 S、有功功率 P 和电容的无功功率 Q_C 也构成功率三角形。功率三角形与电压三角形也为相似三角形,如图 5-31 所示。根据勾股定理,三者之间的关系为

$$S=\sqrt{P^2+Q_C^2}$$

[例 5.6.4]　将 $R=40\ \Omega$ 的电阻与 $X_C=30\ \Omega$ 的电容串联后,接在 $U=100\ V$ 的交流电源上,求电路的 S、P、Q_C 和 $\cos\varphi$。

解: 电阻和电容串联后的阻抗为

$$Z=\sqrt{R^2+X_C^2}=\sqrt{40^2+30^2}\ \Omega=50\ \Omega$$

通过电路的电流为

$$I=\frac{U}{Z}=\frac{100}{50}\ A=2\ A$$

电路的视在功率为

$$S=UI=100\times2\ V\cdot A=200\ V\cdot A$$

电路的功率因数为

$$\cos\varphi = \frac{R}{Z} = \frac{40}{50} = 0.8$$

电路的有功功率为

$$P = S\cos\varphi = 200 \times 0.8 \text{ W} = 160 \text{ W}$$

电路的无功功率为

$$Q_C = \sqrt{S^2 - P^2} = \sqrt{200^2 - 160^2} \text{ Var} = 120 \text{ Var}$$

5.6.3 *RLC* 串联的交流电路

RLC 串联电路如图 5-32 所示,由于电阻、电感线圈和电容串联,通过它们的电流是相同的,设该电流为 $i = I_m\sin\omega t$。

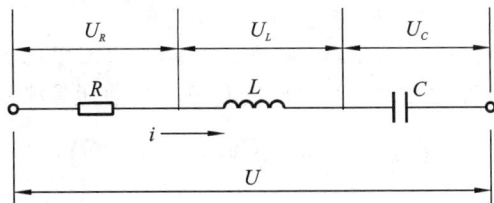

图 5-32 *RLC* 串联电路

电阻 R 两端电压 U_R 与电流同相位,电感线圈 L 两端电压 U_L 的相位超前电流 $90°$,电容 C 两端电压 U_C 的相位滞后电流 $90°$。以电流作参考相量,可以得到各元件两端电压的相量,如图 5-33 所示。电路的总电压 $\dot{U}$ 为 $\dot{U}_R$、$\dot{U}_L$ 和 $\dot{U}_C$ 的相量和。

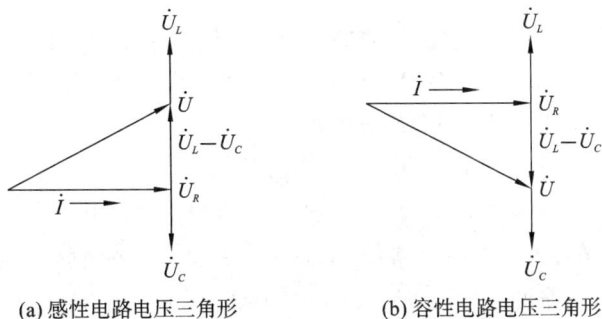

(a) 感性电路电压三角形   (b) 容性电路电压三角形

图 5-33 各元件两端电压的相量

因为在 *RLC* 串联电路中,电感线圈 L 两端电压 U_L 和电容 C 两端电压 U_C 的相位差为 $180°$,可先求出 $\dot{U}_L$ 和 $\dot{U}_C$ 的相量和,其大小为:$U_L - U_C$。然后由 U_R、$U_L - U_C$ 和 U 组成的电压三角形,求出电路总电压 U 的大小为

$$U = \sqrt{U_R^2 + (U_L - U_C)^2}$$

根据阻抗三角形与电压三角形是相似三角形,可得电路的阻抗为

$$Z = \sqrt{R^2 + (X_L - X_C)^2}$$

根据功率三角形与电压三角形是相似三角形,可得电路的视在功率 S、有功功率 P、感性无功功率 Q_L 和容性无功功率 Q_C 之间的关系为

$$S=\sqrt{P^2+(Q_L-Q_C)^2}$$

在 RLC 串联电路中,总电压与电流的相位关系可根据电路各元件的参数确定。当电路为感性电路时,总电压的相位超前电流;当电路为容性电路时,总电压的相位滞后电流。电路的功率因数为

$$\cos\varphi=\frac{R}{Z}=\frac{U_R}{U}=\frac{P}{S}$$

在 RLC 串联电路中,若感抗大于容抗,或电感线圈两端的电压大于电容两端的电压,或感性无功功率大于容性无功功率,电路电压的相位超前电流,为感性电路;若感抗小于容抗,或电感线圈两端的电压小于电容两端的电压,或感性无功功率小于容性无功功率,电路电压的相位滞后电流,为容性电路。

[例5.6.5] 在如图 5-34 所示的电路中,电压表 V_1 的读数为 40 V,电压表 V_2 的读数为 60 V,电压表 V_3 的读数为 90 V,则测量总电压的电压表 V 的读数应是多少?该电路是感性电路还是容性电路? 总电压的相位是超前还是滞后电流?

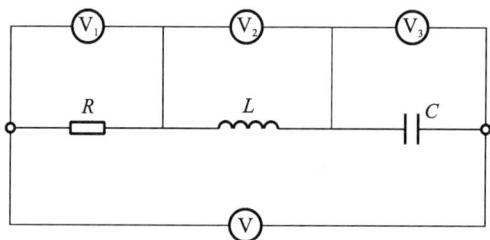

图 5-34 例 5.6.5 图

解:电压表 V_1 测量的是电阻 R 两端的电压,故 $U_R=40$ V;电压表 V_2 测量的是电感线圈 L 两端的电压,故 $U_L=60$ V;电压表 V_3 测量的是电容 C 两端的电压,故 $U_C=90$ V。测量总电压的电压表 V 的读数应是

$$U=\sqrt{U_R^2+(U_L-U_C)^2}=\sqrt{40^2+(60-90)^2}\ V=50\ V$$

因为 $U_L<U_C$,所以电路是容性电路,总电压的相位滞后电流。

[例5.6.6] 在 RLC 串联电路中,电阻 $R=30$ Ω,电感线圈 $L=445$ mH,电容器的电容 $C=32$ μF,电路的总电压 $u=220\sin314t$ V,求:

(1)电路电流的瞬时值 i 的表达式;

(2)电阻 R、电感线圈 L、电容 C 两端的电压有效值各是多少?

解:(1)因为

$$X_L=\omega L=314\times445\times10^{-3}\ \Omega=140\ \Omega$$

$$X_C=\frac{1}{\omega C}=\frac{1}{314\times32\times10^{-6}}\ \Omega=100\ \Omega$$

所以,电路的阻抗为

$$Z=\sqrt{R^2+(X_L-X_C)^2}=\sqrt{30^2+(140-100)^2}\ \Omega=50\ \Omega$$

电路的电流最大值为

$$I_m = \frac{U_m}{Z} = \frac{220}{50} \text{ A} = 4.4 \text{ A}$$

电路电压与电流的相位差的三角函数为

$$\cos\varphi = \frac{R}{Z} = \frac{30}{50} = 0.6$$

查数学用表得 $\varphi = 53.1°$。因为 $X_L > X_C$，所以电流的相位滞后电压 $53.1°$，电流的初相为

$$\varphi_i = 0 - 53.1° = -53.1°$$

电流的瞬时值表达式为

$$i = 4.4\sin(314t - 53.1°) \text{ A}$$

（2）电路电流的有效值为

$$I = \frac{I_m}{\sqrt{2}} = \frac{4.4}{\sqrt{2}} \text{ A} = 3.11 \text{ A}$$

电阻 R 两端的电压有效值为

$$U_R = IR = 3.11 \times 30 \text{ V} = 93.3 \text{ V}$$

电感线圈 L 两端的电压有效值为

$$U_L = IX_L = 3.11 \times 140 \text{ V} = 435.4 \text{ V}$$

电容 C 两端的电压有效值为

$$U_C = IX_C = 3.11 \times 100 \text{ V} = 311 \text{ V}$$

*5.6.4　串联谐振

在 RLC 串联的交流电路中，电路的状态除与元件的参数有关以外，还与交流电的频率有关。当交流电的频率很低时，电容的容抗 X_C 很大，而电感线圈的感抗 X_L 很小。根据 RLC 串联电路的阻抗 $Z = \sqrt{R^2 + (X_L - X_C)^2}$，由于 X_L 与 X_C 的差值很大，故电路的阻抗 Z 很大；当交流电的频率很高时，电容的容抗 X_C 很小，电感线圈的感抗 X_L 很大，X_L 与 X_C 的差值很大，RLC 串联电路的阻抗 Z 也很大。当频率由低向高变化时，电容的容抗 X_C 由大变小，电感线圈的感抗 X_L 由小变大，$X_L < X_C$，电路为容性，但 X_L 与 X_C 的差值在减小，电路的阻抗 Z 也随之减小。频率继续升高，当 $X_L = X_C$ 时，X_L 与 X_C 的差值为"0"，电路的阻抗 $Z = R$。频率再继续升高，当 $X_L > X_C$ 时，电路为感性，X_L 与 X_C 的差值增大，电路的阻抗 Z 也随之增大。

在 RLC 串联的交流电路中，当 $X_L = X_C$ 时，$Z = R$，电路的电流与电路的总电压之间的相位差为"0"，即电路的电流与电压的相位相同。

在 RLC 串联的交流电路中，当感抗等于容抗，阻抗 $Z = R$ 且最小时，电路的电流最大且与电路的电压同相位时，我们称电路发生串联谐振。

1. 串联谐振的频率

根据感抗 $X_L = \omega L = 2\pi f L$ 与容抗 $X_C = \frac{1}{\omega C} = \frac{1}{2\pi f C}$ 的计算公式和串联谐振的条件 $X_L = X_C$，可得谐振的角频率 ω_0 或频率 f_0 为

$$\omega_0 = \frac{1}{\sqrt{LC}} , f_0 = \frac{1}{2\pi\sqrt{LC}}$$

由电路元件的参数 L、C 确定的谐振频率称作电路的固有频率。

电源或信号的频率与电路的固有频率相等,这是发生串联谐振的条件。当电源或信号的频率 f 一定时,可以通过改变线圈的电感系数或改变电容来使电路发生串联谐振;当电路的参数 L、C 一定时,可以通过改变电源或信号的频率来使电路发生串联谐振。

[例 5.6.7] 在 RLC 串联电路中,电阻 $R=30\ \Omega$,电感线圈 $L=445\ \text{mH}$,电容器的电容 $C=32\ \mu\text{F}$,求:

(1)要使电路发生串联谐振,电源的频率 f;

(2)当电源的频率为 10 kHz 时,保持线圈的电感 L 不变,串联谐振时的电容 C。

解:(1)要使电路发生串联谐振,电源的频率为

$$f = \frac{1}{2\pi\sqrt{LC}} = \frac{1}{2\times3.14\times\sqrt{445\times10^{-3}\times32\times10^{-6}}}\ \text{Hz} = 42\ \text{Hz}$$

(2)根据 $f_0 = \frac{1}{2\pi\sqrt{LC}}$ 得

$$C = \frac{1}{(2\pi f_0)^2 L} = \frac{1}{(2\times3.14\times10\times10^3)^2\times445\times10^{-3}}\ \text{F} = 5.7\times10^{-10}\ \text{F} = 570\ \text{pF}$$

2. 串联谐振时电路的阻抗最小

RLC 串联电路的阻抗 $Z = \sqrt{R^2 + (X_L - X_C)^2}$,当电路符合 $X_L = X_C$ 的谐振条件而发生串联谐振时,电路的阻抗 $Z = R$,此时电路的阻抗最小。

当电路发生串联谐振时,电路的阻抗最小,根据 RLC 串联电路的电流 $I = \frac{U}{Z}$,串联谐振电路的电流最大。

RLC 串联电路中电压与电流的功率因数 $\cos\varphi = \frac{R}{Z}$,当串联谐振时电路的阻抗 $Z = R$,$\cos\varphi = 1$。电路的电流与电压同相位,电源供给电路的能量全部为有功功率,被电路的电阻所消耗。电感线圈和电容器之间进行磁场能和电场能的交换,而不与电源交换电场能和磁场能。

电路的阻抗最小,电路的电流最大;电路的电流与电压相位相同;电路的功率因数为"1",这是电路发生串联谐振重要的特性。

[例 5.6.8] 在 RLC 串联电路中,电压 $u = 60\sin(1000t + 60°)\ \text{V}$,电阻 $R = 30\ \Omega$,电感线圈的感抗 $X_L = 50\ \Omega$,电容器的容抗 $X_C = 50\ \Omega$,求:

(1)电路中的电流 I;

(2)电路中的有功功率 P、感性无功功率 Q_L、容性无功功率 Q_C、视在功率 S 和电路的功率因数 $\cos\varphi$。

解:(1)因为 $X_L = X_C$,所以电路的阻抗 $Z = R = 30\ \Omega$。

电路中的电流为

$$I = \frac{U}{Z} = \frac{60}{\sqrt{2} \times 30} \text{ A} = 1.41 \text{ A}$$

（2）电路中的有功功率为

$$P = I^2 R = 1.41^2 \times 30 \text{ W} = 60 \text{ W}$$

感性无功功率为

$$Q_L = I^2 X_L = 1.41^2 \times 50 \text{ Var} = 100 \text{ Var}$$

容性无功功率为

$$Q_C = I^2 X_C = 1.41^2 \times 50 \text{ Var} = 100 \text{ Var}$$

视在功率为

$$S = \sqrt{P^2 + (Q_L - Q_C)^2} = \sqrt{60^2 + (100-100)^2} \text{ V} \cdot \text{A} = 60 \text{ V} \cdot \text{A}$$

电路的功率因数为

$$\cos\varphi = \frac{P}{S} = \frac{60}{60} = 1$$

3. 串联谐振时电路各元件两端的电压

由于串联电路中各个元件中的电流是相同的，当电路中的感抗和容抗相等时，线圈和电容两端的电压大小相等但反相，根据串联电路 $U = \sqrt{U_R^2 + (U_L - U_C)^2}$，当 RLC 串联电路发生串联谐振时，电阻两端的电压与电路总电压相等，即 $U_R = U$。

当 RLC 串联电路发生串联谐振时，电容两端的电压 U_C 和电感线圈两端的电压 U_L 是多少呢？我们把电路发生串联谐振时电感或电容两端电压与电路总电压（串联谐振时电路总电压与电阻两端电压相等）的比值称作电路的品质因数，用符号 Q 表示，则

$$Q = \frac{U_L}{U} = \frac{U_L}{U_R} = \frac{IX_L}{IR} = \frac{X_L}{R} = \frac{\omega_0 L}{R} = \frac{1}{R\omega_0 C} = \frac{1}{R}\sqrt{\frac{L}{C}}$$

品质因数 Q 只与电路的电阻 R、线圈的电感系数 L 和电容器的电容 C 有关，用它可以确定电路发生串联谐振时电容两端的电压 U_C 和电感线圈两端的电压 U_L 的大小，即

$$U_C = U_L = QU = QU_R$$

电路发生串联谐振时，电阻两端的电压与电路的总电压相等，即 $U_R = U$；电感和电容两端的电压大小相等但反相，其大小为电路总电压的 Q 倍，即

$$U_L = U_C = QU = QU_R$$

[**例 5.6.9**]　在 RLC 串联电路中，电压为 $u = 10\sqrt{2}\sin(1000t + 60°)$ V，电阻 $R = 5$ Ω，电感线圈的感抗 $X_L = 100$ Ω，电容器的容抗 $X_C = 100$ Ω，求：电路的品质因数 Q、电阻两端的电压 U_R、电感线圈两端的电压 U_L 和电容器两端的电压 U_C。

解：电路的品质因数为

$$Q = \frac{X_L}{R} = \frac{100}{5} = 20$$

因为 $X_L = X_C$，电路发生串联谐振，所以

$$U_R = IR = \frac{10\sqrt{2}}{\sqrt{2}} \text{ V} = 10 \text{ V}$$

$$U_L = QU = 20 \times 10 \text{ V} = 200 \text{ V}$$
$$U_C = QU = 20 \times 10 \text{ V} = 200 \text{ V}$$

4. 串联谐振的应用和防护

电路发生串联谐振时,具有电路阻抗最小而电流最大、电感和电容两端的电压为电路总电压的 Q 倍等特点,这既有有利的一面,也有不利的一面。我们要对有利的一面加以应用,对不利的一面采取防护措施。

(1)串联谐振在信号接收中的应用。

利用串联谐振时电路中电流最大和电容两端电压为电路电压的 Q 倍的特点,可以在同时接收到的多个信号中选择出需要的信号。如图 5-35 所示的收音机输入调谐回路就是串联谐振在信号接收中的典型应用。

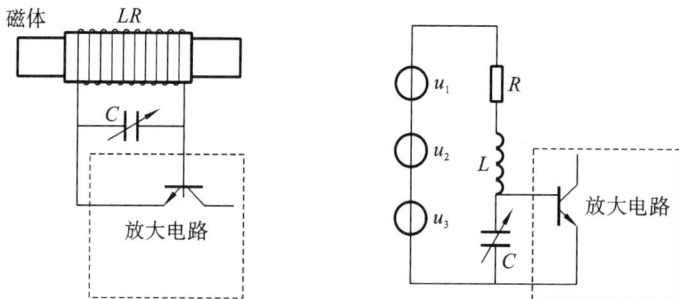

图 5-35　收音机输入调谐回路

空间中存在频率不同的信号,这些信号在电感线圈 L 中会产生感应电压。调节可变电容 C,可改变由 LC 组成的串联电路的固有频率。当电路的固有频率与某一信号的频率相等时,该信号会在 RLC 组成的串联电路中产生谐振,此时该信号在电路中产生最大电流,同时在电容器两端产生的电压为信号电压的 Q 倍。其他与电路固有频率不同的信号,不能引起电路谐振,电路对这些信号的阻抗大、电流小,在电容器两端产生的电压很低,对电路影响不大。通过由 RLC 组成的串联谐振电路,就能将所需要的信号选择出来。

(2)串联谐振在信号抑制中的应用。

在电子设备中,常采用由串联谐振电路构成的信号抑制电路,防止一些干扰信号的进入。

如图 5-36 所示,将由 LC 组成的串联电路与电子设备并联,当某一信号的频率与 LC 串联电路的固有频率相等时,电路发生串联谐振。此时电路对该信号的阻抗最小,信号电流直接与地接通,不进入电子设备,避免了该信号对电子设备的干扰。

(3)串联谐振对电力系统的危害。

电力系统中,当某一支路的固有频率与电源频率相等时,该支路就会发生串联谐振。当该支路出现串联谐振时,电气设备中线圈两端的电压将是电源电压的 Q 倍,如此高的电压对电气设备而言是十分危险的。

为防止电力系统出现串联谐振,在电路设计时应合理选择电路元件参数,避免使电路的固有频率与电源频率相等。另外,为防止电路出现串联谐振时损坏电气设备,可在

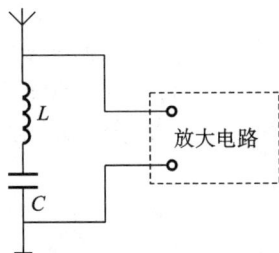

图 5-36　由 LC 组成的串联电路与电子设备并联

电路两端并联避雷器,当线圈两端出现高电压时,避雷器会被击穿形成对地短路,从而保护线圈不被过电压损坏。

* 5.6.5　RLC 并联的交流电路

RLC 并联电路如图 5-37 所示。由于并联的所有元件两端的电压都相等,电阻 R 两端的电压 u_R、电感线圈 L 两端的电压 u_L、电容 C 两端的电压 u_C 都与电源电压相等。

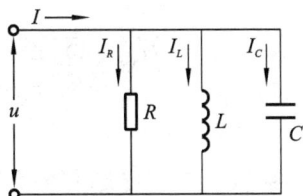

图 5-37　RLC 并联电路

1. 电路总电流和各支路电流的关系

通过电阻 R 中的电流 I_R 与电阻两端的电压的相位相同,电感线圈 L 中电流 I_L 的相位滞后电感线圈两端电压的相位 $90°$,电容 C 中电流 I_C 的相位超前电容两端电压的相位 $90°$。选择电压的相量 $\dot{U}$ 作参考相量,可在同一坐标中画出电流 I_R、I_L 和 I_C 的相量图,如图 5-38 所示。

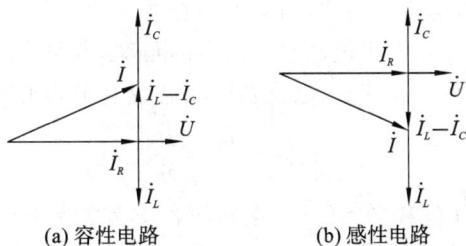

(a) 容性电路　　　　　　(b) 感性电路

图 5-38　分析 RLC 并联电路中总电流和各支路电流的关系

根据电流 I_R、I_L、I_C 和总电流 I 的相量图,可得 RLC 并联电路总电流 I 与电流 I_R、I_L、I_C 的关系的电流三角形。

RLC 并联电路的总电流的大小可根据电流三角形求出,即

$$I = \sqrt{I_R^2 + (I_L - I_C)^2}$$

2. 电路中的功率关系

在 RLC 并联电路的电流三角形中，将各电流乘以电源的电压，可分别得到电路的视在功率 S、有功功率 P、感性无功功率 Q_L 和容性无功功率 Q_C，S、P、Q_L 和 Q_C 组成 RLC 并联电路的功率三角形，如图 5-39 所示。功率三角形与电流三角形为相似三角形。

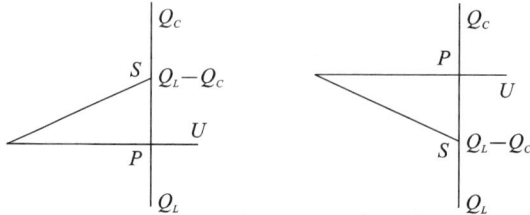

图 5-39 RLC 并联电路的功率三角形

RLC 并联电路的视在功率与有功功率、感性无功功率和容性无功功率的关系可通过功率三角形得到，即

$$S=\sqrt{P^2+(Q_L-Q_C)^2}$$

在 RLC 并联电路中，也存在电场能与磁场能的互相转化。

3. 电流与电压的相位关系

RLC 并联电路是感性还是容性，可根据电感和电容支路电流的大小判断，或根据电路的感性无功功率和容性无功功率的大小判断，即 $I_L > I_C$ 或 $Q_L > Q_C$，电路为感性；$I_L < I_C$ 或 $Q_L < Q_C$，电路为容性。

当通过电容支路的电流比通过电感线圈支路的电流大，即 $I_C > I_L$ 时，电路总电流的相位超前电路电压一定的角度，电路为容性；当通过电感线圈支路的电流比通过电容支路的电流大，即 $I_L > I_C$ 时，电路总电流的相位滞后电路电压一定的角度，电路为感性。

当电路中的容性无功功率比感性无功功率大，即 $Q_C > Q_L$ 时，电路总电流的相位超前电路电压一定的角度，电路为容性；当电路的感性无功功率比容性无功功率大，即 $Q_L > Q_C$ 时，电路总电流的相位滞后电路电压一定的角度，电路为感性。

电路的功率因数可用下式计算，电流超前或滞后电压的角度也可根据下式分析

$$\cos\varphi=\frac{I_R}{I}=\frac{P}{S}$$

[**例 5.6.10**]　在 RLC 并联电路中，电路的有功功率为 120 W，感性无功功率为 70 Var，容性无功功率为 160 Var，求：

(1)电路的视在功率 S；

(2)电路的功率因数和电压与电流的相位差。

解：(1)电路的视在功率为

$$S=\sqrt{P^2+(Q_L-Q_C)^2}=\sqrt{120^2+(70-160)^2}\ \text{V·A}=150\ \text{V·A}$$

（2）电路的功率因数为

$$\cos\varphi = \frac{P}{S} = \frac{120}{150} = 0.8$$

查数学用表得 $\varphi = 36.9°$，则电压与电流的相位差为 36.9°。因为 $Q_C > Q_L$，电路为容性。电流的相位超前电压 36.9°。

4. 提高电路的功率因数

先看如图 5-40 所示的电路，在开关 S 断开时，电路为串联电路，电路中的电流 $I = I_R = I_L$，即电阻和电感线圈中的电流与电路的总电流相等。当开关 S 闭合后，由于电容与 RL 串联电路并联，RL 支路两端的电压没有变化，所以电流 $I_R = I_L$ 且保持原来的大小，但总电流 I 却发生了变化。

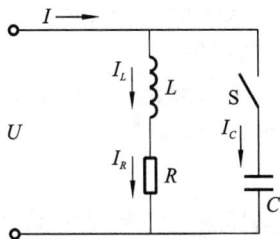

图 5-40　电路示意图

先作出开关 S 断开时电路的电流与电压的相量，并将电流的相量 $\dot{I}$ 分解为两个分量，其中一个是与电压方向垂直的无功分量 $\dot{I}_Y$，另一个是与电压方向相同的有功分量 $\dot{I}_X$，如图 5-41 所示。当开关 S 闭合后无功分量 $\dot{I}_Y$ 和有功分量 $\dot{I}_X$ 保持原来的大小不变，增加了电容的电流 $\dot{I}_C$，电路总电流为 $\dot{I}'$。从图 5-41 可以看出：开关闭合后电路总电流 I' 比开关闭合前的总电流 I 小，即 $I' < I$；开关闭合后电路总电流相量与电压相量的夹角 φ' 比开关闭合前电路总电流相量与电压相量的夹角 φ 小，$\cos\varphi' > \cos\varphi$。

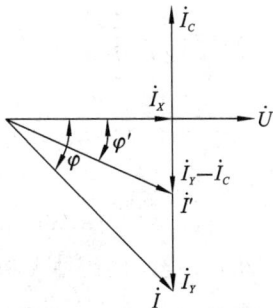

图 5-41　作电流相量图

从以上的分析可以得到一个结论：在感性电路的两端并联一个适当的电容，可以减小电路的总电流 I，提高电路的功率因数 $\cos\varphi$。

在日常生活中，大多使用带有线圈的感性用电器具，如电风扇、洗衣机、空调等；在工厂企业，使用的动力设备如电动机等，也属于感性负载。大量的带有线圈的感性设备连接在电网中，使电路的功率因数很低。要提高电路的功率因数，可采用在感性负载的两端并联电容的方法。

在感性电路的两端并联一个适当的电容,可以提高电路的功率因数,减小电路的总电流。并联电容后,原来的感性电路中电流、有功功率、感性无功功率都没有发生变化,变化的只是整个电路的电流、视在功率和电路的功率因数。

提高电力系统的功率因数有重要意义。首先是提高电力设备的利用率,发电机、变压器等电力设备的容量(视在功率)是一定的,根据 $P = S\cos\varphi$,电路的功率因数越高,电力设备输出的有功功率就越大,这样电力设备就越能得到充分的利用。其次是降低电能输送过程中的损耗,输送一定的电能,当电压一定时输送的电流为 $I = \dfrac{P}{U\cos\varphi}$,电路的功率因数越高,输送的电流就越小。输电线路有一定的电阻,通过电流时输电线路产生的电压损失与电流成正比,输电线路损耗的电能与电流的平方成正比,可见减小输送电流可以降低电压的损失和电能的损耗。

[例 5.6.11] 日光灯电路可看作是 RL 串联电路,在日光灯电路中,灯管和镇流器的等效电阻 $R = 420\ \Omega$,镇流器的感抗 $X_L = 560\ \Omega$,将日光灯接在 $U = 220\ \text{V}$ 的交流电源上,求:

(1)电路的电流、有功功率、感性无功功率、视在功率和功率因数;

(2)在日光灯电路上并联一个 $X_C = 1000\ \Omega$ 的电容,电路的电流、有功功率、感性无功功率、视在功率和功率因数。

解:(1)电路的阻抗为

$$Z = \sqrt{R^2 + X_L^2} = \sqrt{420^2 + 560^2}\ \Omega = 700\ \Omega$$

电路的电流为

$$I = \frac{U}{Z} = \frac{220}{700}\ \text{A} = 0.31\ \text{A}$$

电路的功率因数为

$$\cos\varphi = \frac{R}{Z} = \frac{420}{700} = 0.6$$

电路的视在功率为

$$S = UI = 220 \times 0.31\ \text{V} \cdot \text{A} = 68.2\ \text{V} \cdot \text{A}$$

电路的有功功率为

$$P = S\cos\varphi = 68.2 \times 0.6\ \text{W} = 40.9\ \text{W}$$

因为 $\cos\varphi = 0.6$,所以 $\sin\varphi = 0.8$。电路的感性无功功率为

$$Q_L = S\sin\varphi = 68.2 \times 0.8\ \text{Var} = 54.6\ \text{Var}$$

(2)并联电容后,电容中的电流为

$$I_C = \frac{U}{X_C} = \frac{220}{1000}\ \text{A} = 0.22\ \text{A}$$

日光灯支路电流的有功分量为

$$I_X = I\cos\varphi = 0.31 \times 0.6\ \text{A} = 0.186\ \text{A}$$

日光灯支路电流的无功分量为

$$I_Y = I\sin\varphi = 0.31 \times 0.8 \text{ A} = 0.248 \text{ A}$$

并联电容后,电路的总电流为

$$I' = \sqrt{I_X^2 + (I_Y - I_C)^2} = \sqrt{0.186^2 + (0.248 - 0.22)^2} \text{ A} = 0.19 \text{ A}$$

并联电容后,电路的有功功率和感性无功功率与并联电容前相同,即

$$P' = P = 40.9 \text{ W}$$

$$Q'_L = Q_L = 54.6 \text{ Var}$$

并联电容后,电路的视在功率为

$$S' = UI' = 220 \times 0.19 \text{ V} \cdot \text{A} = 41.8 \text{ V} \cdot \text{A}$$

并联电容后,电路的功率因数为

$$\cos\varphi' = \frac{P'}{S'} = \frac{40.9}{41.8} = 0.98$$

*5.6.6 并联谐振

在 RLC 并联电路中,当电源的频率很低时,电容支路的容抗很大,电流很小;电感支路的感抗很小,电流很大;整个电路的阻抗很小,这时电路电流的相位滞后电压,电路为感性。当电源的频率很高时,电容支路的容抗很小,电流很大;电感支路的感抗很大,电流很小;整个电路的阻抗也很小,这时电路电流的相位超前电压,电路为容性。在电源的频率由低向高变化的过程中,容抗减小,感抗增大,电路的阻抗在增大。当频率增加到某一数值时,$X_L = X_C$,此时电路的阻抗最大。超过这一频率,电路的阻抗又开始减小。

在 RLC 并联电路中,当电路阻抗 $Z = R$ 且最大时,电路的电流最小且与电路的电压同相位,我们称电路发生并联谐振。

1. 并联谐振的频率

根据感抗 $X_L = \omega L = 2\pi f L$ 与容抗 $X_C = \dfrac{1}{\omega C} = \dfrac{1}{2\pi f C}$ 的计算公式和并联谐振时 $X_L = X_C$,可得并联谐振的角频率 ω_0 或频率 f_0,即

$$\omega_0 = \frac{1}{\sqrt{LC}}, \quad f_0 = \frac{1}{2\pi\sqrt{LC}}$$

由电路元件的参数 L、C 确定的谐振频率称作电路的固有频率。

电源或信号的频率与电路的固有频率相等,这是电路发生并联谐振的条件。电源或信号的频率一定时,可以通过改变线圈的电感系数或改变电容来使电路发生并联谐振;当电路的参数 L、C 一定时,可以通过改变电源或信号的频率来使电路发生并联谐振。

[例 5.6.12] 在 RLC 并联电路中,电阻 $R = 30$ Ω,电感线圈 $L = 445$ mH,电容器的电容 $C = 32$ μF,求:

(1)要使电路发生谐振,电源的频率 f;

(2)当电源的频率为 10 kHz 时,保持线圈的 L 不变,并联谐振时的电容 C。

解:(1)要使电路发生谐振,电源的频率为

$$f = \frac{1}{2\pi\sqrt{LC}} = \frac{1}{2 \times 3.14 \times \sqrt{445 \times 10^{-3} \times 32 \times 10^{-6}}} \text{ Hz} = 42 \text{ Hz}$$

(2)根据 $f_0 = \dfrac{1}{2\pi\sqrt{LC}}$ 可得

$$C = \frac{1}{(2\pi f_0)^2 L} = \frac{1}{(2\times 3.14\times 10\times 10^3)^2 \times 445\times 10^{-3}}\ \text{F} = 5.7\times 10^{-10}\ \text{F} = 570\ \text{pF}$$

2. 并联谐振时电路的阻抗最大

当电路符合 $X_L = X_C$ 的谐振条件而发生并联谐振时,电路的阻抗 $Z = R$,此时电路的阻抗最大。根据电路的电流 $I = \dfrac{U}{Z}$,由于电路发生并联谐振时电路的阻抗最大,故并联谐振时电路的电流最小。当并联谐振时电路的阻抗 $Z = R$,$\cos\varphi = 1$。电路的电流与电压同相位,电源供给电路的能量全部为有功功率,被电路的电阻所消耗。电感线圈和电容器之间进行磁场能和电场能的交换,而不与电源交换电场能和磁场能。

电路的阻抗最大,电路的电流最小,电路的电流与电压相位相同,电路的功率因数为“1”,这是电路发生并联谐振重要的特性。

[**例 5.6.13**] 在 RLC 并联电路中,电压 $u = 60\sin(1000t + 60°)$ V,电阻 $R = 30\ \Omega$,电感线圈的感抗 $X_L = 50\ \Omega$,电容器的容抗 $X_C = 50\ \Omega$,求:

(1)电路中的电流 I;

(2)电路中的有功功率 P、感性无功功率 Q_L、容性无功功率 Q_C、视在功率 S 和电路的功率因数 $\cos\varphi$。

解:(1)因为 $X_L = X_C$,所以电路的阻抗 $Z = R = 30\ \Omega$。则电路中的电流为

$$I = \frac{U}{Z} = \frac{60}{\sqrt{2}\times 30}\ \text{A} = 1.41\ \text{A}$$

(2)电路中的有功功率为

$$P = I^2 R = 1.41^2 \times 30\ \text{W} = 60\ \text{W}$$

感性无功功率为

$$Q_L = I^2 X_L = 1.41^2 \times 50\ \text{Var} = 100\ \text{Var}$$

容性无功功率为

$$Q_C = I^2 X_C = 1.41^2 \times 50\ \text{Var} = 100\ \text{Var}$$

视在功率为

$$S = \sqrt{P^2 + (Q_L - Q_C)^2} = \sqrt{60^2 + (100 - 100)^2}\ \text{V}\cdot\text{A} = 60\ \text{V}\cdot\text{A}$$

电路的功率因数为

$$\cos\varphi = \frac{P}{S} = \frac{60}{60} = 1$$

3. 并联谐振时电路各元件中的电流

由于并联电路中各个元件两端的电压是相同的,当电路中的感抗和容抗相等时,通过线圈和电容的电流大小相等但反相,故电路的总电流与电阻中的电流相同,即 $I_R = I$。

当 RLC 并联电路发生并联谐振时,把电感或电容中的电流与电路总电流(并联谐振时电路总电流与电阻中的电流相等)的比值称作电路的品质因数,用符号 Q 表示,则

$$Q = \frac{I_L}{I} = \frac{I_L}{I_R} = \frac{\omega_0 L}{R} = \frac{1}{R\omega_0 C} = \frac{1}{R}\sqrt{\frac{L}{C}}$$

品质因数 Q 只与电路的电阻 R、线圈的电感系数 L 和电容器的电容 C 有关,用它可以确定电路发生并联谐振时电容中的电流 I_C 和电感线圈中的电流 I_L 的大小,即

$$I_C = I_L = QI = QI_R$$

电路发生并联谐振时,电阻中的电流与电路的总电流相等,即 $I_R = I$;电感和电容中的电流大小相等但反相,其大小为电路总电流的 Q 倍,即

$$I_L = I_C = QI = QI_R$$

[例 5.6.14]　在 RLC 并联电路中,电压 $u = 10\sqrt{2}\sin(1000t + 60°)$ V,电阻 $R = 5$ Ω,电感线圈的感抗 $X_L = 100$ Ω,电容器的容抗 $X_C = 100$ Ω,求电路的品质因数 Q、电阻中的电流 I_R、电感线圈中的电流 I_L 和电容器中的电流 I_C。

解:电路的品质因数

$$Q = \frac{X_L}{R} = \frac{100}{5} = 20$$

因为 $X_L = X_C$,电路发生并联谐振,所以

$$I_R = \frac{U}{R} = \frac{10}{5} \text{ A} = 2 \text{ A}$$
$$I_L = QI = 20 \times 2 \text{ A} = 40 \text{ A}$$
$$I_C = QI = 20 \times 2 \text{ A} = 40 \text{ A}$$

课后练习

一、填空题

1. 在 RL 串联的交流电路中,$R = 20$ Ω,$X_L = 15$ Ω,则电路的阻抗 $Z = $ _____ Ω,将它们接入交流电路时,电路总电压与电流的相位差为 _____,电压的相位 _____ 电流的相位。

2. 在 RL 串联的交流电路中,有功功率 $P = 120$ W,无功功率 $Q_L = 90$ Var,则电路的视在功率 $S = $ _____,电路的功率因数为 _____。

3. $R = 40$ Ω,$X_L = 80$ Ω,$X_C = 50$ Ω,串联后接在 $U = 200$ V 的交流电路中,则通过电路的电流 $I = $ _____ A,电阻两端的电压 $U_R = $ _____ V,电感两端的电压 $U_L = $ _____ V,电容两端的电压 $U_C = $ _____ V,电路的功率因数为 _____。

二、选择题

1. 在 RC 串联的交流电路中,$U_R = 160$ V,$U_C = 120$ V,电路的总电压和功率因数分别为(　　)。

A. 280 V,0.6 　　　　　　　　　　B. 280 V,0.8

C. 200 V,0.8   D. 200 V,0.6

2. $R=40\ \Omega$，$X_L=90\ \Omega$，$X_C=60\ \Omega$，将它们串联后接在交流电源上，则该电路的阻抗 $Z=($ $)\Omega$。

A. 190   B. 70   C. 50   D. 35

3. 在 RLC 串联的交流电路中，$R=40\ \Omega$，$X_L=60\ \Omega$，$X_C=90\ \Omega$，$U=100\ V$，则（   ）。

A. 电路的阻抗 $Z=50\ \Omega$ B. 电路的电流 $I=2\ A$

C. 电路的功率因数为 0.8   D. 电路的视在功率 $S=200\ V \cdot A$

三、计算题

1. 在图 5-42(a)中，电压表 V_1 的读数为 8 V，电压表 V_2 的读数为 8 V，电压表 V_3 的读数为 2 V，求电压表 V 的读数。

2. 在图 5-42(b)中，电阻 $R=60\ \Omega$，线圈的电感系数 $L=500\ mH$，电容 $C=10\ \mu F$，当电路接在角频率 $\omega=1000\ rad/s$ 的交流电源上时，求：

(1)电路的阻抗；

(2)电压与电流的相位差。

3. 在图 5-42(c)中，电源为 380 V 的交流电压，电阻 $R=30\ \Omega$，线圈感抗 $X_L=70\ \Omega$，电容容抗 $X_C=110\ \Omega$，求电压表 V_1、V_2、V_3 的读数各是多少。

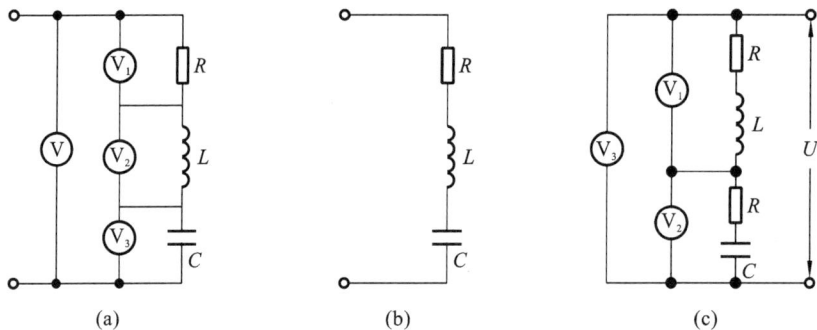

图 5-42　计算题示意图

✉ 章末小结

1. 正弦交流电的解析式（瞬时值表达式）为

$$i=I_m\sin(\omega t+\varphi_0)\ A$$
$$u=U_m\sin(\omega t+\varphi_0)\ V$$
$$e=E_m\sin(\omega t+\varphi_0)\ V$$

2. 最大值、角频率和初相称为正弦交流电的三要素。与三要素相关的主要概念还有:频率 $f=\dfrac{\omega}{2\pi}$,周期 $T=\dfrac{1}{f}=\dfrac{2\pi}{\omega}$;有效值 $I=\dfrac{I_m}{\sqrt{2}}$、$U=\dfrac{U_m}{\sqrt{2}}$、$E=\dfrac{E_m}{\sqrt{2}}$;平均值 $I_P=\dfrac{2}{\pi}I_m$、$U_P=\dfrac{2}{\pi}U_m$、$E_P=\dfrac{2}{\pi}E_m$。

3.电容对交流电的阻碍作用称为容抗,用 X_C 表示,容抗的单位是欧姆(Ω)。容抗的计算公式为

$$X_C=\frac{1}{\omega C}=\frac{1}{2\pi fC}$$

容抗与频率的关系可以简单概括为:隔直流,通交流,阻低频,通高频,因此电容被称为高通元件。

电感对交流电的阻碍作用称为感抗,用 X_L 表示,感抗的单位是欧姆(Ω)。感抗的计算公式为

$$X_L=\omega L=2\pi fL$$

感抗与频率的关系可以简单概括为:通直流,阻交流,通低频,阻高频,因此电感被称为低通元件。

单一参数交流电路的特性如表 5-1 所示。

表 5-1　单一参数交流电路的特性

电路性质	电压与电流有效值关系	电压与电流相位	功率
纯电阻	$U=IR$	同相	$P=UI$
纯电容	$X_C=\dfrac{1}{2\pi fC}$ $U=IX_C$	电压超前电流 $90°$	$P=0$ $Q=UI$
纯电感	$X_L=2\pi fL$ $U=IX_L$	电压滞后电流 $90°$	$P=0$ $Q=UI$

4.在多个参数的交流电路中,电路总电压 $U=IZ$;有功功率 $P=UI\cos\varphi$;无功功率 $Q=UI\sin\varphi$;视在功率 $S=UI$。其中 $\cos\varphi$ 为功率因数。

5.RLC 串联电路中,阻抗 $Z=\sqrt{R^2+(X_L-X_C)^2}$。当 $X_L=X_C$ 时,电路总电流与总电压同相,电路呈电阻性,称为串联谐振。此时总阻抗最小,总电压最小,但电感和电容两端的电压会大大超过电源电压。

串联谐振时,频率 $f=\dfrac{1}{2\pi\sqrt{LC}}$;电路品质因数 $Q=\dfrac{X_L}{R}=\dfrac{X_C}{R}$。

6.RLC 并联电路中,当电感线圈支路与电容线圈支路的电流关系为 $I_L\sin\varphi=I_C$ 时,电路总电流与总电压同相,电路呈电阻性,称为并联谐振,又称为电流谐振。此时总阻抗最大,总电流最小,但电感或电容支路的电流会大大超过总电流。

并联谐振时,频率 $f=\dfrac{1}{2\pi\sqrt{LC}}$;电路品质因数 $Q=\dfrac{X_L}{R}$。

实训四 单相交流电路

一、实验目的

1.掌握串联电路中总电压与各分电压的关系。

2.掌握并联电路中总电流与各分电流的关系。

二、实验器材

1.交流电源 220 V。

2.白炽灯 2 只。

3.镇流器(220 V、40 W)1 只。

4.电容器(4.75 μF)1 只。

5.交流电流表 1 只。

6.万用表 1 只。

7.导线若干。

三、实验步骤

1.白炽灯与白炽灯的串联电路。

(1)按照图 5-43 所示连接电路。

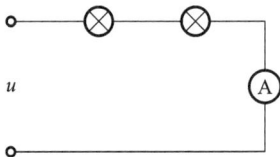

图 5-43　实验图 1

(2)接通电源并将电压调至 220 V。

(3)将电流表读数填入表 5-2 中。

(4)用万用表交流电压挡分别测两只白炽灯两端的电压,并将数据填入表 5-2 中。

表 5-2　实验表 1

U/V	U_1/V	U_2/V	I/A
220			

2.白炽灯与镇流器的串联电路。

(1)按图 5-44 所示连接电路。

(2)接通电源并将电压调至 220 V。

(3)将电流表读数填入表 5-3 中。

(4)用万用表交流电压挡分别测量白炽灯和镇流器两端的电压,并将数据填入表 5-3 中。

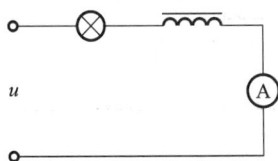

图 5-44　实验图 2

表 5-3　实验表 2

U/V	U_R/V	U_L/V	I/A
220			

3. 白炽灯、镇流器和电容器的串联电路。

（1）按图 5-45 所示连接电路。

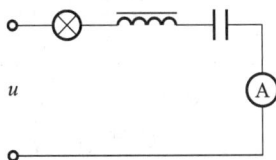

图 5-45　实验图 3

（2）接通电源并将电压调至 220 V。

（3）将电流表读数填入表 5-4 中。

（4）用万用表交流电压挡分别测量白炽灯、镇流器和电容器两端的电压，并将数据填入表 5-4 中。

表 5-4　实验表 3

U/V	U_R/V	U_L/V	U_C/V	I/A
220				

4. 白炽灯和电容器的并联电路。

（1）按图 5-46 所示连接电路。

（2）接通电源并将电压调至 220 V。

（3）将三只电流表读数填入表 5-5 中。

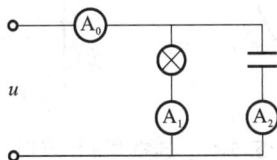

图 5-46　实验图 4

表 5-5　实验表 4

U/V	I_0/A	I_1/A	I_2/A
220			

 章末练习

一、选择题

1. 有效值为 220 V,频率为 50 Hz,初相位为 $-30°$ 的交流电压,$u=($　　$)$V。

A. $220\sqrt{2}\sin(50t+30°)$ 　　　　　B. $220\sin(314t+30°)$

C. $220\sqrt{2}\sin(314t+30°)$ 　　　　D. $220\sqrt{2}\sin(314t-30°)$

2. 电路中某元件两端电压为 $u=220\sqrt{2}\sin314t$ V,通过的电流为 $i=10\sin(314t+90°)$ A,则此元件是(　　)。

A. 电阻 　　　　B. 电感 　　　　C. 电容 　　　　　　D. 电阻与电感串联

3. 电流 $i=2\sin(314t-90°)$ A 的波形图应是图 5-47 中的(　　)。

A.（a） 　　　　B.（b） 　　　　C.（c） 　　　　D.（d）

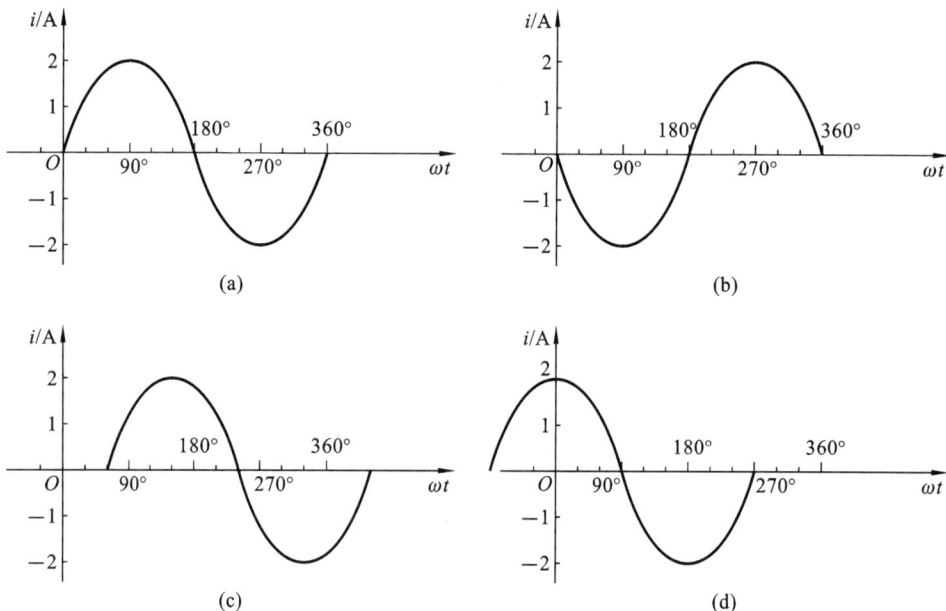

图 5-47　选择题 3 示意图

4. 交流电流 $i=5\sqrt{2}\sin(100\pi t+30°)$ A,下列说法中正确的有(　　)。

A. 用电流表测量该电流时,电流表的读数为 5 A

B. 这个交流电流的频率为 50 Hz

C. 当 $t=0$ 时,该交流电流的大小为 $2.5\sqrt{2}$ A,方向与选定的参考方向相同

D. 该电流的相位超前电压 $u=220\sin(100\pi t-30°)$ V 的相位 $90°$

5.(2016 年)图 5-48 所示为示波器显示的某正弦交流电路的电流和电压波形,由波形图可知该电路是(　　)。

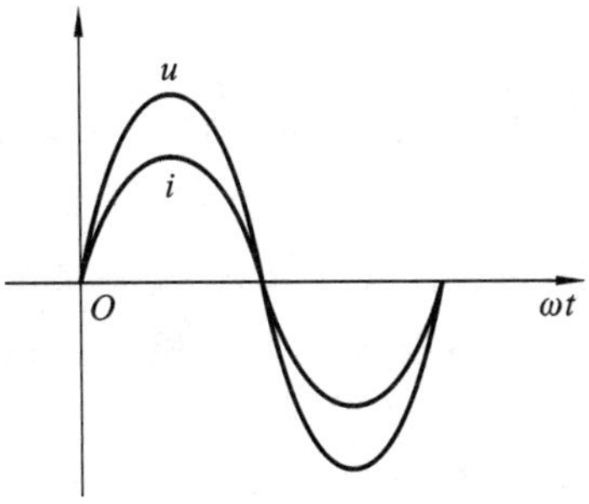

图 5-48　选择题 5 示意图

A. 感性电路　　　　　　　　　　B. 容性电路

C. 纯电阻电路　　　　　　　　　　D. 纯电感电路

6.交流电压 $u_1=40\sin(100\pi t+90°)$ V,$u_2=30\sin(100\pi t-90°)$ V,则 u_1+u_2 的最大值和初相分别为(　　)。

A. 10 V 和 $90°$　　　　　　　　B. 10 V 和 $-90°$

C. 50 V 和 $30°$　　　　　　　　D. 70 V 和 $30°$

7.(2016 年)图 5-49 所示电路中,$R=100$ Ω,$L=1$ H,$C=100$ μF,$\omega=100$ rad/s,则(　　)。

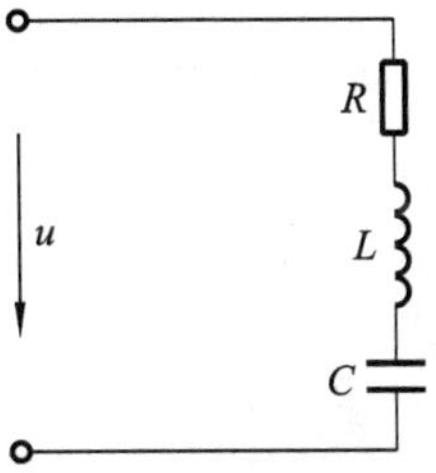

图 5-49　选择题 7 示意图

A. $R=X_L=X_C$　　　　　　　　B. $R<X_L<X_C$

C. $R>X_L>X_C$　　　　　　　　D. $R=X_L>X_C$

8.在 RLC 并联的交流电路中,电源电压 $U=100$ V,通过电阻的电流 $I_R=6$ A,电感的电流 $I_L=15$ A,电容 $I_C=7$ A,则电路的阻抗 $Z=($　　$)$Ω。

A. 6.67　　　　　B. 10　　　　　C. 14.3　　　　　D. 16.67

9.(2016 年)用于表示交流电流中功率因数的是(　　)。

A. φ　　　　　B. $\sin\varphi$　　　　　C. $\cos\varphi$　　　　　D. $\tan\varphi$

10.(2016 年,多选)某正弦交流电路的电压 $u=220\sqrt{2}\sin\pi t$ V,电压的(　　)。

A. 最大值为 311 V　　　　　　　　B. 峰-峰值为 311 V

C. 有效值为 220 V   D. 平均值为 220 V

11. (2017 年)某电感线圈接到 $f=50$ Hz 的交流电路中,感抗 $X_L=50$ Ω,若改接到 $f=150$ Hz 的交流电路中时,则感抗为(　　　)。

A. 10 Ω   B. 60 Ω   C. 150 Ω   D. 250 Ω

二、判断题

1. (2016 年)在正弦交流电路中,电感元件的电压和电流有效值之间关系是 $U=I/(\omega L)$。(　　　)

2. 用电流表测量 $i=10\sin(628t-90°)$ A 时,电流表的读数为 10 A。(　　　)

3. (2016 年)若两个同频率正弦交流电流的相位关系是反相,则它们的相位差为 180°。(　　　)

4. 电压 $u=10\sin(314t-90°)$ V 的频率是 50 Hz。(　　　)

5. (2016 年)频率是反映交流电变化快慢的物理量。(　　　)

6. 频率为 100 Hz,$I=10\angle-45°$ A,则 $i=10\sin(628t+45°)$ A。(　　　)

7. 电流 $i=0.5\sin(628t-90°)$ A 的相位与电压 $u=10\sin(314t-90°)$ V 的相位相同。(　　　)

8. (2017 年)在单相交流电路中,视在功率等于电压有效值与电流有效值的乘积。(　　　)

9. (2016 年)RL 串联电路的总电压与电流的相位相同。(　　　)

10. (2016 年)纯电阻负载电路的功率因数为 1。(　　　)

三、计算题

1. 交流电压 $u_1=30\sin100\pi t$ V,$u_2=40\sin(100\pi t+90°)$ V,求:

(1)电压 u_1 与 u_2 的相位差;

(2)u_1+u_2 的最大值和有效值;

(3)u_1+u_2 的初相位;

(4)u_1+u_2 的数学表达式。

2. 如图 5-50 所示的电路,$u=220\sin100\pi t$ V,$L_1=\dfrac{110}{\pi}$ mH,$L_2=\dfrac{220}{\pi}$ mH,求:

(1)电流表 A_1、A_2 和 A_3 的读数;

(2)L_1 和 L_2 的电流以及电路的总电流瞬时值的数学表达式;

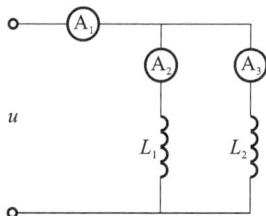

图 5-50　计算题 2 示意图

（3）L_1 和 L_2 的无功功率以及电路的总无功功率。

3. 在 RLC 并联的交流电路中，电源电压 $u = 120\sin(314t + 60°)$ V，$R = 40$ Ω，$X_L = 120$ Ω，$X_C = 30$ Ω，求：

（1）通过电阻的电流 I_R、电感的电流 I_L、电容的电流 I_C 和电路的总电流 I；

（2）电路总电流 i 的数学表达式；

（3）电路的有功功率 P、无功功率 Q_L 和 Q_C、视在功率 S；

（4）电路的功率因数。

第6章 三相交流电路

单元要点

1. 了解三相交流电动势的产生原理；理解对称三相交流电动势的表示方法以及相序的概念。

2. 掌握对称三相交流电源的星形、三角形连接方式；掌握这两种连接方式中线电压与相电压的关系。

3. 理解三相三线制电路、三相四线制电路、三相五线制电路的组成及应用场景。了解对称负载作星形、三角形连接时电压和电流的计算方法。

4. 掌握对称三相电路的功率计算方法。

6.1 三相交流电的产生

三相交流发电机主要由定子和转子组成，在定子内圆周表面的定子槽中，布置了三个完全相同、彼此间隔120°的绕组（通常将多匝线圈称作绕组）U_1-U_2、V_1-V_2、W_1-W_2，这三个绕组称作相绕组。绕组 U_1-U_2 为 U 相，绕组 V_1-V_2 为 V 相，绕组 W_1-W_2 为 W 相。在转子的铁芯上装有励磁绕组 F_1-F_2，励磁绕组通过直流电流时，在铁芯的表面形成磁极。三相交流发电机的结构如图 6-1 所示。

当汽轮机、水轮机或内燃机等原动机拖动转子以恒定转速旋转时，定子的三个绕组便依次切割磁感线，产生频率相同、幅值相等、相位彼此相差120°的三个正弦交流感应电动势。这三个频率相同、幅值相等、相位彼此相差120°的正弦交流电动势称作对称三相交流电动势，或简称为三相交流电动势。

由于绕组产生感应电动势，各相绕组的首尾两端便具有电压。当绕组未接负载时，绕组两端的电压与绕组的感应电动势相等。因此，定子三相绕组的电压也是频率相同、幅值相等、相位彼此相差120°的正弦交流电压，这样的电压称作对称三相交流电压，或简称为三相交流电压。

同理，频率相同、幅值相等、相位彼此相差120°的正弦交流电流称作对称三相交流电流，或简称为三相交流电流。我们将三相交流电动势、三相交流电压和三相交流电流统称为三相交流电。

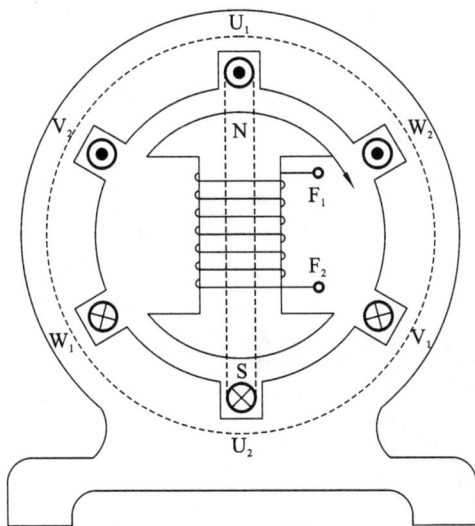

图 6-1　三相交流发电机结构示意图

课后练习

1. 三个频率_____,最大值_____,相位彼此相差_____的正弦交流电称作对称的三相交流电,简称三相交流电。

2. 发电机主要由_____和_____组成。

6.2　三相交流电的表示方法

6.2.1　三相交流电的数学表达式

因为每一相的电动势为正弦交流电动势,三相电动势的频率相同,最大值相等,相位彼此相差 $120°$,设 U 相的电动势为 $e_U = E_m \sin(\omega t + \varphi_0)$ V,则 V 相的电动势为

$$e_V = E_m \sin(\omega t + \varphi_0 - 120°) \text{ V}$$

W 相的电动势为

$$e_W = E_m \sin(\omega t + \varphi_0 - 240°) \text{ V} = E_m \sin(\omega t + \varphi_0 + 120°) \text{ V}$$

所以,三相交流电动势的数学表达式为

$$\begin{cases} e_U = E_m \sin(\omega t + \varphi_0) \text{ V} \\ e_V = E_m \sin(\omega t + \varphi_0 - 120°) \text{ V} \\ e_W = E_m \sin(\omega t + \varphi_0 - 240°) \text{ V} = E_m \sin(\omega t + \varphi_0 + 120°) \text{ V} \end{cases}$$

同理,三相交流电压的数学表达式为

$$\begin{cases} u_U = U_m \sin(\omega t + \varphi_0) \text{ V} \\ u_V = U_m \sin(\omega t + \varphi_0 - 120°) \text{ V} \\ u_W = U_m \sin(\omega t + \varphi_0 - 240°) \text{ V} = U_m \sin(\omega t + \varphi_0 + 120°) \text{ V} \end{cases}$$

三相交流电流的数学表达式为

$$\begin{cases} i_U = I_m \sin(\omega t + \varphi_0) \text{ A} \\ i_V = I_m \sin(\omega t + \varphi_0 - 120°) \text{ A} \\ i_W = I_m \sin(\omega t + \varphi_0 - 240°) \text{ A} = I_m \sin(\omega t + \varphi_0 + 120°) \text{ A} \end{cases}$$

[例6.2.1] 三相交流电压的有效值 $U = 220$ V,频率 $f = 50$ Hz,若第一相(U相)的初相位 $\varphi_0 = 30°$,写出该三相交流电压的数学表达式。

解:电压的最大值为

$$U_m = \sqrt{2}U = \sqrt{2} \times 220 \text{ V} = 311 \text{ V}$$

电压的角频率为

$$\omega = 2\pi f = 2 \times 3.14 \times 50 \text{ rad/s} = 314 \text{ rad/s}$$

所以三相交流电压的数学表达式为

$$\begin{cases} u_U = 311\sin(314t + 30°) \text{ V} \\ u_V = 311\sin(314t - 90°) \text{ V} \\ u_W = 311\sin(314t - 210°) \text{ V} = 311\sin(314t + 150°) \text{ V} \end{cases}$$

6.2.2 三相交流电的波形图

在同一坐标中表示三相交流电,可以很方便地看出三相交流电的频率、最大值和彼此之间的相位差。用示波器很容易得到三相交流电的波形图。

也可以根据三相交流电的数学表达式画出三相交流电的波形图。方法是:先根据画单相交流电波形图的方法,画出 U 相的波形图;然后再在同一坐标中,按照画 U 相波形图的步骤画出 V 相的波形图;最后画出 W 相的波形图。

U 相电压的初相位 $\varphi = 0$ 的三相交流电压的波形图如图 6-2 所示。

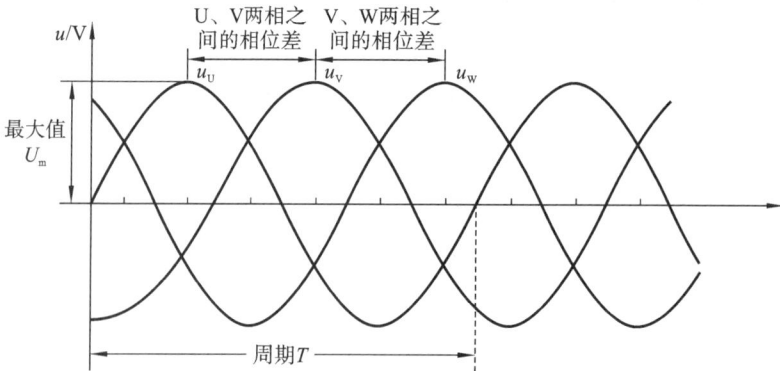

图 6-2 三相交流电压的波形图

[例6.2.2] 用示波器观察三相交流电中 U 相电压的波形,如图 6-3 所示。若示

波器电压选择旋钮在 5 V/div 的位置,扫描时间旋钮在 0.005 s/div 的位置,根据波形图写出该三相交流电压的表达式。

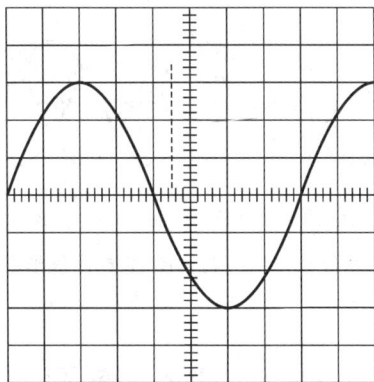

图 6-3　例 6.2.2 图

解: 电压波形的高度为 3 div,故电压的最大值为

$$U_m = 3 \times 5 \text{ V} = 15 \text{ V}$$

电压完成一次变化所占的宽度为 8 div,故交流电压的周期为

$$T = 8 \times 0.005 \text{ s} = 0.04 \text{ s}$$

交流电压的角频率为

$$\omega = \frac{2\pi}{T} = \frac{2 \times 3.14}{0.04} \text{ rad/s} = 157 \text{ rad/s}$$

U 相交流电压的初相位 $\varphi_0 = 0$,三相交流电压的数学表达式为

$$\begin{cases} u_U = 15\sin157t \text{ V} \\ u_V = 15\sin(157t - 120°) \text{ V} \\ u_W = 15\sin(157t - 240°) \text{ V} = 15\sin(157t + 120°) \text{ V} \end{cases}$$

6.2.3　三相交流电的相量图

选择 U 相交流电的相量作参考相量,将 U 相交流电的相量按顺时针方向旋转 120°,得 V 相交流电的相量;再将 V 相交流电的相量按顺时针方向旋转 120°,得 W 相交流电的相量,如图 6-4 所示。

通过三相交流电的数学表达式和三相交流电的相量图都不难证明,对称的三相交流电在任意时刻,三相交流电动势瞬时值之和、三相交流电压瞬时值之和、三相交流电流瞬时值之和都为"0"。

对称三相交流电出现同一值(如最大值、"0"等)的先后顺序称作相序。以 U 相出现最大值作参考,V 相滞后 U 相 120°出现最大值,W 相滞后 V 相 120°出现最大值,即出现最大值的先后顺序为 U、V、W,这样的相序为正相序。若出现最大值的先后顺序为 U、W、V,这样的相序为负相序或逆相序。相序不同的三相交流电压的波形图和

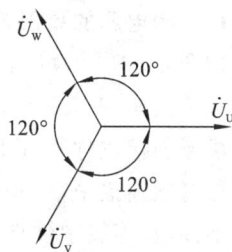

图 6-4　三相交流电的相量图

相量图如图 6-5 所示。在以后的学习中,若无特别说明,对称的三相交流电均为正相序。

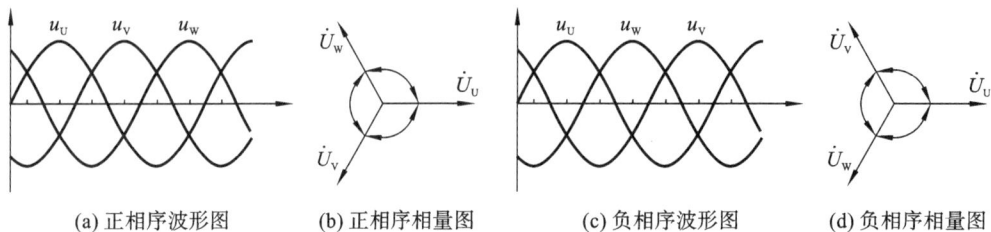

(a) 正相序波形图   (b) 正相序相量图   (c) 负相序波形图   (d) 负相序相量图

图 6-5   正相序波形图与相量图、负相序波形图与相量图

课后练习

频率为 50 Hz 的三相交流电流的波形如图 6-6 所示。

(1)写出该三相交流电流的最大值、各相电流的初相;

(2)根据波形图写出该三相交流电流的数学表达式。

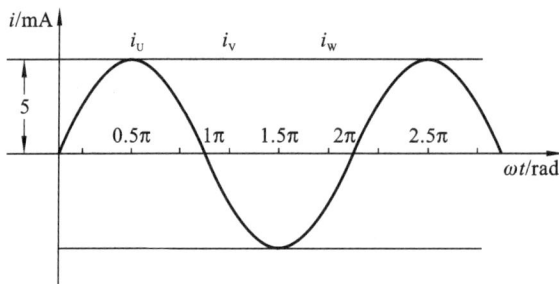

图 6-6   课后练习示意图

6.3   三相交流电路的连接

6.3.1   三相交流电源的连接

1. 三相电源的星形连接

如图 6-7 所示,将三相电源的三相绕组的尾端 U_2、V_2、W_2 连接在一起,将三相绕组的首端 U_1、V_1、W_1 分别用导线连接,以便与负载或电网连接,这种连接方式为星形连接。星形连接也称作 Y 形连接。

在星形连接中,三相绕组尾端连接在一起的点称作中性点,用符号 N 表示。若中性点不接地,连接中性点的导线称作中性线;若中性点接地,连接中性点的导线称作零线。与三相绕组首端连接的导线称作相线。

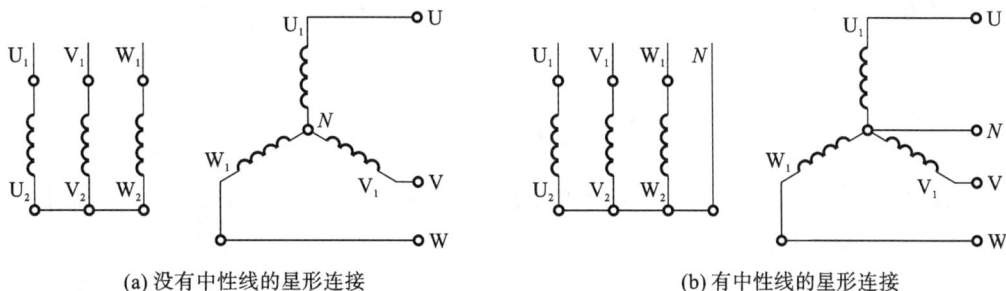

(a) 没有中性线的星形连接   (b) 有中性线的星形连接

图 6-7 有中性线和无中性线的星形连接

电源作星形连接时,每相绕组首端和尾端之间的电压称作电源的相电压,相电压瞬时值分别用符号 u_U、u_V 和 u_W 表示,相电压有效值分别用符号 U_U、U_V 和 U_W 表示,有效值相量分别用符号 $\dot{U}_U$、$\dot{U}_V$ 和 $\dot{U}_W$ 表示。三相电源任意两条相线之间的电压称作线电压,线电压瞬时值分别用符号 u_{UV}、u_{VW} 和 u_{WU} 表示,线电压有效值分别用符号 U_{UV}、U_{VW}、U_{WU} 表示。

根据基尔霍夫电压定律,星形连接时线电压瞬时值与相电压瞬时值的关系为

$$\begin{cases} u_{UV} = u_U - u_V \\ u_{VW} = u_V - u_W \\ u_{WU} = u_W - u_U \end{cases}$$

用有效值相量求出 u_{UV} 有效值的大小和初相位的方法如图 6-8 所示。从图中可以看出:以 $\dot{U}_U$ 和 $-\dot{U}_V$ 为邻边的平行四边形是一个顶角为 60° 的菱形,顶角对角线的长度为菱形边长的 $\sqrt{3}$ 倍,顶角对角线与菱形边的夹角为 30°。由此可知:$U_{UV}=\sqrt{3}U_U$,线电压 $\dot{U}_{UV}$ 的相位超前相电压 $\dot{U}_U$ 的相位 30°。用同样的方法,可以分析出线电压 $\dot{U}_{VW}$、$\dot{U}_{WU}$ 与相应相电压 $\dot{U}_V$、$\dot{U}_W$ 的关系。若相电压的有效值用符号 U_φ 表示,线电压用符号 U_L 表示,则

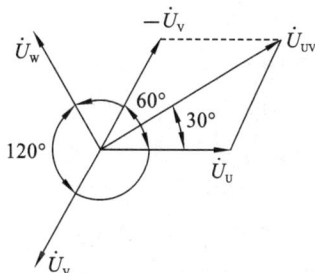

图 6-8 相量求解法

$$U_L = \sqrt{3}U_\varphi$$

三相交流电源的相电压对称时,三相交流电源的线电压也是对称的。对称三相交流电源线电压的有效值为相电压有效值的 $\sqrt{3}$ 倍,线电压的相位超前相应相电压 30°。

[例 6.3.1] 对称三相交流电源 $u_U = 220\sqrt{2}\sin(314t+15°)$ V,当该三相交流电源作星形连接时,写出线电压 u_{UV}、u_{VW} 和 u_{WU} 的数学表达式。

解:相电压的有效值 $U_U = 220$ V,则线电压的有效值为

$$U_{UV} = U_{VW} = U_{WU} = 220\sqrt{3} \text{ V} = 380 \text{ V}$$

因为线电压 U_{UV} 的相位超前相电压 U_U 的相位 30°,所以线电压 U_{UV} 的初相为

$$\varphi_0 = 15° + 30° = 45°$$

因为三相相电压对称，三相线电压也对称，所以三相线电压的数学表达式为

$$\begin{cases} u_{\mathrm{UV}} = 380\sqrt{2}\sin(314t + 45°)\ \mathrm{V} \\ u_{\mathrm{VW}} = 380\sqrt{2}\sin(314t - 75°)\ \mathrm{V} \\ u_{\mathrm{WU}} = 380\sqrt{2}\sin(314t - 195°)\ \mathrm{V} = 380\sqrt{2}\sin(314t + 165°)\ \mathrm{V} \end{cases}$$

通过电源每相绕组中的电流称作相电流，用符号 I_φ 表示。通过相线上的电流称作线电流，用符号 I_{L} 表示。电源作星形连接时，线电流与相电流相等，即 $I_{\mathrm{L}} = I_\varphi$。

2. 三相电源的三角形连接

首先将电源的三相绕组依次首尾连接，形成一个闭合回路，然后从三相绕组的首端引出三条导线与负载或电网连接，这种连接方式为电源的三角形连接。三角形连接也称作△连接，如图 6-9 所示。

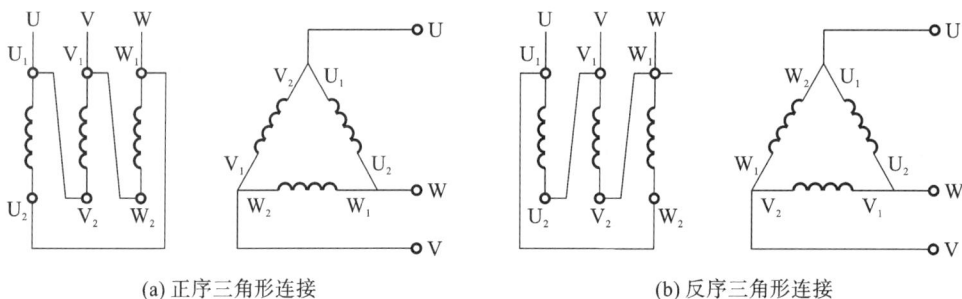

(a) 正序三角形连接   (b) 反序三角形连接

图 6-9　三相交流电源的正序与反序三角形连接

从图 6-9 中可以看出，在将三相绕组的首尾端连接成闭合回路时，有两种连接方法。一种连接方法是：将第一相绕组的首端与第二相绕组的尾端，第二相绕组的首端与第三相绕组的尾端，第三相绕组的首端与第一相绕组的尾端连接在一起，即以 U_1—V_2、V_1—W_2、W_1—U_2 进行连接，这种三角形连接称作正序三角形连接。另一种连接方法是：将第一相绕组的尾端与第二相绕组的首端，第二相绕组的尾端与第三相绕组的首端，第三相绕组的尾端与第一相绕组的首端连接在一起，即以 U_2—V_1、V_2—W_1、W_2—U_1 进行连接，这种三角形连接称作反序三角形连接。

对称三相交流电源作三角形连接时，线电压的有效值与相电压的有效值相等。当三相电源采用正序三角形连接时，线电压 U_{UV} 与相电压 U_{V} 的大小相等但相位相反；当三相电源采用反序三角形连接时，线电压 U_{UV} 与相电压 U_{U} 的大小相等且相位相同。

三相交流电源作三角形连接时，从三相绕组首端流出到负载的电流称作线电流，线电流的瞬时值用符号 i_{U}、i_{V} 和 i_{W} 表示，线电流的有效值相量分别用 $\dot{I}_{\mathrm{U}}$、$\dot{I}_{\mathrm{V}}$ 和 $\dot{I}_{\mathrm{W}}$ 表示，从每相绕组中通过的电流称作相电流，相电流的瞬时值用符号 i_{UV}、i_{VW} 和 i_{WU} 表示，相电流的有效值相量分别用 $\dot{I}_{\mathrm{UV}}$、$\dot{I}_{\mathrm{VW}}$、$\dot{I}_{\mathrm{WU}}$ 表示，各量的参考方向如图 6-10 所示。根据基尔霍夫第一定律可得

$$\begin{cases} i_{\mathrm{U}} = i_{\mathrm{UV}} - i_{\mathrm{WU}} \\ i_{\mathrm{V}} = i_{\mathrm{VW}} - i_{\mathrm{UV}} \\ i_{\mathrm{W}} = i_{\mathrm{WU}} - i_{\mathrm{VW}} \end{cases}$$

由图 6-10 所示相量图可得到线电流有效值与相电流有效值的关系

$$I_U = \sqrt{3}\, I_{UV},\ I_V = \sqrt{3}\, I_{VW},\ I_W = \sqrt{3}\, I_{WU}$$

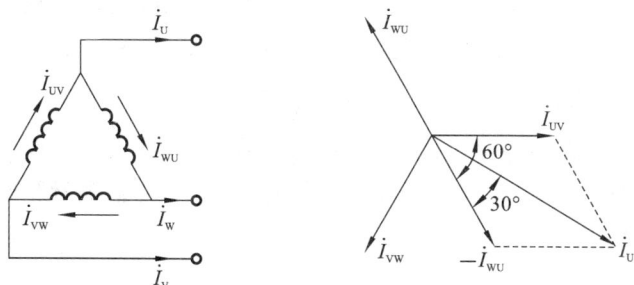

图 6-10　相量图

从图 6-10 所示相量图还可以看出：线电流 $\dot{I}_U$ 的相位滞后相电流 $\dot{I}_{UV}30°$；线电流 $\dot{I}_V$ 的相位滞后相电流 $\dot{I}_{VW}30°$；线电流 $\dot{I}_W$ 的相位滞后相电流 $\dot{I}_{WU}30°$。

三相交流电源的相电流对称时，其线电流也是对称的。对称三相交流电源线电流的有效值为相电流的有效值的 $\sqrt{3}$ 倍，线电流的相位滞后相应相电流 $30°$。

线电流的有效值用 I_L 表示，相电流的有效值用 I_φ 表示，则

$$I_L = \sqrt{3}\, I_\varphi$$

［例 6.3.2］　如图 6-11 所示，对称三相交流电源 $u_U = 220\sqrt{2}\sin(314t + 15°)$ V，将该对称的三相交流电源作三角形连接。求：

(1)各电压表的读数并写出线电压 u_{UV}、u_{VW} 和 u_{WU} 的数学表达式；

(2)若电流表 A_1 的读数为 5 A，求其余电流表的读数。

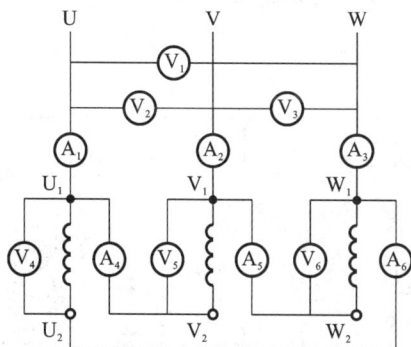

图 6-11　例 6.3.2 图

解：(1)相电压的有效值 $U_U = 220$ V，电压表 V_4、V_5、V_6 为测量相电压的电压表，故电压表 V_4、V_5、V_6 的读数为 220 V；电压表 V_1、V_2、V_3 为测量线电压的电压表，电源作三角形连接时，线电压的有效值与相电压的有效值相等，故电压表 V_1、V_2、V_3 的读数也为 220 V。

$u_U = 220\sqrt{2}\sin(314t + 15°)$ V，由于三相电压对称，故

$$u_V = 220\sqrt{2}\sin(314t - 105°)\ \text{V}$$

因为三相电源为正序三角形连接,线电压 U_{UV} 与相电压 U_V 反相,所以

$$
\begin{cases}
u_{UV} = 220\sqrt{2}\sin(314t - 285°)\ \text{V} = 220\sqrt{2}\sin(314t + 75°)\ \text{V} \\
u_{VW} = 220\sqrt{2}\sin(314t - 45°)\ \text{V} \\
u_{WU} = 220\sqrt{2}\sin(314t - 165°)\ \text{V}
\end{cases}
$$

(2)电流表 A_1 为测量线电流的电流表,电流表 A_1 的读数为 5 A,由于三相电流对称,故电流表 A_2 和 A_3 的读数也为 5 A。电流表 A_4、A_5、A_6 为测量相电流的电流表,其读数应为

$$I_\varphi = \frac{I_L}{\sqrt{3}} = \frac{5}{\sqrt{3}}\ \text{A} = 2.9\ \text{A}$$

6.3.2 三相负载的连接

1. 三相负载的星形连接

如果每相负载中的电阻 R、感抗 X_L 和容抗 X_C 都相同,即阻抗 Z 和阻抗角 φ 相同,这样的三相负载为对称的三相负载,否则为不对称的三相负载。

将各相负载的一端连接在一起,形成中性点,另一端分别与三相电源连接,这样的连接方式称作负载的星形连接,如图 6-12 所示。

从图 6-12 可以看出,每相负载两端的电压(相电压)较电源的电压(线电压)低,用前面的分析方法可以得到相电压与线电压的关系

$$U_U = \frac{U_{UV}}{\sqrt{3}},\ U_V = \frac{U_{VW}}{\sqrt{3}},\ U_W = \frac{U_{WU}}{\sqrt{3}}$$

从图 6-12 还可以看出,流过每相负载的电流与电源相线上的电流是相等的,即负载的相电流与电源的线电流相等。

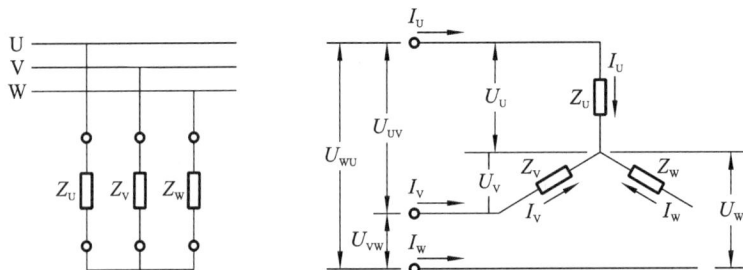

图 6-12 三相负载的星形连接

2. 三相负载的三角形连接

首先将各相负载连接成一个闭合回路,然后再在各连接点引出三条导线与三相电源连接,这样的连接方式为负载的三角形连接,也称△连接,如图 6-13 所示。

从图 6-13 可以看出,每相负载两端的电压与电源的线电压相等。

从图 6-13 还可以看出,流过每相负载的电流(相电流)与流过电源相线上的电流

（线电流）是不相等的。用前面的分析方法可以得到

$$I_U = \sqrt{3}\,I_{UV}, I_V = \sqrt{3}\,I_{VW}, I_W = \sqrt{3}\,I_{WU}$$

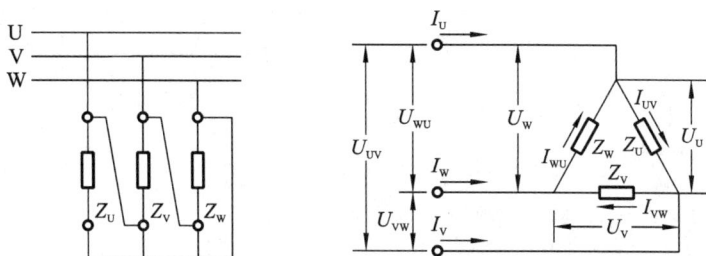

图 6-13　三相负载的三角形连接

课后练习

在如图 6-14 所示电路中，电压表 V_1 的读数为 380 V，电流表 A_4 的读数为 5 A，求其余电压表和电流表的读数。

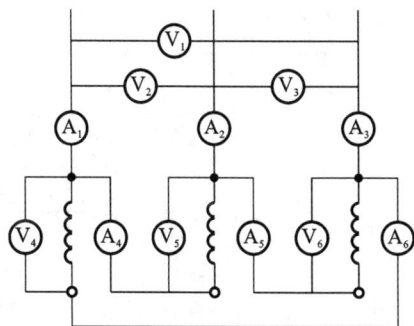

图 6-14　课后练习示意图

6.4　三相交流电路的组成

6.4.1　电源为星形连接，负载也为星形连接的三相电路

电源为星形连接，负载也为星形连接的三相电路如图 6-15 所示，采用这种连接方式的三相电路有三相三线制交流电路和三相四线制交流电路两种。

从图 6-15 中可以看出，电源和负载均为星形连接时，每相负载的电压与电源的相电压相同，通过每相负载的电流与电源相线上的电流相同。当负载的额定电压与电源相电压相同时，采用这种连接方式。

在三相四线制交流电路中，有一条中性线。三相四线制交流电路中中性线的作用如下：一是用来提供单相交流电压，供单相设备使用；二是用来通过单相电流和三相系

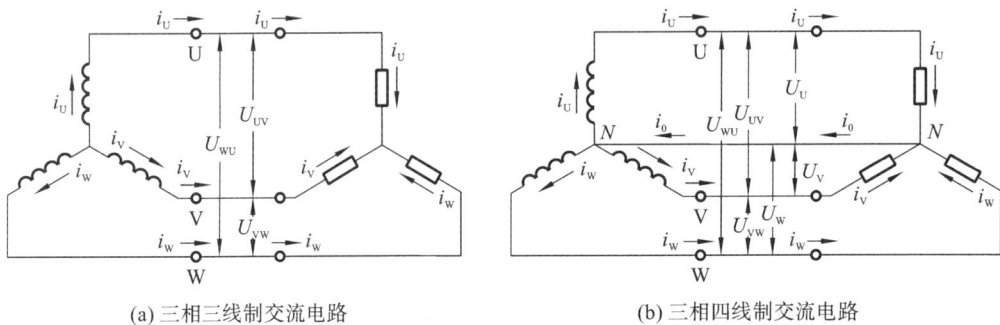

(a) 三相三线制交流电路 (b) 三相四线制交流电路

图 6-15 电源为星形连接,负载也为星形连接的三相电路

统中不平衡的电流;三是用来保证三相不对称负载所得到的电压接近对称。

6.4.2 电源为星形连接,负载为三角形连接的三相电路

电源为星形连接,负载为三角形连接的三相电路如图 6-16 所示。

从图 6-16 中可以看出,每相负载的电压与电源的线电压相等,为电源相电压的 $\sqrt{3}$ 倍;流过每相负载的电流为电源相线上电流的 $\dfrac{1}{\sqrt{3}}$。

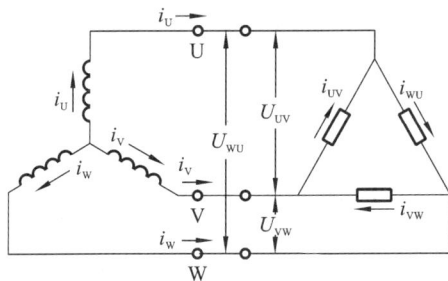

图 6-16 电源为星形连接,负载为三角形连接的三相电路

[例 6.4.1] 对称三相交流电源的相电压为 220 V,当电源采用星形连接时,求:

(1)对称负载采用星形连接并与该电源连接时,每相负载的电压;

(2)对称负载采用三角形连接并与该电源连接时,每相负载的电压。

解:(1)电源采用星形连接,负载也采用星形连接的三相电路,每相负载的电压与电源的相电压相同,故每相负载的电压为 220 V。

(2)电源采用星形连接,负载采用三角形连接的三相电路,每相负载的电压为电源相电压的 $\sqrt{3}$ 倍,故每相负载的电压为 $220\sqrt{3}$ V $= 380$ V(此处的计算未按四舍五入方式,而是按现实中的惯例取整,下文同)。

6.4.3 电源为三角形连接,负载为星形连接的三相电路

电源为三角形连接,负载为星形连接的三相电路如图 6-17 所示。

从图 6-17 中可以看出,电源作三角形连接,线电压有效值与电源相电压有效值相

等；负载作星形连接，每相负载的电压有效值为线电压的$\frac{1}{\sqrt{3}}$，所以每相负载的电压为电源相电压的$\frac{1}{\sqrt{3}}$。电源作三角形连接时，线电流是电源相电流的$\sqrt{3}$倍；负载作星形连接时，通过每相负载的电流与线电流相等，所以通过每相负载的电流为电源相电流的$\sqrt{3}$倍。

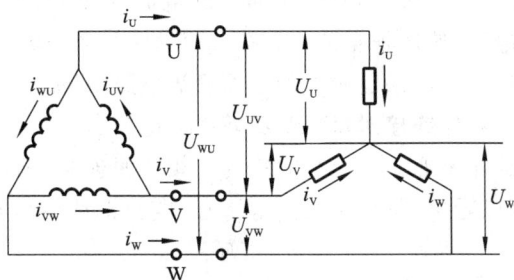

图 6-17　电源为三角形连接，负载为星形连接的三相电路

6.4.4　电源为三角形连接，负载也为三角形连接的三相电路

电源为三角形连接，负载也为三角形连接的三相电路如图 6-18 所示。

从图 6-18 中可以看出，每相负载的电压与电源的相电压相同，通过每相负载的电流也与电源的相电流相同。

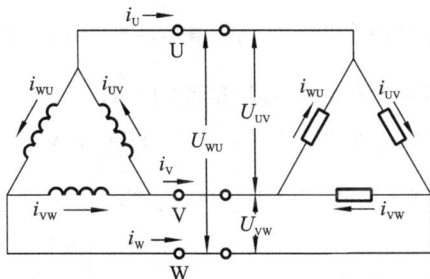

图 6-18　电源为三角形连接，负载也为三角形连接的三相电路

课后练习

对称三相交流电源的相电压为 220 V，当电源采用三角形连接时，求：
(1)对称负载采用星形连接并与该电源连接时，每相负载的电压；
(2)对称负载采用三角形连接并与该电源连接时，每相负载的电压。

6.5 对称的三相交流电路的电流和功率的计算

6.5.1 负载为星形连接的三相三线制交流电路中的电流和功率的计算

负载为星形连接的三相三线制交流电路中的电流和功率的计算步骤如下：首先确定每相负载的阻抗和电压，然后根据欧姆定律计算通过每相负载的电流，最后计算每相负载的功率和三相总功率。如果是对称的三相交流电路，只需计算其中的一相即可。

1. 确定对称负载作星形连接时每相负载两端的电压

将对称的三相负载作星形连接后与对称的三相电源连接，构成如图 6-19 所示的三相交流电路，从图中可以看出，每相负载的电压 U_φ 与电源线电压 U_L 的关系为

$$U_\varphi = \frac{U_L}{\sqrt{3}}$$

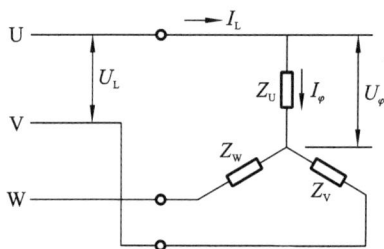

图 6-19 对称的三相负载作星形连接后与对称的三相电源连接

2. 对称负载作星形连接时每相负载的电流的计算

设对称的三相负载中每相负载的电阻为 R、感抗为 X_L、容抗为 X_C，则每相负载的阻抗为 $Z = \sqrt{R^2 + (X_L - X_C)^2}$，负载电压与电流的相位差的三角函数 $\cos\varphi = \frac{R}{Z}$。每相负载的电流有效值为

$$I_\varphi = \frac{U_\varphi}{Z} = \frac{U_\varphi}{\sqrt{R^2 + (X_L - X_C)^2}}$$

从图 6-19 中可以看出，相线上的电流 I_L 与每相负载中的电流 I_φ 是相同的，即 $I_L = I_\varphi$。

3. 对称负载作星形连接时三相电路的功率的计算

对称的三相负载中，每相负载两端电压的有效值为 U_φ，电流的有效值为 I_φ，电压与电流的相位差为 φ，则每相负载的视在功率 S_φ、有功功率 P_φ 和无功功率 Q_φ 为

$$S_\varphi = U_\varphi I_\varphi$$
$$P_\varphi = I_\varphi^2 R = U_\varphi I_\varphi \cos\varphi$$
$$Q_\varphi = I_\varphi^2 X_L = U_\varphi I_\varphi \sin\varphi$$

由于三相负载对称，每相负载的视在功率、有功功率和无功功率都相同。根据三相

电路线电压与相电压、线电流与相电流的关系,可得三相电路的总功率为

$$S = 3S_\varphi = 3U_\varphi I_\varphi = \sqrt{3}U_L I_L$$

$$P = 3P_\varphi = 3I_\varphi^2 R = 3U_\varphi I_\varphi \cos\varphi = \sqrt{3}U_L I_L \cos\varphi$$

$$Q = 3Q_\varphi = 3I_\varphi^2 X_L = 3U_\varphi I_\varphi \sin\varphi = \sqrt{3}U_L I_L \sin\varphi$$

[例 6.5.1] 三相交流电动机定子每相绕组的等效电阻 $R = 40\ \Omega$,感抗 $X_L = 30\ \Omega$,绕组作星形连接并接在线电压为 $380\ V$ 的对称三相交流电源上,求:

(1)定子每相绕组中的电流有效值;

(2)三相电动机的视在功率、有功功率、无功功率和功率因数。

解:(1)定子每相绕组的电压为

$$U_\varphi = \frac{U_L}{\sqrt{3}} = \frac{380}{\sqrt{3}}\ V = 220\ V$$

定子每相绕组的阻抗为

$$Z = \sqrt{R^2 + X_L^2} = \sqrt{40^2 + 30^2}\ \Omega = 50\ \Omega$$

定子每相绕组中的电流有效值为

$$I_\varphi = \frac{U_\varphi}{Z} = \frac{220}{50}\ A = 4.4\ A$$

(2)电动机的视在功率为

$$S = 3U_\varphi I_\varphi = 3 \times 220 \times 4.4\ V\cdot A = 2.904\ kV\cdot A$$

(或电动机线电压 $U_L = 380\ V$,线电流 $I_L = I_\varphi = 4.4\ A$,$S = \sqrt{3}U_L I_L = 2.904\ kV\cdot A$)

电动机的有功功率为

$$P = 3I_\varphi^2 R = 3 \times 4.4^2 \times 40\ W = 2.32\ kW$$

电动机的无功功率为

$$Q = 3I_\varphi^2 X_L = 3 \times 4.4^2 \times 30\ Var = 1.74\ kVar$$

电动机的功率因数为

$$\cos\varphi = \frac{P}{S} = \frac{2.32}{2.904} = 0.8$$

(或电动机 $\cos\varphi = \dfrac{R}{Z} = \dfrac{40}{50} = 0.8$,$P = S\cos\varphi = 2.904 \times 0.8\ kW = 2.32\ kW$)

6.5.2 负载为星形连接的三相四线制交流电路中的电流和功率的计算

1. 负载作星形连接且有中性线时每相负载的电压

负载作星形连接且有中性线时,只要三相电源的电压对称,不管三相负载是否对称,由于中性线的作用,三相负载的电压都可认为是对称的。

如图 6-20 所示,每相负载的电压为

$$U_\varphi = \frac{U_L}{\sqrt{3}}$$

在有中性线的三相四线制交流电路中,若只使用一条相线和一条中性线,则组成的

电路为单相电路,单相电路的电压为电源的相电压。若一条或两条相线断线,断线相上负载的电压为"0",没有断线相上的负载电压仍为相电压,保持不变。若一相或两相负载与电源断开,则断开电源的负载的电压为"0",未断开电源的负载的电压保持相电压不变。

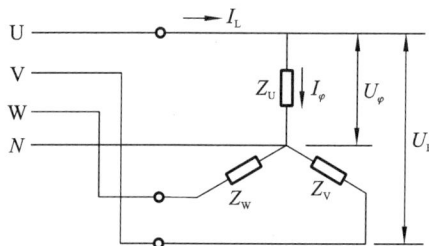

图 6-20 负载作星形连接且有中性线

2. 负载作星形连接且有中性线时每相负载的电流的计算

设三相负载的阻抗分别为 Z_U、Z_V 和 Z_W;U 相线电流有效值为 I_{LU},U 相负载的电流有效值为 $I_{\varphi U}$;V 相线电流有效值为 I_{LV},V 相负载的电流有效值为 $I_{\varphi V}$,W 相线电流有效值为 I_{LW};W 相负载的电流有效值为 $I_{\varphi W}$。根据欧姆定律可得

$$\begin{cases} I_{LU} = I_{\varphi U} = \dfrac{U_\varphi}{Z_U} \\[2mm] I_{LV} = I_{\varphi V} = \dfrac{U_\varphi}{Z_V} \\[2mm] I_{LW} = I_{\varphi W} = \dfrac{U_\varphi}{Z_W} \end{cases}$$

若三相负载对称,$Z_U = Z_V = Z_W$,则

$$L_{LU} = L_{LV} = L_{LW} = L_L, L_{\varphi U} = L_{\varphi V} = L_{\varphi W}$$

设中性线上的电流有效值为 L_N,要计算 L_N 的大小,应先计算各相负载电流有效值相量的和,相量和的大小即为中性线上电流有效值 L_N 的大小,即

$$L_N = |\dot{I}_{\varphi U} + \dot{I}_{\varphi V} + \dot{I}_{\varphi W}|$$

若三相负载对称,则中性线上的电流有效值为

$$L_N = |\dot{I}_{\varphi U} + \dot{I}_{\varphi V} + \dot{I}_{\varphi W}| = 0$$

3. 负载作星形连接且有中性线时电路的功率的计算

每相负载的视在功率、有功功率和无功功率由该相负载的电压、电流确定,即

$$\begin{cases} S_U = U_\varphi I_{\varphi U}, S_V = U_\varphi I_{\varphi V}, S_W = U_\varphi I_{\varphi W} \\ P_U = I_{\varphi U}^2 R_U, P_V = I_{\varphi V}^2 R_V, P_W = I_{\varphi W}^2 R_W \\ Q_U = I_{\varphi U}^2 X_U, Q_V = I_{\varphi V}^2 X_V, Q_W = I_{\varphi W}^2 X_W \end{cases}$$

三相电路的总功率为

$$\begin{cases} S = S_U + S_V + S_W \\ P = P_U + P_V + P_W \\ Q = Q_U + Q_V + Q_W \end{cases}$$

[例 6.5.2] 如图 6-21 所示的三相交流电路,电源的线电压为 380 V,每相负载为 $R=40\ \Omega$ 的电灯,求:

(1)开关 S_U、S_V 和 S_W 都闭合时,通过每个电灯的电流的有效值、中性线上电流的有效值和电路的功率;

(2)开关 S_U、S_V 闭合,S_W 断开时,通过每个电灯的电流的有效值、中性线上电流的有效值和电路的功率。

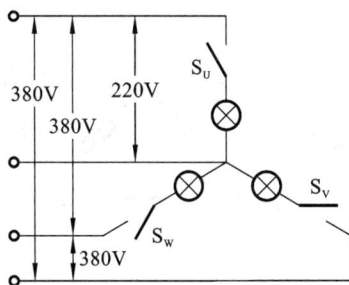

图 6-21 例 6.5.2 图

解:(1)开关 S_U、S_V 和 S_W 都闭合时,每个电灯的电压为

$$U_\varphi = \frac{U_L}{\sqrt{3}} = \frac{380}{\sqrt{3}}\ \text{V} = 220\ \text{V}$$

由于三个电灯的电阻均为 $R=40\ \Omega$,故通过三个电灯中电流的有效值相同,且为

$$I_\varphi = \frac{U_L}{R} = \frac{220}{40}\ \text{V} = 5.5\ \text{V}$$

由于三相负载对称,则三相负载的电流也对称,故中性线上电流的有效值为"0"。由于三相电路对称,三相电路的视在功率为

$$S = \sqrt{3}\,U_L L_L = \sqrt{3} \times 380 \times 5.5\ \text{V} \cdot \text{A} = 3.62\ \text{kV} \cdot \text{A}$$

由于电灯为纯电阻,故 $\cos\varphi = 1$,则电路的有功功率为

$$P = S\cos\varphi = 3.62 \times 1\ \text{kW} = 3.62\ \text{kW}$$

(2)开关 S_U 和 S_V 闭合,由于中性线的作用,U 相和 V 相电灯两端的电压保持 $U_\varphi = 220\ \text{V}$ 不变,故通过 U 相和 V 相电灯中电流的有效值 $I_\varphi = 5.5\ \text{A}$;由于 S_W 断开,W 相电灯的电压为"0",故通过 W 相电灯中电流的有效值为"0"。

中性线上电流的有效值相量为 U 相和 V 相电流有效值相量和。因为电灯为纯电阻,电流与电压的相位相同,以相电压作参考相量,作出 U 相和 V 相电流有效值相量,如图 6-22 所示。从图中可以看出,由 $\dot{I}_{\varphi U}$、$\dot{I}_{\varphi V}$ 和 $\dot{I}_{\varphi N}$ 构成的图形为等边三角形,故 $I_N = 5.5\ \text{A}$。

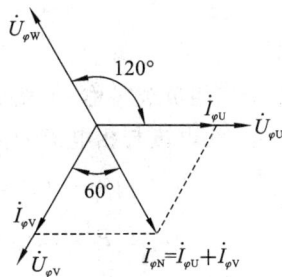

图 6-22 U 相和 V 相有效值相量图

因为电路的功率因数 $\cos\varphi = 1$,U 相和 V 相的功率相同,W 相的功率为"0",故电路的功率为

$$P = S\cos\varphi = 2U_\varphi I_\varphi \cos\varphi = 2 \times 220 \times 5.5 \times 1\ \text{W} = 2.42\ \text{kW}$$

6.5.3 负载为三角形连接的三相交流电路的电流和功率的计算

1. 对称负载作三角形连接时每相负载电压的计算

对称负载作三角形连接的电路如图 6-23 所示,从图中可以看到,每相负载的电压与电源的线电压相等,即 $U_\varphi = U_L$。

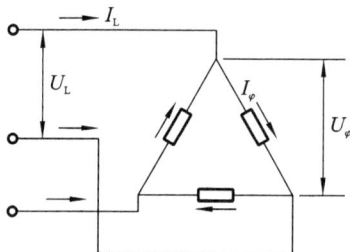

图 6-23 对称负载作三角形连接的电路

2. 对称负载作三角形连接时每相负载电流的计算

设对称的三相负载中每相负载的电阻为 R,感抗为 X_L,容抗为 X_C,则负载的阻抗 Z 为 $\sqrt{R^2 + (X_L - X_C)^2}$,负载电压与电流的相位差的三角函数 $\cos\varphi = \dfrac{R}{Z}$。每相负载的电流有效值为

$$I_\varphi = \frac{U_\varphi}{Z} = \frac{U_\varphi}{\sqrt{R^2 + (X_L - X_C)^2}}$$

线电流为

$$I_L = \sqrt{3}\, I_\varphi$$

3. 对称负载作三角形连接时每相负载的功率计算

对称的三相负载中,每相负载两端电压的有效值为 U_φ,电流的有效值为 I_φ,电压与电流的相位差为 φ,则每相负载的视在功率 S_φ、有功功率 P_φ 和无功功率 Q_φ 分别为

$$\begin{cases} S_\varphi = U_\varphi I_\varphi \\ P_\varphi = I_\varphi^2 R = U_\varphi I_\varphi \cos\varphi \\ Q_\varphi = I_\varphi^2 X_L = U_\varphi L_\varphi \sin\varphi \end{cases}$$

由于三相负载对称,每相负载的视在功率、有功功率都相同。根据三相电路线电压与相电压、线电流与相电流的关系,可得三相电路的总功率为

$$\begin{cases} S = 3S_\varphi = 3U_\varphi I_\varphi = \sqrt{3}\, U_L I_L \\ P = 3P_\varphi = 3I_\varphi^2 R = 3U_\varphi I_\varphi \cos\varphi = \sqrt{3}\, U_L I_L \cos\varphi \\ Q = 3Q_\varphi = 3I_\varphi^2 X_L = 3U_\varphi I_\varphi \sin\varphi = \sqrt{3}\, U_L I_L \sin\varphi \end{cases}$$

[例 6.5.3] 三相交流电动机定子每相绕组的等效电阻 $R = 40\ \Omega$,感抗 $X_L = 30\ \Omega$,绕组作三角形连接并接在线电压为 380 V 的对称三相交流电源上,求:

(1)定子每相绕组中的电流有效值;

(2)三相电动机的视在功率、有功功率、无功功率和功率因数。

解:(1)定子每相绕组的电压为

$$U_\varphi = U_L = 380 \text{ V}$$

定子每相绕组的阻抗为

$$Z = \sqrt{R^2 + X_L^2} = \sqrt{40^2 + 30^2} \text{ } \Omega = 50 \text{ } \Omega$$

定子每相绕组中的电流有效值为

$$I_\varphi = \frac{U_\varphi}{Z} = \frac{380}{50} \text{ A} = 7.6 \text{ A}$$

线电流为

$$I_L = \sqrt{3} I_\varphi = \sqrt{3} \times 7.6 \text{ A} = 13.16 \text{ A}$$

(2)电动机的视在功率为

$$S = 3U_\varphi I_\varphi = 3 \times 380 \times 7.6 \text{ V} \cdot \text{A} = 8.664 \text{ kV} \cdot \text{A}$$

(或电动机线电压 $U_L = 380$ V,线电流 $I_L = 13.16$ A, $S = \sqrt{3} U_L I_L = 8.664$ kV·A)
电动机的有功功率为

$$P = 3I_\varphi^2 R = 3 \times 7.6^2 \times 40 \text{ W} = 6.9 \text{ kW}$$

电动机的无功功率为

$$Q = 3I_\varphi^2 X_L = 3 \times 7.6^2 \times 30 \text{ Var} = 5.2 \text{ kVar}$$

电动机的功率因数为

$$\cos\varphi = \frac{P}{S} = \frac{6.9}{8.664} = 0.8$$

(或 $\cos\varphi = \dfrac{R}{Z} = \dfrac{40}{50} = 0.8$, $P = S\cos\varphi = 8.664 \times 0.8$ kW = 6.9 kW, $Q = S\sin\varphi = 8.664 \times 0.6$ kVar = 5.2 kVar)

课后练习

1. 对称三相负载的电阻 $R_U = R_V = R_W = 32 \text{ } \Omega$,感抗 $X_{LU} = X_{LV} = X_{LW} = 24 \text{ } \Omega$,对称三相电源线电压 $U_L = 380$ V,若将负载连接为三角形,求:

(1)每一相负载的电流和线电流是多少?

(2)每一相的视在功率、有功功率、无功功率和功率因数各是多少?

2. 在三相四线制交流电路中,电源线电压 $U_L = 220$ V,电阻性的负载 $R_U = R_V = 5 \text{ } \Omega$, $R_W = 10 \text{ } \Omega$,求:

(1)每一相负载的电流和中性线上的电流是多少?

(2)中性线完好但电源 W 相断线,每一相负载的电流和中性线上的电流是多少?

(3)电源线和中性线完好,W 相负载断路,每一相负载的电流和中性线上的电流是多少?

161

第6章

三相交流电路

1. 三相对称交流电源：大小相等、频率相同、相位彼此相差 120°。

2. 三相电源和负载都有星形和三角形两种连接方式。星形连接的对称负载常采用三相三线制供电；星形连接的不对称负载常采用三相四线制供电；中线的作用是使负载中性点保持零电位，从而使三相负载成为三个独立的互不影响的电路。

3. 星形连接与三角形连接的具体说明如表 6-1 所示。

表 6-1　星形连接与三角形连接的具体说明

连接形式	星形	三角形
线电压与相电压的关系	$U_L = \sqrt{3} U_\varphi$ 线电压超前相电压 30°	$U_L = U_\varphi$
线电流与相电流的关系	$I = I_\varphi$	$I_L = \sqrt{3} I_\varphi$ 线电流滞后相电流 30°
有功功率	$P = 3U_\varphi I_\varphi \cos\varphi = \sqrt{3} U_L I_L \cos\varphi$	$P = 3U_\varphi I_\varphi \cos\varphi = \sqrt{3} U_L I_L \cos\varphi$
无功功率	$Q = 3U_\varphi I_\varphi \sin\varphi = \sqrt{3} U_L I_L \sin\varphi$	$Q = 3U_\varphi I_\varphi \sin\varphi = \sqrt{3} U_L I_L \sin\varphi$
视在功率	$S = \sqrt{3} U_L I_L$	$S = \sqrt{3} U_L I_L$

✉ 章 末 练 习

一、选择题

1. 在相同的线电压作用下，同一台三相异步电动机作三角形连接所取用的功率是作星形连接所取用功率的（　　）倍。

A. $\sqrt{3}$　　　　　　B. 1/3　　　　　　C. $1/\sqrt{3}$　　　　　　D. 3

2. 同一负载作三角形连接时的线电流是作星形连接时的线电流的（　　）倍。

A. $\sqrt{3}$　　　　　　B. 1/3　　　　　　C. $1/\sqrt{3}$　　　　　　D. 3

3.（2017 年，多选）关于对称三相电路，负载作三角形连接时，下列叙述中正确的是（　　）。

A. 线电压是相电压的 $\sqrt{3}$ 倍　　　　　　B. 线电压等于相电压

C. 线电流是相电流的 $\sqrt{3}$ 倍　　　　　　D. 线电流等于相电流

4.(2016 年)在图 6-24 所示电路中,若电压表 V_1、V_2 的读数分别为 3 V、4 V,则电压表 V 的读数应为(　　)。

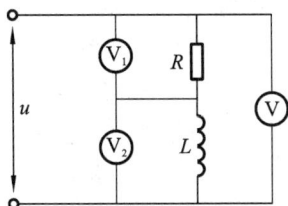

图 6-24　选择题 4 示意图

A.1 V　　　　　　B.5 V　　　　　　C.7 V　　　　　　D.25 V

5.(2016 年)图 6-25 所示三相交流电路中接有两组负载,其连接方式是(　　)。

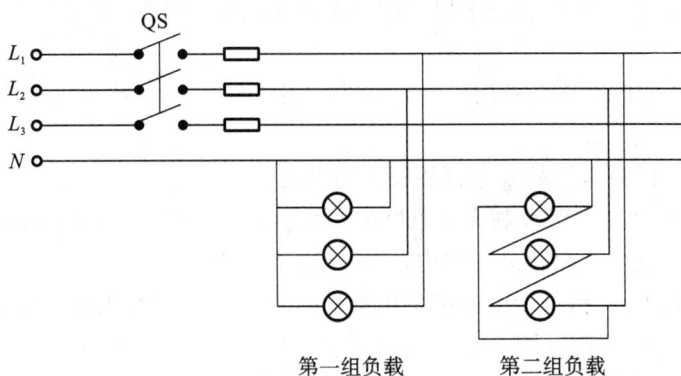

图 6-25　选择题 5 示意图

A.第一组负载和第二组负载均为星形连接

B.第一组负载和第二组负载均为三角形连接

C.第一组负载为星形连接,第二组负载为三角形连接

D.第一组负载为三角形连接,第二组负载为星形连接

6.(2016 年)对称三相负载作星形连接,测得 A 相的电流是 2 A,则 B 相和 C 相的电流均为(　　)。

A.2 A　　　　　　B.1 A　　　　　　C.−1 A　　　　　　D.−2 A

7.(2016 年)对称三相电源作星形连接,对称负载作星形连接,则(　　)。

A.负载两端的电压(相电压)与电源的线电压相等

B.负载的相电流等于电源的线电流

C.负载两端的电压(相电压)较电源的线电压低

D.中性线上的电流为零

8.关于三相电路的功率,下列说法错误的是(　　)。

A.无论负载是星形连接还是三角形连接,总功率 $S = 3U_L I_L$

B.在三相负载对称时,若其中一相的功率为 S_φ,则总功率 $S = 3S_\varphi$

C.在三相负载对称时,每相负载的电压为 U_φ,电流为 I_φ,则总功率 $S = 3U_\varphi I_\varphi$

D. 无论负载是星形连接还是三角形连接,总功率均为各相负载功率之和

9. 每相负载为 RL 串联,其中 $R=44\ \Omega$, $X_L=33\ \Omega$,将三相负载作星形连接后接在线电压为 380 V 的对称三相交流电源上,则电路的总有功功率 $P=($ $)$W。

A. 2633　　　　B. 2112　　　　C. 1524　　　　D. 704

10. 每相负载为 RL 串联,其中 $R=44\ \Omega$, $X_L=33\ \Omega$,将三相负载作三角形连接后接在线电压为 220 V 的对称三相交流电源上,则电路的总视在功率 $S=($ $)$V·A。

A. 2640　　　　B. 1524　　　　C. 880　　　　D. 704

二、判断题

1. (2015 年)三相对称电动势的频率相同、最大值相等、相位彼此相差 90°。(   )

2. 两根相线间的电压称为相电压。(   )

3. (2015 年)在三相四线制中性点接地供电系统中,线电压指的是火线与零线之间的电压。(   )

4. 三相负载作星形连接时,无论负载对称与否,线电流必定等于负载的相电流。(   )

5. 三相负载的相电流是指电源相线上的电流。(   )

6. (2016 年)在三相四线制交流电路的中线上,应该安装开关和熔断器。(   )

7. 在对称负载的三相交流电路中,中线上的电流为零。(   )

8. 一台三相电动机,每个绕组的额定电压是 220 V,现三相电源的线电压是 380 V,则这台电动机的绕组应该连接成三角形。(   )

9. (2017 年)铭牌上标明"220/380 V"的三相异步电动机,当三相电源线电压为 220 V 时,电动机三相绕组应作星形连接;而当三相电源线电压为 380 V 时,电动机三相绕组应作三角形连接。(   )

10. 三相对称星形负载连接时中线电流为零。(   )

三、计算题

1. 三相交流电动机绕组的等效电阻 $R=88\ \Omega$, $X_L=66\ \Omega$,三相绕组作星形连接并接在线电压为 380 V 的对称三相交流电源上,求:

(1)每相绕组中的电流,每相绕组的视在功率、有功功率和无功功率;

(2)三相绕组的视在功率、有功功率、无功功率和功率因数。

2. 三相交流电动机绕组的等效电阻 $R=152\ \Omega$, $X_L=114\ \Omega$,绕组作三角形连接并接在线电压为 380 V 的三相交流电源上,求:

(1)每相绕组中电流的有效值;

(2)三相绕组的有功功率、无功功率、视在功率和功率因数。

第7章 变 压 器

单元要点

1. 了解变压器的基本构造、工作原理、额定值及外特性。
2. 理解变压器电压变换、电流变换、阻抗变换的基本作用。
3. 掌握变压器电压变换、电流变换、阻抗变换的计算方法。

7.1 变压器的概述

7.1.1 变压器的用途和种类

变压器是利用电磁感应原理工作的电器装置。它的图形符号如图 7-1 所示,文字符号是 T。

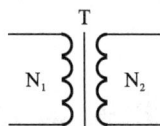

图 7-1 变压器图形符号和文字符号

变压器可以变换电压、变换电流(如变流器、大电流发生器)、变换阻抗(如电子电路中输入、输出变压器)、改变相位(如改变线圈连接方式来改变变压器的极性)。变压器主要用在电力系统中,在其他许多领域也被广泛应用。

变压器通常按用途分类,可分为电力变压器、特种变压器、仪用互感器、控制变压器及其他用途变压器等。

7.1.2 变压器的构造

变压器的主要组成部分是铁芯和绕组。铁芯是变压器的磁路部分,通常由 0.35～0.5 mm 厚的硅钢片交错叠装而成,片与片之间涂有绝缘层将其隔开,如图 7-2 所示。这样做的目的是尽可能减少变压器工作时铁芯的涡流损耗和磁滞损耗。

变压器的线圈通常又称为绕组,它是变压器中的电路部分。小容量变压器的绕组一般用涂有绝缘层的漆包圆铜线绕制而成,容量稍大的变压器的绕组则用扁铜线或扁

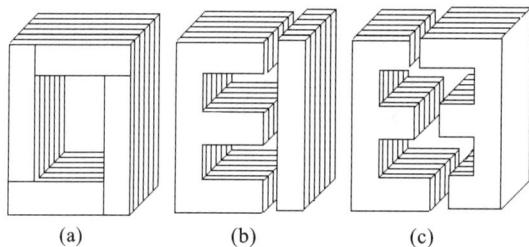

图 7-2 常见的单相变压器铁芯结构

铝线绕制。在变压器中与电源相连的绕组称为原绕组或一次绕组;与负载相连的绕组称为副绕组或二次绕组。按相互位置和形状的不同,绕组可分为同心式和交叠式两种。目前广泛使用的是同心式绕组。

同心式绕组是将高、低压绕组同心地套装在铁芯柱上。通常接电源的一次绕组绕在里层,绕完后包上绝缘材料,再绕二次绕组,一次、二次绕组呈同心式结构,如图 7-3(a)所示。而交叠式变压器则是铁芯包围绕组,如图 7-3(b)所示。

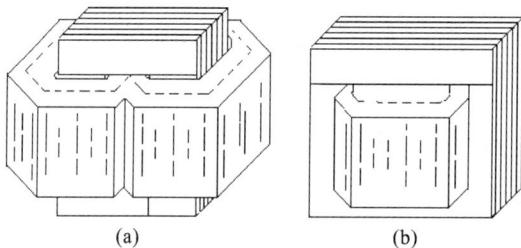

图 7-3 同心式和交叠式

课后练习

一、判断题

1.同一台变压器中,匝数少、线径粗的是高压绕组;而匝数多、线径细的是低压绕组。( )

2.变压器是可以改变交流电压而不能改变频率的电气设备。( )

3.在电路中所需要的电压都可以通过变压器变换获得。( )

二、选择题

1.变压器一次、二次绕组中不能改变的物理量是( )。

A.电压   B.电流   C.阻抗   D.频率

2.变压器铁芯的材料是( )。

A.硬磁性材料   B.软磁性材料

C.矩磁性材料   D.逆磁性材料

7.2 三相油浸式电力变压器

7.2.1 三相油浸式电力变压器的构造

在电力系统中,常使用三相电力变压器变换三相交流电压、输送电能。图 7-4 所示为三相油浸式电力变压器,其构造中除了有三相铁芯和一次侧、二次侧共 6 个绕组外,还有油箱、储油柜、干燥器、防爆管、气体继电器、分接开关、温度计和绝缘套管等。

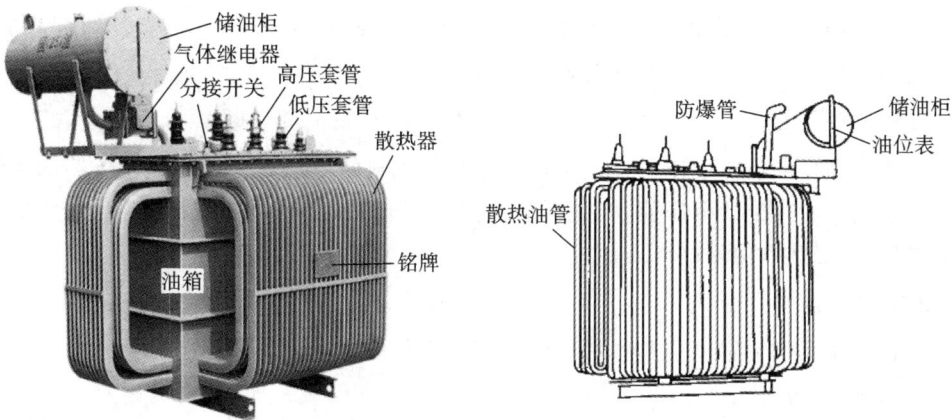

图 7-4 三相油浸式电力变压器

1.油箱

在油浸式电力变压器中,铁芯和绕组置于装有变压器油的油箱内,通过油和箱体散热冷却。为增加散热面积,一般老型号电力变压器在油箱四周加焊扁形散热油管;新型电力变压器多采用片式散热器进行散热。容量大于 10000 kV·A 的电力变压器采用风吹冷却或强迫油循环冷却装置。

2.储油柜(油枕)

变压器箱盖上方装有储油柜(油枕),它是一个圆筒形容器,通过连接管与油箱相通。当油受热膨胀时,油箱内一部分油进入储油柜(油枕);当油因温度降低而收缩时,油再流回油箱。

3.气体继电器

气体继电器是保护变压器的重要部件之一,它安装在储油柜和油箱盖的连接处。它由器身盛油器、上浮筒、活动下挡板、水银接触开关、放气阀等组成。当变压器内部发生严重故障时,产生的强烈气体冲动变压器油,使下挡板旋转,水银接触开关随挡板旋转而倾斜,常闭触点断开,变压器控制开关脱扣,切断电源,防止事故扩大。

4.分接头开关

为保持变压器二次侧绕组输出电压恒定并控制其变化幅度,可通过分接头开关进行调节。在 U、V、W 三相高压绕组的不同匝数处(一般为 95%、100%、105%)引出分接头。

5. 绝缘套管

绝缘套管将变压器的高、低压绕组从油箱内穿过油箱盖引出,作为引出线与油箱盖之间的绝缘部件。对于 10 kV 以下电压等级,可采用瓷质套管;对于 10～35 kV 电压等级,可采用充气式或充油式套管。

7.2.2 变压器的铭牌数据

变压器的铭牌数据中,其型号和主要参数是使用变压器的依据。

1. 型号

变压器的型号标注,如:S3-500/10。其中,S 为三相电力变压器;3 为设计序号;500 为变压器容量(kV·A);10 为高压侧电压(kV)。

2. 额定电压 U_N

三相变压器的额定电压是指线电压。一次侧的额定电压是指考虑到变压器的绝缘强度允许发热所规定的电压值。二次侧的额定电压是指变压器在空载时,一次侧加上额定电压后,二次侧两端的电压值。

3. 额定电流 I_N

三相变压器的额定电流是指线电流。额定电流是根据变压器在容许温升的条件下所规定的满载电流值。

4. 额定容量 S_N

变压器的额定容量是指它向负载传递的最大功率,即变压器二次侧额定电压与额定电流的乘积,单位为 V·A,其计算公式为

$$S_N = \sqrt{3} U_{2N} I_{2N}$$

式中:S_N 是指变压器的额定容量(kV·A);

U_{2N} 是指变压器二次侧的额定电压(V);

I_{2N} 是指变压器二次侧的额定电流(A)。

5. 温升

温升是指变压器在额定运行条件下允许超出周围环境温度(40 ℃)的数值,它取决于变压器所用绝缘材料的等级。绝缘材料的等级简称绝缘等级,它是指绝缘材料的耐热等级,通常分为 7 个等级,如表 7-1 所示。

表 7-1 绝缘等级

绝缘等级	Y	A	E	B	F	H	C
最高工作温度/℃	90	105	120	130	155	180	>180

6. 变压器的功率、损耗和效率

单相电力变压器输入功率为

$$P_1 = U_1 I_1 \cos\varphi_1$$

式中:U_1 为一次侧电压;

I_1 为一次侧电流;

φ_1 为一次侧电压和一次侧电流的相位差。

单相电力变压器输出功率为

$$P_2 = U_2 I_2 \cos\varphi_2$$

式中:U_2 为二次侧电压;

I_2 为二次侧电流;

φ_2 为二次侧电压和二次侧电流的相位差。

三相电力变压器输入功率为

$$P_1 = \sqrt{3} U_1 I_1 \cos\varphi_1$$

式中:U_1 为一次侧电压;

I_1 为一次侧电流;

φ_1 为一次侧电压和一次侧电流的相位差。

三相电力变压器输出功率为

$$P_2 = \sqrt{3} U_2 I_2 \cos\varphi_2$$

式中:U_2 为二次侧电压;

I_2 为二次侧电流;

φ_2 为二次侧电压和二次侧电流的相位差。

变压器的功率损耗 ΔP 主要是铁损耗 P_{Fe}(变压器铁芯中的磁滞损耗和涡流损耗,取决于电压,并与频率有关)和铜损耗 P_{Cu}(变压器一次、二次绕组上产生的损耗,电流越大,铜损耗越大)。

$$\Delta P = P_{Fe} + P_{Cu}$$

变压器输出功率与输入功率比值的百分数称为变压器的效率 η。即

$$\eta = \frac{P_1}{P_2} \times 100\%$$

中小型电力变压器的效率在 95% 以上,大型电力变压器的效率可达 98%~99%。

[例 7.2.1] S3-500/10 型三相电力变压器额定容量为 500 kV·A,二次绕组的额定电压 $U_{2N} = 400$ V,铁损耗 $P_{Fe} = 0.98$ kW,额定负载时铜损耗 $P_{Cu} = 4.1$ kW,求二次绕组的额定电流 I_{2N} 及变压器的效率 η。

解:

$$I_{2N} = \frac{S_N}{\sqrt{3} U_{2N}} = \frac{500 \times 1000}{\sqrt{3} \times 400} \text{A} \approx 722 \text{ A}$$

$$P_2 = S_N \cos\varphi = 500 \text{ kW}$$

$$\eta = \frac{P_2}{P_1} \times 100\% = \frac{P_2}{P_2 + P_{Fe} + P_{Cu}} \times 100\% = \frac{500}{500 + 0.98 + 1.1} \times 100\% \approx 99\%$$

7.2.3 变压器的外特性和电压变化率

电力系统负载的大小和性质(一般有电阻性、电感性和电容性)经常发生变化,所以

变压器的负载电流 I_2、输出功率及铜损耗 P_{Cu} 也在发生变化,其变化曲线称为变压器的效率特性曲线,如图 7-5 所示,其中 $\beta = \dfrac{I_2}{I_{2N}}$ 称为负载系数。

由图 7-5 可知,变压器最高效率 η_m 发生在 $\beta = 0.3 \sim 0.5$ 时,也就是说负载为额定负载的 30%～50% 时,变压器的效率最高。

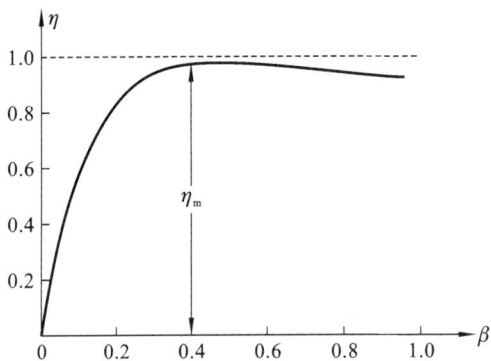

图 7-5　变压器的效率特性曲线

变压器的外特性用来描述输出电压 U_2 随负载电流 I_2 的变化而变化的情况,习惯上用外特性曲线表示,如图 7-6 所示。而电压变化率用来反映供电质量的稳定性,常用三相电力变压器的电压变化率为 3%～5%。电压变化率是指在一次绕组为额定电压时,二次绕组空载电压 U_{2N} 与二次绕组在额定负载时的电压 U_2 之差,与二次绕组空载电压 U_{2N} 之比的百分数。

$$\Delta U\% = \frac{U_{2N} - U_2}{U_{2N}} \times 100\%$$

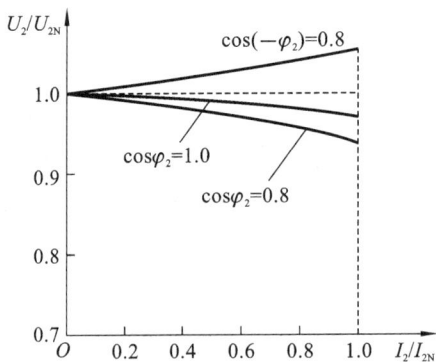

图 7-6　变压器的外特性曲线

课后练习

1. 三相电力变压器中的油能使变压器(　　)。

A. 润滑   B. 冷却

C. 绝缘   D. 冷却和增加绝缘性能

2. 三相电力变压器的分接开关是用来(　　　)的。

A. 调节阻抗   B. 调节相位

C. 调节输出电压   D. 调节油位

3. 三相电力变压器的效率一般在(　　　)。

A. 50％   B. 70％   C. 85％   D. 95％以上

4. 一台电力变压器型号为 S3-500/10,其中数字"500"表示(　　　)。

A. 额定电压为 500 V   B. 额定电流为 500 A

C. 额定容量为 500 V·A   D. 额定容量为 500 kV·A

5. 三相电力变压器的额定电流是指在额定状态下运行时,变压器原、副线圈的(　　　)。

A. 线电流   B. 相电流   C. 线电压   D. 相电压

7.3　变压器的工作原理

变压器是按电磁感应原理工作的,即当变压器的原绕组(一次绕组)接入交变电源时,在绕组中便有交变电流流过,并在铁芯中产生交变磁通。该磁通的绝大部分都被铁芯束缚而同时穿过原绕组、副绕组(二次绕组),被称为主磁通,交变磁通在线圈中产生感应电动势(原绕组中为自感电动势,副绕组中为互感电动势),还有很少一部分通过周围空气闭合,称为漏磁通,漏磁通很小,可忽略不计。

7.3.1　变换交流电压

变压器空载时的接线图如图 7-7 所示,原副边匝数、电压、电动势、空载电流及磁通参考方向如图中所示。

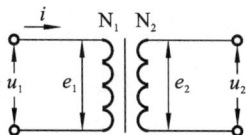

图 7-7　变压器空载时的接线图

忽略漏磁通,根据电磁感应定律有

$$e_1 = -N_1 \frac{\mathrm{d}\Phi}{\mathrm{d}t}, e_2 = -N_2 \frac{\mathrm{d}\Phi}{\mathrm{d}t}$$

e_1 和 e_2 的有效值分别为

$$E_1 = 4.44 f N_1 \Phi_\mathrm{m}, E_2 = 4.44 f N_2 \Phi_\mathrm{m}$$

式中:f 为交流电源的频率;

Φ_m 为主磁通的最大值。

忽略绕组电阻上的压降,原、副边电动势有效值近似等于电压有效值,即
$$U_1 \approx E_1 = 4.44 f N_1 \Phi_m$$
$$U_2 \approx E_2 = 4.44 f N_2 \Phi_m$$
可得结论: $\dfrac{U_1}{U_2} \approx \dfrac{4.44 f N_1 \Phi_m}{4.44 f N_2 \Phi_m} = \dfrac{N_1}{N_2} = k$(变压比),变压器空载运行时,原、副边电压有效值之比等于其绕组匝数之比。

[例7.3.1] 变压器原绕组的匝数 $N_1 = 1100$ 匝,接在 220 V 的电源上,副绕组的匝数 $N_2 = 50$ 匝,求:

(1)变压器的变压比 k;

(2)变压器副边的电压 U_2。

解:(1)变压器的变压比为
$$k = \frac{N_1}{N_2} = \frac{1100}{50} = 22$$

(2)根据 $k = \dfrac{U_1}{U_2} = \dfrac{N_1}{N_2}$,变压器副边的电压为
$$U_2 = \frac{U_1}{k} = \frac{220}{22} \text{ V} = 10 \text{ V}$$

7.3.2 变换交流电流

变压器从电网吸收能量并通过电磁感应以另一个电压等级把电能输给用电设备或下一级变压器。根据能量守恒定律,在忽略损耗时,变压器输出功率 P_2 等于输入功率 P_1,即
$$U_1 I_1 \cos\varphi_1 = U_2 I_2 \cos\varphi_2$$
式中: φ_1、φ_2 通常相差很小,可忽略不计,因而可得到
$$U_1 I_1 \approx U_2 I_2$$
可得结论: $\dfrac{I_1}{I_2} \approx \dfrac{U_2}{U_1} = \dfrac{1}{k}$,变压器工作时,原、副边电流之比等于其绕组匝数的反比。

[例7.3.2] 变压器原绕组的匝数 $N_1 = 1100$ 匝,接在 220 V 的电源上,副绕组的匝数 $N_2 = 50$ 匝,求:

(1)变压器的变压比 k;

(2)变压器副边负载的阻抗为 0.5 Ω 时,变压器原边的电流 I_1 和副边电流 I_2。

解:(1)变压器的变压比为
$$k = \frac{N_1}{N_2} = \frac{1100}{50} = 22$$

(2)根据 $k = \dfrac{U_1}{U_2} = \dfrac{N_1}{N_2}$,变压器副边的电压为
$$U_2 = \frac{U_1}{k} = \frac{220}{22} \text{ V} = 10 \text{ V}$$

变压器副边电流为

电工基础

$$I_2 = \frac{U_2}{Z} = \frac{10}{0.5} \text{ A} = 20 \text{ A}$$

根据 $\dfrac{I_1}{I_2} \approx \dfrac{U_2}{U_1} = \dfrac{1}{k}$ 可得原边的电流为

$$I_1 = \frac{I_2}{k} = \frac{20}{22} \text{ A} = 0.91 \text{ A}$$

7.3.3 变换交流阻抗

变压器变换交流阻抗常用于电子线路中,因为在实际运行过程中总希望负载获得最大功率,而负载获得最大功率的条件就是负载阻抗等于信号源阻抗,即负载匹配。

在图 7-8 所示的电路中,实际负载为 Z_L,电路等效后的等效负载为 Z'_L。

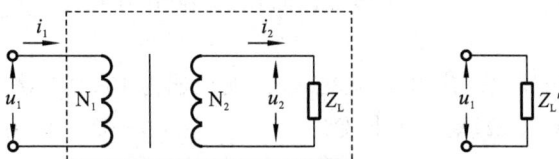

图 7-8 变压器带负载运行

等效阻抗为

$$|Z'_L| = \frac{U_1}{I_1} = \frac{(N_1/N_2) \times U_2}{(N_2/N_1) \times U_1} = \left(\frac{N_1}{N_2}\right)^2 / |Z_L| = k^2 \times |Z_L|$$

可得结论:将阻抗为 $|Z_L|$ 值的负载通过变压器接到电源上,可以将阻抗值扩大(或缩小)k^2 倍。

[**例 7.3.3**] 某扩音机的等效阻抗为 10 kΩ,若要使阻抗为 4 Ω 的扬声器获得最大功率,应用变压比为多大的变压器?若变压器与扬声器连接的绕组的匝数为 50 匝,变压器与扩音机连接的绕组匝数应是多少?若扩音机的输出电压为 24 V,扬声器能获得的最大功率是多少?

解:根据 $|Z'_L| = k^2 \times |Z_L|$ 得变压器的变压比为

$$k = \sqrt{\frac{Z'_L}{Z_L}} = \sqrt{\frac{10000}{4}} = 50$$

根据 $k = \dfrac{N_1}{N_2}$ 得变压器与扩音机连接的绕组匝数为

$$N_1 = kN_2 = 50 \times 50 \text{ 匝} = 2500 \text{ 匝}$$

扬声器能获得的最大功率为

$$P_m = \frac{U^2}{4R_i} = \frac{24^2}{4 \times 10000} \text{ W} = 14.4 \text{ mW}$$

一、判断题

1.作为升压变压器,其变压比 $k > 1$。（　　）

2.变压器二次绕组电流是从一次绕组传递过来的,所以 I_1 决定了 I_2 的大小。（　　）

二、填空题

1.变压器是根据_____原理工作的,其基本结构由_____和_____组成。

2.一台理想变压器的一次电压为 3000 V,变压比为 15,其二次电压为_____。若二次负载电阻 $R = 20$ Ω,则二次电流为_____A,一次电流为_____A。

本章小结

1.变压器是根据电磁感应原理制成的,它由铁芯和绕组组成。铁芯是变压器的磁路通道,为了减小涡流和磁滞损耗,铁芯用磁导率较高且相互绝缘的硅钢片叠装而成;绕组是变压器的电路部分。

2.如果忽略变压器的损耗和漏磁通,电压、电流、阻抗之间满足下列关系:

$$\frac{U_1}{U_2} \approx \frac{N_1}{N_2} = k$$

$$\frac{I_1}{I_2} \approx \frac{N_2}{N_1} = \frac{1}{k}$$

$$|Z'_L| = k^2 \times |Z_L|$$

3.实际变压器的损耗有铜损耗和铁损耗。变压器的功率损耗即输入功率与输出功率之差,输出功率与输入功率的百分比就是变压器的效率,即

$$\Delta P = P_1 - P_2 = P_{Cu} + P_{Fe}$$

$$\eta = \frac{P_2}{P_1} \times 100\%$$

实训五 变压器的空载、短路和负载特性

变压器的各项性能指标是否满足设计要求,需要对变压器的空载损耗、空载电流和负载损耗进行测量。为掌握变压器运行性能,以单相变压器为例,通过空载实验、短路

实验和负载实验来对相关参数进行测定。

一、实验目的

(1)学习并掌握单相变压器空载实验的操作和测量方法。

(2)通过单相变压器空载实验,测定变压比 k、空载电流 I_0、空载损耗功率 P_0 和励磁阻抗 Z_m 等。

二、实验器材

实验器材如表 7-2 所示。

表 7-2　实验器材

序号	器材名称	规格	数量
1	单相变压器 T	220 V/24 V	1
2	交流电压表	6L2-A(450 V)	2
3	交流电流表	46L1(1 A)	1
4	调压器 T_1	TDGC2-0.5(2 A)	1
5	低功率因数电能表	D26-W	1
6	熔断器	10 A	2
7	自动空气开关	DZ47-10	1
8	铜导线		

三、实验步骤

1.测定变压比 k 的实验接线图,如图 7-9 所示。

(1)电源开关 K_1、调压器 T_1 接至变压器 T 低压绕组。变压器 T 高压绕组开路。

(2)闭合电源开关 K_1。调节变压器 T 低压绕组外施电压,使 $U_0 \approx 0.5U_N$。

(3)对应于不同的外施电压 U_1,测量 T 低压绕组侧电压 U_{ax} 及高压绕组侧电压 U_{AX}。

共取 3 组数据,记录于表 7-3 中。

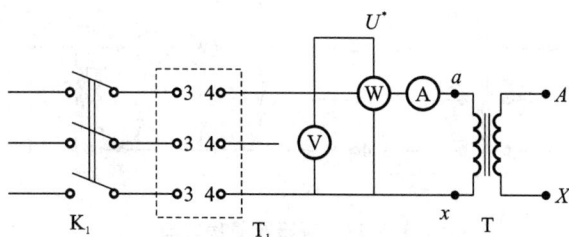

图 7-9　测定变压比的实验接线图

序号	U_{aX}/V	U_{AX}/V	变压比 k
1			
2			
3			

2.空载实验接线图如图 7-10 所示。

(1)闭合开关 K_1,调节调压器 T_1,使变压器 T 低压侧外施电压为 $1.2U_N$。

(2)逐次降低外施电压,每次测量空载电压 U_0、空载电流 I_0、空载损耗 P_0,共取 6 组数据(包括 $U_0=U_N$ 点,在该点附近测点应较密),记录于表 7-4 中。

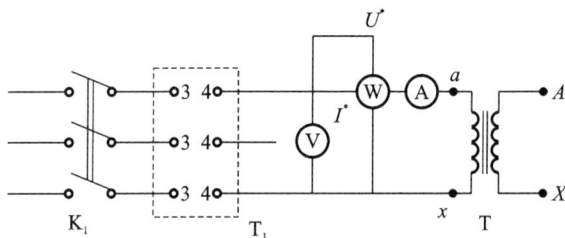

图 7-10 空载实验接线图

表 7-4 单相变压器空载实验

序号	U_0/V	I_0/A	P_0/W

3.短路实验接线图如图 7-11 所示。

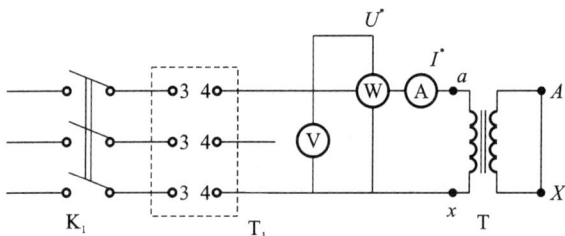

图 7-11 短路实验接线图

(1)闭合开关 K_1,接通电源。逐渐增大外施电压,使短路电流升至 $1.1I_N$。

(2)在 $(1.1\sim0.5)I_N$ 范围内,测量短路功率 P_K、短路电流 I_K、短路电压 U_K。

(3)共取 5 组数据(包括 $I_K = I_N$ 点),记录于表 7-5 中。

表 7-5　单相变压器短路实验

序号	I_K/A	U_K/V	P_K/W	$\cos\varphi_K$

4.负载实验接线图如图 7-12 所示。

(1)纯电阻负载实验($\cos\varphi_2 = 1$)。

①变压器 T 二次侧经开关 K_2 接可变电阻器 R_L(灯箱或变阻器)。将负载电阻调至最大值。

②闭合开关 K_1,调节外施电压,使 $U_1 = U_{1N}$。

③闭合开关 K_2,并保持 $U_1 = U_{1N}$ 不变,逐次减小负载电阻,增加负载电流。

④使输出电流从零($I_2 = 0$,$U_2 = U_{20}$)变化至额定值,在此范围内测量输出电流 I_2 和输出电压 U_2。共取 6 组数据(包括 $I_2 = I_{2N}$ 点),记录于表 7-6 中。

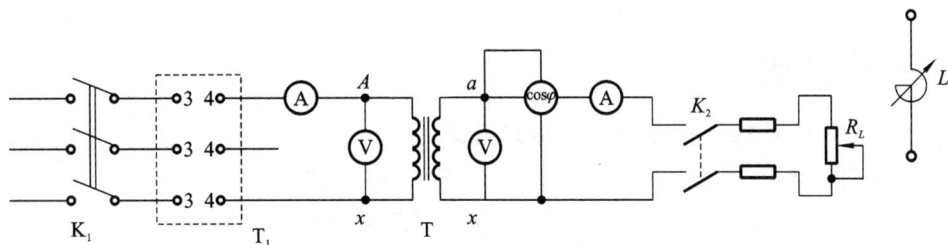

图 7-12　负载实验接线图

表 7-6　单相变压器纯电阻负载实验($\cos\varphi_2 = 1$,$U_1 = U_{1N}$)

序号	I_2/A	U_2/V

(2)电感性负载实验($\cos\varphi_2 = 0.8$)。

①在以上纯电阻负载实验线路中,再增加一个电抗器 L,把它与可变电阻器 R_L 并联(或串联),组成变压器的感性负载。为监视负载功率因数,需在变压器输出端接功率因数表。变压器 T 接通电源前,须把负载电阻器 R_L 及电抗器 L 调至最大值。

②闭合开关 K_1、K_2。调节变压器 T 外施输入电压,使 $U_1 = U_{1N}$。

③保持 $U_1 = U_{1N}$,$\cos\varphi_2 = 0.8$ 不变,逐次减小负载电阻 R_L 和电抗 L,增加负载电流。

④在负载由零增至额定值范围内,测量输出电流 I_2 和输出电压 U_2。共取 6 组数据,记录于表 7-7 中。

表 7-7　单相变压器电感性负载实验($\cos\varphi_2 = 0.8$,$U_1 = U_{1N}$)

序号	I_2/A	U_2/V

章末练习

一、选择题

1.(2019 年,单选)变压器的工作原理依据是(　　)。

A. 欧姆定律　　　　　　　　B. 基尔霍夫定律

C. 电磁感应定律　　　　　　D. 电流的热效应

2.(2016 年,多选)对于变压器,下列叙述正确的是(　　)。

A. 变压器只能降压,不能升压

B. 变压器只能变换电压,不能变换电流

C. 变压器不仅能变换电压,还能变换电流

D. 变压器可以变换阻抗

3. 变压器的额定容量是指变压器额定运行时(　　)。

A. 输入的视在功率　　　　　B. 输出的视在功率

C. 输入的有功功率　　　　　D. 输出的有功功率

4. 测定变压器的变压比应该在变压器处于(　　)情况下进行。

A. 空载状态　　　B. 轻载状态　　　C. 满载状态　　　D. 短路状态

5.(2017 年,单选)变压器原边电压一定时,若副边电流增大,则原边电流将(　　)。

A. 不变　　　　　B. 先减小后增大　　C. 减小　　　　　D. 增大

6. 变压器运行时,在电源电压一定的情况下,当负载阻抗增加时,主磁通的变化是(　　)。

A. 基本不变　　　B. 不一定　　　C. 减小　　　D. 增加

7.（2018 年，单选）已知某变压器原绕组的电压 $U_1=220$ V，副绕组的电压 $U_2=22$ V，电流 $I_2=10$ A，则原绕组的电流 I_1 为（　　）。

A. 0.1 A　　　B. 1 A　　　C. 10 A　　　D. 100 A

8. 一台单向变压器 $I_1=20$ A，$I_2=200$ A，则变压比为（　　）。

A. 2　　　B. 10　　　C. 20　　　D. 40

9. 将变压器的一次侧绕组接交流电源，同时使二次侧绕组的电流大于额定值，这种运行方式称为（　　）运行。

A. 空载　　　B. 轻载　　　C. 满载　　　D. 过载

10. 为了提高电力变压器铁芯的导磁性能，减小铁损耗，其铁芯大多数采用（　　）制成。

A. 0.23～0.3 mm 厚彼此绝缘的硅钢片叠装

B. 整块钢材

C. 2 mm 厚彼此绝缘的硅钢片叠装

D. 0.5 mm 厚彼此不绝缘的硅钢片叠装

二、判断题

1.（2017 年）变压器是根据电磁感应原理工作的。（　　）

2. 变压器可以改变直流电压。（　　）

3. 变压器一次、二次绕组中的电流越大，铁芯中的主磁通越多。（　　）

4. 变压器是一种将交流电压升高或降低并且能保持其频率不变的静止电气设备。（　　）

5.（2018 年）变压器不仅能变换电压和电流，还能变换阻抗。（　　）

6. 变压器的绕组也可用铁导线制作以降低成本。（　　）

7. 从导电角度出发，变压器铁芯也可以用铜片或者铝片制作。（　　）

8. 将电网上的 10 kV 交流电压变为民用的 220 V 交流电压的变压器称为降压变压器。（　　）

9. 变压器的额定容量是指变压器正常工作时二次侧输出的有功功率。（　　）

三、计算题

1. 在 220 V 电压的交流电路中，接入一个变压器，它的一次绕组的匝数为 800 匝，二次绕组的匝数为 46 匝，二次绕组接在白炽灯的电路上，通过的电流为 8 A。如果变压器的效率是 90%，求一次绕组中通过的电流是多大？

2. 一台容量为 15 kV·A 的自耦变压器，一次侧接在 220 V 的交流电源上，一次绕组匝数为 500 匝，如果要使二次输出电压为 150 V，求这时二次绕组的匝数？满载时一次、二次电路的电流各为多大？

综 合 实 训

一、《电工基础》考试内容与要求

1.常用电工工具的使用:学会正确使用试电笔、斜口钳、尖嘴钳、剥线钳、电工刀、螺钉旋具、活动扳手等工具。

2.常用电工仪器、仪表的使用:学会正确使用万用表、钳形电流表、电压表、电流表、绝缘电阻表(兆欧表)、电能表、直流稳压电源等仪器、仪表。

3.电阻性电路故障的检查:掌握运用万用表检查电路故障的方法。

4.正弦交流电路的测量:学会正确使用交流电流表、交流电压表以及万用表的交流电压挡。

＊5.信号发生器、示波器的使用:学会正确使用信号发生器、示波器,掌握测量交流信号峰值电压、频率和周期的方法,学会用示波器观察两个同频率信号的相位差。

6.日光灯电路及功率因数的提高:掌握日光灯电路的工作原理和连接方式;了解提高电路功率因数的方法。

7.三相负载的星形连接:掌握对称和不对称三相负载的星形连接方式,学会测量三相对称负载星形连接时的相电压、线电压、相电流、线电流。

8.三相负载的三角形连接:掌握对称负载的三角形连接方式,学会测量对称三相负载三角形连接时的相电压、线电压、相电流、线电流。

9.生活中的安全用电:了解常用的安全用电措施,认识安全用电标志,学会识别安全电压。

10.触电与急救:学会防触电措施和触电急救方法。

11.电气火灾的防范与扑救:学会电气火灾防范与扑救的基本技能。

(注:打"＊"的为选学内容,作一般了解)

二、考试内容与要求

1.三相异步电动机的直接启动控制电路:掌握正反转控制、行程控制、顺序控制与多地控制的原理及电路连接方法。

2.三相异步电动机的降压启动控制电路:掌握定子绕组串电阻启动、星形-三角形降压启动、自耦变压器降压启动、延边三角形降压启动控制电路的原理及电路连接方法。

3.三相异步电动机的调速控制电路:掌握双速异步电动机按钮控制、时间继电器控制的速度切换电路的原理及电路连接方法。

4.三相异步电动机的制动控制电路:掌握机械制动、反接制动、能耗制动、电容制动控制电路的工作原理及电路连接方法。

三、考试题目及评分标准

1.操作技能考试题目为电动机常用控制电路连接。考生需从 3 道题目中抽取 1 道,完成题目要求的各项任务,用万用表检查电路连接无误后,再通电检查电路功能是否正确。

2.考试时间为 150 分钟。

3.考试总分以 100 分计。

操作技能考试样题(Ⅰ)

考点名称＿＿＿＿＿＿ 考 场 号＿＿＿＿＿＿ 批 次＿＿＿＿＿＿

考生姓名＿＿＿＿＿＿ 准考证号＿＿＿＿＿＿ 工位号＿＿＿＿＿＿

考试日期＿＿＿＿＿＿

按图连接由时间继电器自动控制 Y-△降压启动控制线路,要求:

1.将时间继电器的切换时间整定为 5 s;

2.假定电动机的额定功率为 5.5 kW,整定热继电器的动作电流。

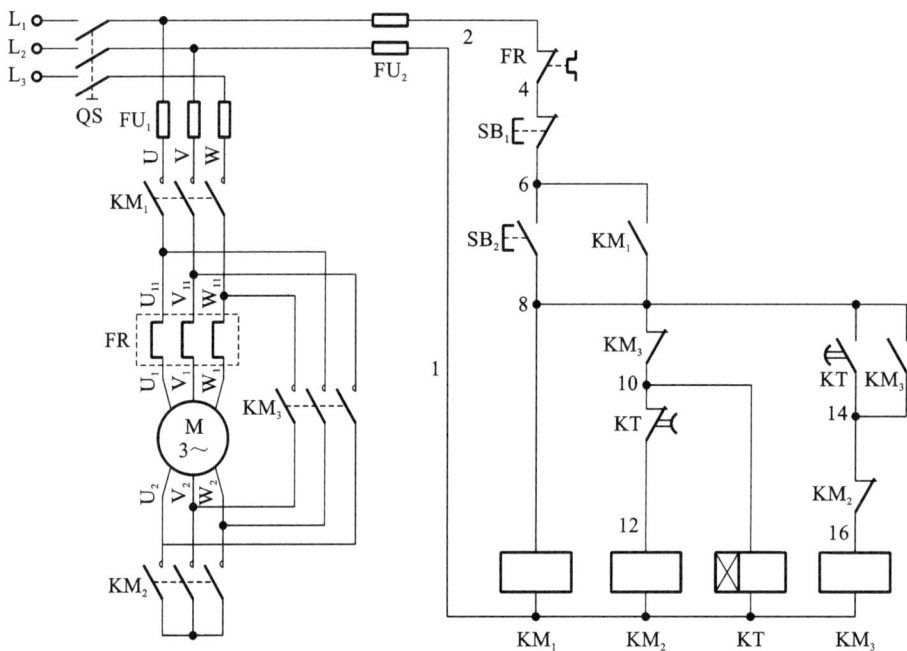

操作技能考试样题(Ⅱ)

考点名称＿＿＿＿＿＿＿ 考场号＿＿＿＿＿＿＿ 批次＿＿＿＿＿＿＿

考生姓名＿＿＿＿＿＿＿ 准考证号＿＿＿＿＿＿＿ 工位号＿＿＿＿＿＿＿

考试日期＿＿＿＿＿＿＿

按图连接三相交流异步电动机正转、反转、停车时能耗制动的控制电路,要求:

1. 将能耗制动的时间整定为 5 s;

2. 假定电动机的额定功率为 3 kW,整定热继电器的动作电流。

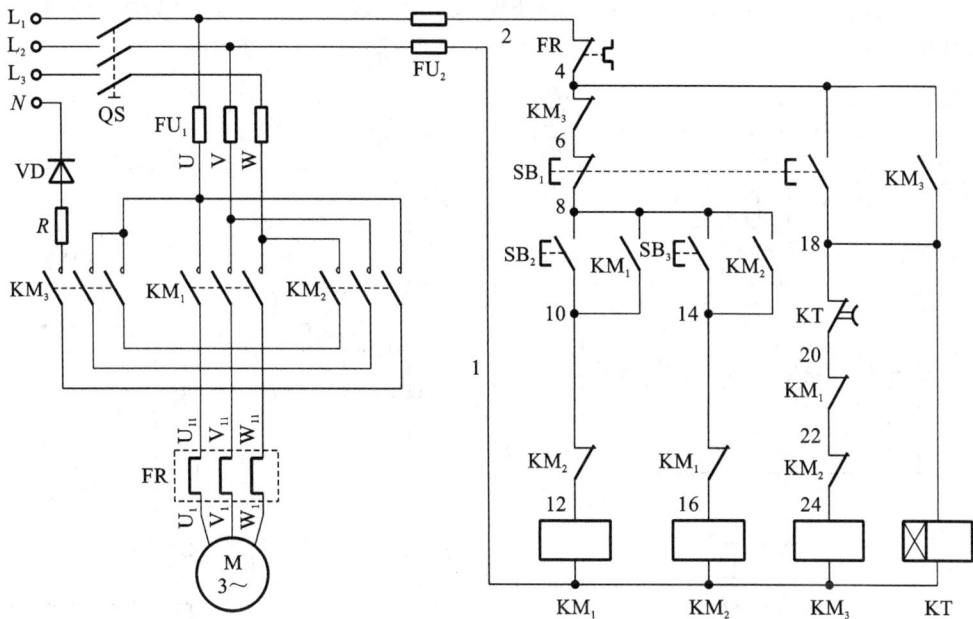

操作技能考试样题(Ⅲ)

考点名称＿＿＿＿＿＿ 考 场 号＿＿＿＿＿＿ 批 次＿＿＿＿＿＿

考生姓名＿＿＿＿＿＿ 准考证号＿＿＿＿＿＿ 工位号＿＿＿＿＿＿

考试日期＿＿＿＿＿＿

按图连接两台三相交流异步电动机的控制电路,无论 M_1 正转还是反转,在 M_1 启动后一段时间 M_2 才能启动。

1. 将 M_1 启动后到 M_2 启动的一段时间整定为 5 s;

2. 假定电动机 M_1 的额定功率为 3 kW, M_2 的额定功率为 5.5 kW,整定热继电器的动作电流。

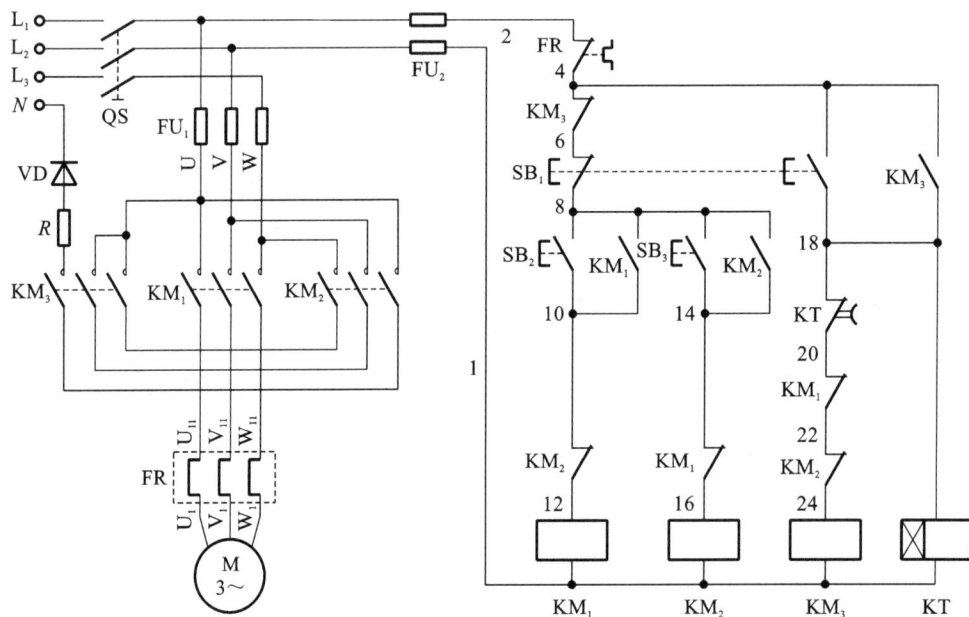

操作技能试题评分表

考核项目	项目配分	检查内容	扣分细则	扣分值	得分
电路功能	70分	1.在规定时间内完成电路的接线,通电时,接触器、时间继电器动作顺序是否与要求相符	在150分钟内完成,不扣分;试运行过程中,出现短路故障,每次扣5分		
		2.系统是否满足通电要求,按下启动按钮,系统是否正常运行	系统无法满足通电要求或按下启动按钮,系统不运行,扣70分		
		3.热继电器动作电流整定是否符合要求	未整定或整定不符合要求扣3分		
		4.时间继电器动作时间调节是否符合要求	误差大于±2 s扣4分		
		5.保护接地是否正确			
		6.控制电路功能完成情况	缺相运行,扣5分;漏接电动机,扣5分;没有自锁,扣5分;只完成控制电路连接且功能正常,扣30分;没有停止功能,扣5分;没有过载保护功能,扣5分;没有短路保护功能,扣5分		
接线工艺	20分	1.是否每一接线桩上连接的导线不超过2根	超过2根,每处扣2分		
		2.连接导线是否全部入槽	漏接或没入槽,每根扣2分		
		3.导线与接线端子、接线桩接触是否良好	漏接或松散或将绝缘层压入,每处扣2分;漏铜超过1 mm,每处扣2分		
		4.导线与螺钉压接桩的连接是否符合工艺要求	反圈、未弯羊眼圈等,每处扣2分		
		5.线槽盖板是否盖好	线槽盖板不盖,每处扣2分;未盖好,每处扣1分		

考核项目	项目配分	检查内容	扣分细则	扣分值	得分
安全文明操作	10分	1.是否遵守考场纪律、服从考评老师安排	违反考场纪律,第一次扣5分,再犯扣10分或取消考试资格		
		2.工具是否摆放整齐、是否符合要求	乱摆乱放,扣2分		
		3.动作是否规范、是否符合安全要求	每次扣2分		
		4.是否保持工位的清洁	考试完毕不清理,留下杂物等,扣3分		
考官备注:				本次考试评定成绩	

考试日期:　　　年　　　月　　　日　　　　考官签名:

电工基础

186

2019 年上半年广东省中等职业技术教育专业技能课程考试

电 工

本试卷共 6 页,满分 100 分。考试用时 90 分钟。可使用简单的、没有程序存储功能的计算器。

注意事项:1. 答卷前,考生务必用黑色字迹的钢笔或签字笔将自己的姓名、准考证号、考场号和座位号填写在答题卡上。将条形码横贴在答题卡右上角"条形码粘贴处"。

2. 每题选出答案后,用 2B 铅笔把答题卡上对应题目选项的答案信息点涂黑,如需改动,用橡皮擦干净后,再选涂其他答案,答案不能答在试卷上。

3. 考生必须保持答题卡的整洁。考试结束后,将试卷和答题卡一并交回。

一、单项选择题:本大题共 25 小题,每小题 2 分,共 50 分。在每小题列出的四个选项中,只有一个选项符合题目要求。

1.一线性电阻元件,当其电流增加为原来的 2 倍时,其功率为原来的(　　　)。

A.1/4　　　　　　B.1/2　　　　　　C.2 倍　　　　　　D.4 倍

2.电感量的单位是(　　　)。

A. 亨利　　　　　B. 法拉　　　　　C. 库仑　　　　　D. 焦耳

3.图 1 所示电路中,三个电阻的连接方式是(　　　)。

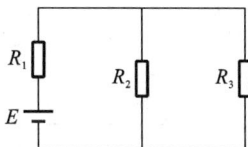

图 1

A.R_1、R_2、R_3 并联

B.R_1、R_2、R_3 串联

C.R_2、R_3 并联后与 R_1 串联

D.R_1、R_2 并联后与 R_3 串联

4.图 2 所示电路中,a、b 端的等效电阻 R_{ab} 为(　　　)。

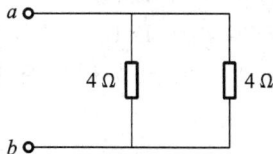

图 2

A. 2 Ω B. 4. 5 Ω C. 9 Ω D. 18 Ω

5. 流过某电感的电流从 3 A 增大到 5 A,在此过程中,电感存储的( )。

A. 电场能量增加 B. 电场能量减少

C. 磁场能量增加 D. 磁场能量减少

6. 已知某变压器原绕组的电压 $U_1 = 110$ V,副绕组的电压 $U_2 = 11$ V、电流 $I_2 = 5$ A,则原绕组的电流 I_1 为( )。

A. 0. 1 A B. 0. 5 A C. 11 A D. 10 A

7. 已知直流电路中 a 点的电位 $V_a = 50$ V,b 点的电位 $V_b = 20$ V,则 ab 之间的电压 U_{ab} 为( )。

A. 20 V B. 30 V C. 50 V D. 70 V

8. 当负载阻抗减小时,理想变压器的原绕组电流 I_1 和副边绕组电压 U_2 将做如下变化( )。

A. I_1 和 U_2 都减小 B. I_1 和 U_2 都增大

C. I_1 减小、U_2 不变 D. I_1 增大、U_2 不变

9. 图 3 所示电路中,a、b 端的等效电容为( )。

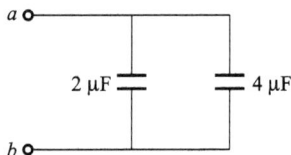

图 3

A. 4 μF B. 6 μF C. 8 μF D. 10 μF

10. 图 4 所示电路中,电阻 $R_1 = 2$ Ω、$R_2 = 6$ Ω,电流 $I = 3$ A,电源电动势 E 为( )。

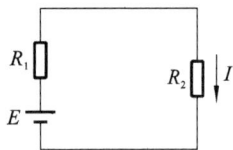

图 4

A. 6 V B. 12 V C. 18 V D. 24 V

11. 三个电阻 $R_1 > R_2 > R_3$,串联后接入电路中,相应的电压关系为( )。

A. $U_1 > U_2 > U_3$ B. $U_3 > U_2 > U_1$

C. $U_2 > U_1 > U_3$ D. $U_1 > U_3 > U_2$

12. 对称三相交流电达到最大值的先后顺序称为相序,相序 U-V-W-U 称为( )。

A. 同序 B. 异序 C. 逆序 D. 正序

13. 图 5 所示电路中,a 点的电位为( )。

A. $V_a = U_2$ B. $V_a = U_3$

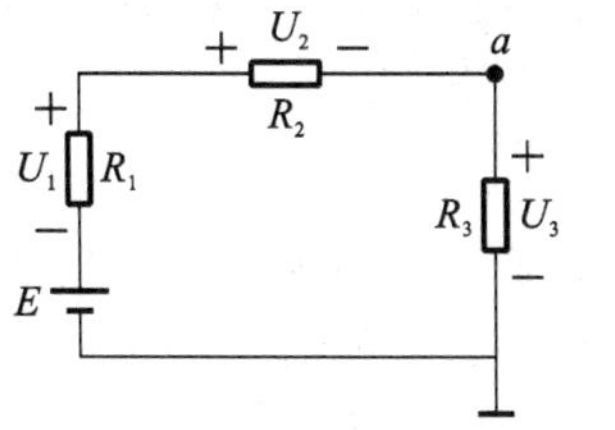

图 5

C. $V_a = U_1 + U_2$ D. $V_a = U_2 + U_3$

14. 在正弦交流电路中,电容元件的电流和电压有效值之间的关系是(   )。

A. $I = \omega C U$ B. $I = \omega C / U$ C. $I = \omega / CU$ D. $I = \omega U / C$

15. 图 6 所示正弦交流电路中,电压表 V_1、V_2 的读数分别为 3 V、4 V,则电压表 V 的读数应为(   )。

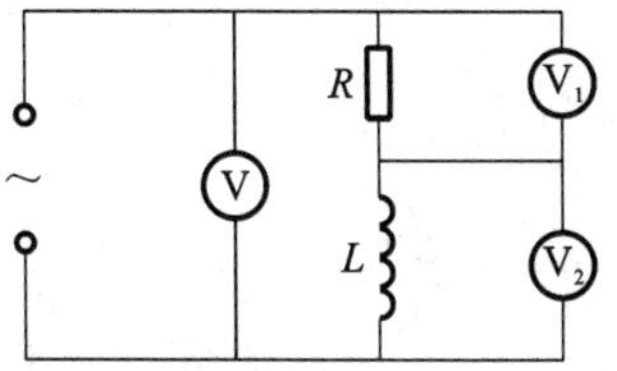

图 6

A. 1 V   B. 5 V   C. 7 V   D. 12 V

16. 星形连接的对称三相负载,已知相电压为 220 V,每相阻抗为 10 Ω,则线电流为(   )。

A. $22/\sqrt{3}$ A   B. 22 A   C. $22\sqrt{3}$ A   D. 66 A

17. 某对称三相电路,已知三角形连接负载的总功率为 900 W,若将该负载改成星形连接,并保持电源线电压不变,则负载总功率为(   )。

A. 300 W   B. $300\sqrt{3}$ W   C. $900/\sqrt{3}$ W   D. 2700 W

18. 交流电路的视在功率 S、有功功率 P 和无功功率 Q 的关系为(   )。

A. $S = P - Q$ B. $S = P + Q$ C. $S = \sqrt{P + Q}$ D. $S = \sqrt{P^2 + Q^2}$

19. 将标称为"220 V、25 W"的白炽灯接在 215 V 的电源上,其功率(   )。

A. 小于 25 W   B. 等于 25 W
C. 大于 25 W   D. 等于 30 W

20. 已知 $C = 2000$ μF 的电容两端的电压为 100 V,则该电容存储的电场能为(   )。

A. 5 J   B. 8 J   C. 10 J   D. 20 J

21. 已知某工频正弦交流电压的初相 $\varphi = 30°$,$t = 0$ 时,$u(0) = 110$ V,则该电压的解析式为(   )。

A. $u = 110\sin(50\pi t + 30°)$ V   B. $u = 110\sin(50\pi t - 30°)$ V
C. $u = 220\sin(100\pi t + 30°)$ V   D. $u = 220\sin(100\pi t - 30°)$ V

189

22. 已知某交流电路的有功功率 $P = 700$ W,视在功率 $S = 100$ V·A,则电路的功率因数为(　　)。

A. 0.5　　　　　　B. 0.6　　　　　　C. 0.7　　　　　　D. 0.8

23. 图 7 所示正弦交流电路中,已知电阻 $R = 5$ Ω、感抗 $X_L = 4$ Ω,电压表的读数为 10 V,则该电路的有功功率和无功功率分别为(　　)。

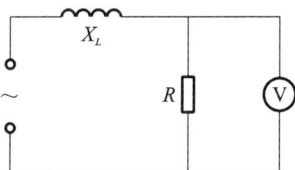

图 7

A. 10 W、8 var　　　　　　　　　　B. 10 W、16 var

C. 20 W、8 var　　　　　　　　　　D. 20 W、16 var

24. 图 8 所示电路中,电流 $I_1 = 9$ mA,$I_2 = 5$ mA,则 I_3 为(　　)。

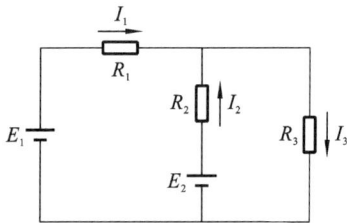

图 8

A. 4 mA　　　　　B. 5 mA　　　　　C. 9 mA　　　　　D. 14 mA

25. 某变压器原绕组的匝数 $N_1 = 600$,副绕组的匝数 $N_2 = 200$,已知负载阻抗为 10 Ω,则原绕组的等效输入阻抗为(　　)。

A. 10 Ω　　　　　B. 30 Ω　　　　　C. 90 Ω　　　　　D. 100 Ω

二、多项选择题:本大题共 5 小题,每小题 2 分,共 10 分。在每小题列出的四个选项中,至少有两个选项符合题目要求。选项个数正确且都符合题目要求得 2 分,其余情况均不给分。

26. 如图 9 所示,当条形磁铁插入线圈时,线圈将(　　)。

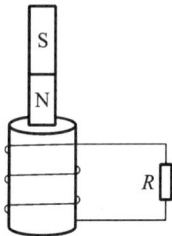

图 9

A.产生感应电动势

B.不产生感应电动势

C.产生电流,从上到下流过电阻 R

D.产生电流,从下到上流过电阻 R

27.用万用表测量直流电压时(　　)。

　　A.应串联在被测电路中　　　　　　B.应并联在被测电路中

　　C.红表笔接高电位端　　　　　　　D.黑表笔接低电位端

28.在日光灯电路中,镇流器的作用是(　　)。

　　A.形成整流电路　　　　　　　　　B.限制日光灯电流

　　C.使电路接通和自行切断　　　　　D.产生瞬时高压点亮灯管

29.某对称三相负载为三角形连接,已知线电压为 380 V,每相负载的电流为 10 A,则(　　)。

　　A.相电压为 380 V　　　　　　　　B.线电流为 10 A

　　C.相电压为 220 V　　　　　　　　D.线电流为 $10\sqrt{3}$ A

30.图 10 所示电路中,已知电阻 $R = 4$ Ω,电感 $L = 30$ mH,电源电压 $u = 150\sqrt{2}\sin 100t$ V,则电路的(　　)。

　　A.阻抗 $|Z| = 5$ Ω　　　　　　　　B.阻抗 $|Z| = 7$ Ω

　　C.电流有效值 $I = 30$ A　　　　　　D.电流最大值 $I = 30$ A

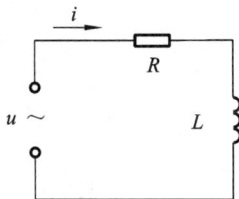

图 10

三、判断题:本大题共 20 小题,每小题 2 分,共 40 分。对每小题的说法做出判断。

31.提高电路的功率因数可以使有功功率增大。(　　)

32.当保险丝熔断后,不能用铜丝代替。(　　)

33.家庭电路中开关应该接在火线上。(　　)

34.电路的三种基本状态是指通路、开路和短路。(　　)

35.若电路中某两点之间的电压不为零,则这两点的电位肯定不相等。(　　)

36.只要线圈中有磁通,就一定会产生感应电动势。(　　)

37.交流电压表用于测量交流电路中的电压有效值。(　　)

38.磁场强度和磁感应强度是描述磁场的同一个物理量。(　　)

39.电气设备的额定电压是指电压的最大值。(　　)

40.三相 Y 接负载对称时,中性线上电流为零。(　　)

41.若电路中 a、b 两点间的电压 $U_{ab} = -10$ V,说明 b 点的电位比 a 点高 10 V。(　　)

42.在电路的任一节点上,流入节点的电流之和,大于流出该节点的电流之和。(　　)

43.某线性电阻两端的电压为 10 V 时,阻值为 10 Ω,当电压降至 5 V 时,阻值为 5 Ω。(　　)

44.在交流电路中,电容元件的无功功率为零。(　　)

45.三相负载作星形连接时,线电流等于相电流。(　　)

46.电感性负载并联一个合适的电容后,电路的视在功率增大。(　　)

47.三相四线制交流电路中的线电压是指火线与火线之间的电压。(　　)

48.一个正弦交流量只要有幅值、频率和初相就可完全确定了。(　　)

49.正弦交流电流是指其大小和方向都随时间任意变化的电流。(　　)

50.家用电器失火时,应该先切断电源,然后才灭火。(　　)

2019 年下半年广东省中等职业技术教育专业技能课程考试

电　工

本试卷共 6 页,满分 100 分。考试用时 90 分钟。可使用简单的、没有程序存储功能的计算器。

注意事项:1. 答卷前,考生务必用黑色字迹的钢笔或签字笔将自己的姓名、准考证号、考场号和座位号填写在答题卡上。将条形码横贴在答题卡右上角"条形码粘贴处"。

2. 每题选出答案后,用 2B 铅笔把答题卡上对应题目选项的答案信息点涂黑,如需改动,用橡皮擦干净后,再选涂其他答案,答案不能答在试卷上。

3. 考生必须保持答题卡的整洁。考试结束后,将试卷和答题卡一并交回。

一、单项选择题: 本大题共 25 小题,每小题 2 分,共 50 分。在每小题列出的四个选项中,只有一个选项符合题目要求。

1. 电路中任意两点电位的差值称为( )。

A. 电动势　　　　B. 电位　　　　　C. 电压　　　　　D. 电势

2. 电功率的单位是( )。

A. 瓦特(W)　　　　　　　　B. 伏特(V)

C. 安培(A)　　　　　　　　D. 法拉(F)

3. 图 1 所示电路中,b 点为参考点,当开关 S 打开时,a 点的电位是( )。

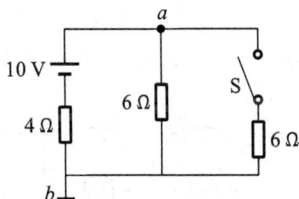

图 1

A. 0 V　　　　B. 4 V　　　　C. 6 V　　　　D. 10 V

4. 图 2 所示电路中,已知电源电动势 $E=24$ V,负载 R 两端电压 $U=18$ V,电流为 1 A,则电源内阻 r 为( )。

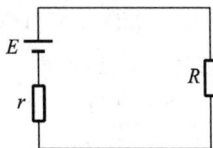

图 2

A. 2 Ω   B. 3 Ω   C. 4 Ω   D. 6 Ω

5. 已知电阻阻值为 5 Ω,现用电压表测得其两端电压为 10 V,则此时流过该电阻的电流为(   )。

A. 1 A   B. 2 A   C. 5 A   D. 10 A

6. 一个标称为"220 V、40 W"的白炽灯,接在 220 V 的供电线路上,若按平均每天使用 5 小时计算,其每个月(以 30 天计)消耗的电能是(   )。

A. 1.2 度   B. 3 度   C. 5 度   D. 6 度

7. 图 3 所示电路中,等效电阻 R_{ab} 为(   )。

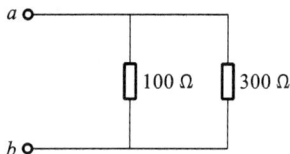

图 3

A. 75 Ω   B. 150 Ω   C. 200 Ω   D. 400 Ω

8. 图 4 所示电路中,已知 $I=3$ A,则 I_1 为(   )。

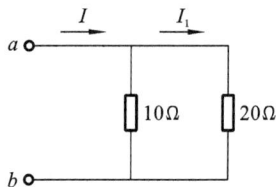

图 4

A. 1 A   B. 2 A   C. 3 A   D. 4 A

9. 图 5 所示电路中,电压表 V_1、V_2、V_3 的读数分别为(   )。

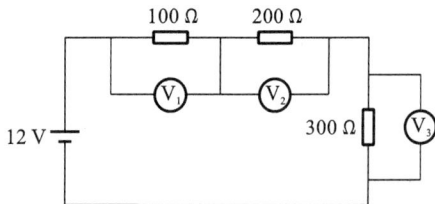

图 5

A. 1 V、2 V、3 V   B. 2 V、4 V、6 V
C. 3 V、4 V、5 V   D. 4 V、4 V、4 V

10. 单相正弦交流电路中无功功率的表达式是(   )。

A. $Q=UI$ B. $Q=U/I$
C. $Q=UI\sin\varphi$ D. $Q=UI\cos\varphi$

11. 有一段均匀导线,电阻为 4 Ω,把它对折起来作为一根导线使用,其电阻为(   )。

A. 1 Ω   B. 2 Ω   C. 4 Ω   D. 8 Ω

12. 图6所示电路中,ab 两端的总电容量为(   )。

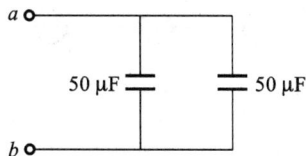

图 6

A. 25 μF   B. 50 μF   C. 100 μF   D. 2500 μF

13. 已知正弦交流电压的解析式为 $u = 311 \sin(120\pi t + 90°)$ V,则该电压的有效值为(   )。

A. 110 V   B. 220 V   C. 311 V   D. 380 V

14. 四个纯电阻电器的额定电压和额定功率如下,其中电阻值最大的是(   )。

A. 220 V、40 W   B. 220 V、100 W

C. 110 V、40 W   D. 36 V、100 W

15. 电流的形成是由于(   )。

A. 电荷的自由运动   B. 正电荷的定向运动

C. 负电荷的自由运动   D. 电荷的定向运动

16. 变压器的工作原理依据是(   )。

A. 欧姆定律   B. 基尔霍夫定律

C. 电磁感应定律   D. 电流热效应

17. 关于纯电容电路,下列说法正确的是(   )。

A. 有效值、最大值、瞬时值均满足欧姆定律

B. 只有瞬时值满足欧姆定律

C. 容抗与频率成正比

D. 在一个周期内消耗的有功功率为零

18. 在对称三相四线制供电线路中,每相各连接 1 个相同的灯泡,3 个灯泡都能正常发光。如果中性线断开,那么 3 个灯泡(   )。

A. 仍能正常发光   B. 都将因过亮而烧毁

C. 都将变暗   D. 都立即熄灭

19. RLC 串联电路呈感性的条件是(   )。

A. $X_L = X_C$ B. $X_L < X_C$

C. $X_L > X_C$ D. $X_L \geqslant X_C$

20. 用电压表测得全电路端电压为 0 V,这说明(   )。

A. 外电路断路   B. 外电路短路

C. 外电路上电流较小   D. 电源内阻为 0 Ω

21. 图7所示电路中,电压表 V_1、V_2、V_3 的读数分别为 4 V、6 V、9 V,则电压表 V 的读数为(   )。

195

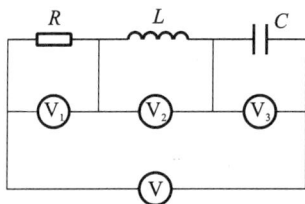

图 7

A. 4 V   B. 5 V   C. 6 V   D. 19 V

22. 三相对称电动势的特点是（   ）。

A. 相位相同,频率、最大值、有效值均相等

B. 相位是否相同要看计时起点的选择

C. 交流电的三要素都相同

D. 频率、最大值、有效值均相等,且相位互差 120°

23. 下列电压等级中,属于我国规定的安全电压等级是（   ）。

A. 9 V   B. 18 V   C. 36 V   D. 72 V

24. 纯电阻电路的功率因数为（   ）。

A. 0   B. 小于 1   C. 1   D. 大于 1

25. 当电阻 R 上的电压为 U 时,其消耗的功率为 1 W,如果电压增大一倍,其消耗的功率为（   ）。

A. 1 W   B. 2 W   C. 3 W   D. 4 W

二、多项选择题:本大题共 5 小题,每小题 2 分,共 10 分。在每小题列出的四个选项中,至少有两个选项符合题目要求。选项个数正确且都符合题目要求得 2 分,其余情况均不给分。

26. 测量电路电压可以选用的设备有（   ）。

A. 万用表   B. 兆欧表   C. 电压表   D. 电桥

27. 一般的电路分析中,可看作电阻器的用电器有（   ）。

A. 日光灯   B. 电炉   C. 白炽灯   D. 电烙铁

28. 图 8 所示电路中,根据基尔霍夫定律列出的方程正确的有（   ）。

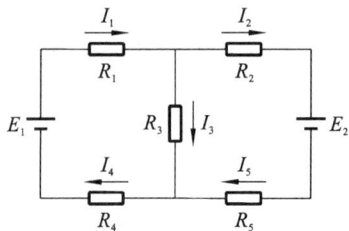

图 8

A. $I_1 + I_2 = I_3$ B. $I_1 - I_2 = I_3$

C. $E_2 = R_2 I_2 + R_3 I_3 + R_5 I_5$ D. $E_1 = R_1 I_1 + R_3 I_3 + R_4 I_4$

29. 在纯电容电路中,下列表达式正确的有(　　)。

A. $X_C = \omega C$ 　　　　　　B. $U_C = IX_C$

C. $P = 0$ 　　　　　　　　D. $Q_C = IU_C$

30. 关于直导线切割磁感应线产生的感应电动势,下列说法正确的有(　　)。

A. 大小与磁感应强度有关 　　B. 大小与直导体的长度有关

C. 大小与导体切割的有效速度有关　D. 方向可用左手定则判断

三、判断题:本大题共 20 小题,每小题 2 分,共 40 分。对每小题的说法做出判断。

31. 直流电压表一般是采用并联电阻的方法扩大量程的。(　　)

32. 提高电路功率因数可以减小输电线路的功率损耗。(　　)

33. 三相负载作星形连接时,线电压等于相电压。(　　)

34. 用电压表测量电路电压时,应该将电压表并接到被测量的器件上。(　　)

35. 电压 $u = 220\sin(314t + 60°)$ V,其相量表达式为 $\dot{U}_m = 220\angle 60°$ V。(　　)

36. 电路中参考点改变,两点间的电压也随之改变。(　　)

37. 电容器带电时电容量不为零,不带电时电容量为零。(　　)

38. 磁感应强度是矢量,既有大小也有方向。(　　)

39. 有两把电烙铁,电阻值大的那把电烙铁功率也一定大。(　　)

40. 电路一般由电源、负载、连接导线和控制装置 4 个部分组成。(　　)

41. 使用万用表测量直流电压时,表笔要注意区分正负极。(　　)

42. 线圈的电感是由线圈本身的特性如线圈长度、横截面积等决定的。(　　)

43. 交流电的频率越高,纯电容对电流的阻碍越大。(　　)

44. 使用钳形电流表可以在不切断电路的情况下测量电流。(　　)

45. 电灯的开关可以安装在零线上。(　　)

46. 为防止触电事故,电气设备一般采用保护接地和保护接零两种保护措施。(　　)

47. 日光灯电路中的镇流器可以用一个电阻器来代替。(　　)

48. 变压器不仅能进行电压与电流的变换,还能变换电源的频率。(　　)

49. 磁感线的疏密程度反映了磁场的强弱,越密的地方表示磁场越弱。(　　)

50. 在必须进行带电灭火的情况下,只能使用不导电的灭火剂(如二氧化碳)进行灭火。(　　)

2020 年上半年广东省中等职业技术教育专业技能课程考试

电 工

本试卷共 6 页,满分 100 分。考试用时 90 分钟。可使用简单的、没有程序存储功能的计算器。

注意事项:1. 答卷前,考生务必用黑色字迹的钢笔或签字笔将自己的姓名、准考证号、考场号和座位号填写在答题卡上。将条形码横贴在答题卡右上角"条形码粘贴处"。

2. 每题选出答案后,用 2B 铅笔把答题卡上对应题目选项的答案信息点涂黑,如需改动,用橡皮擦干净后,再选涂其他答案,答案不能答在试卷上。

3. 考生必须保持答题卡的整洁。考试结束后,将试卷和答题卡一并交回。

一、单项选择题:本大题共 25 小题,每小题 2 分,共 50 分。在每小题列出的四个选项中,只有一个选项符合题目要求。

1.已知某电阻两端的电压为 10 V,流过电阻的电流为 1 A,该电阻的阻值为( )。

A. 5 Ω   B. 10 Ω   C. 20 Ω   D. 40 Ω

2.电压和电位的基本单位是( )。

A. 伏特   B. 安培   C. 欧姆   D. 赫兹

3.两个电阻分别为 10 Ω 和 100 Ω,并联使用时总电阻的阻值( )。

A. 小于 10 Ω   B. 在 10~90 Ω 之间

C. 在 90~100 Ω 之间   D. 大于 100 Ω

4.图 1 所示电路中,电阻 $R_1 = 6$ Ω,$R_2 = 3$ Ω,$R_3 = 8$ Ω,则电路的总电阻 R_{ab} 为( )。

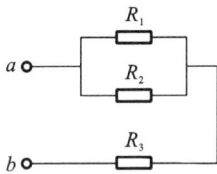

图 1

A. 8 Ω   B. 10 Ω   C. 12 Ω   D. 17 Ω

5.一个电阻两端加 15 V 电压,电流为 3 A,加 30 V 电压时电流为( )。

A. 1 A   B. 3 A   C. 6 A   D. 15 A

6.一个 100 W 的灯泡消耗电能 1 kW·h,工作的时间是( )。

A. 0.01 h   B. 0.1 h   C. 1 h   D. 10 h

7.已知电压 $U_{ab} = 6$ V,a 点电位 $V_a = 9$ V,则 b 点电位 V_b 为( )。

A. 1 V   B. 3 V   C. 6 V   D. 9 V

8. 图2所示电路中,下列表达式正确的是(   )。

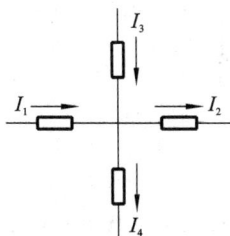

图 2

A. $I_1+I_4=I_2+I_3$ B. $I_1+I_2=I_4-I_3$

C. $I_1+I_2=I_3+I_4$ D. $I_1+I_3=I_2+I_4$

9. 已知电压 $u=311\sin(314t+30°)$ V,下列表达式正确的是(   )。

A. $\dot{U}_m=311\angle30°$ V   B. $\dot{U}=311\angle30°$ V

C. $\dot{U}_m=-220\angle-30°$ V   D. $\dot{U}=220\angle-30°$ V

10. 图3所示电路中,当滑动变阻器的滑动触头 D 向下滑动时,电压表和电流表的读数变化情况是(   )。

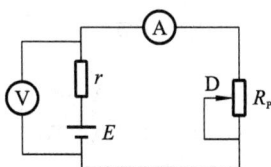

图 3

A. 电压表和电流表的读数都增大

B. 电压表的读数增大,电流表的读数减小

C. 电压表的读数减小,电流表的读数增大

D. 电压表和电流表的读数都减小

11. 电阻 R_1 和 R_2 并联,已知 $R_1=2R_2$,流过 R_2 的电流为 1 A,则流过 R_1 的电流为(   )。

A. 0.5 A   B. 1 A   C. 2 A   D. 4 A

12. 在 RC 串联正弦交流电路中,$R=3$ Ω,$X_C=4$ Ω,电路的阻抗 Z 为(   )。

A. 5 Ω   B. 7 Ω   C. 12 Ω   D. 20 Ω

13. 某负载额定电压为 220 V,该电压是(   )。

A. 最大值   B. 平均值   C. 瞬时值   D. 有效值

14. 交流电压 $u=311\sin(314t+60°)$ V 的最大值是(   )。

A. 110 V   B. 220 V   C. 311 V   D. 380 V

15. 图4所示电路中,电阻 $R_1=R_2=R_3$,若 R_2 消耗的电功率为 1 W,则 R_1 的电功率为(   )。

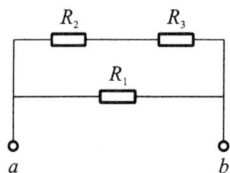

图 4

A. 0.25 W   B. 1 W   C. 2 W   D. 4 W

16. 星形连接的对称三相交流电源,线电压 U_L 与相电压 U_φ 之间的关系是( )。

A. $U_L=\sqrt{3}U_\varphi$ B. $U_L=\sqrt{2}U_\varphi$

C. $U_\varphi=\sqrt{3}U_L$ D. $U_\varphi=\sqrt{2}U_L$

17. 图 5 所示电路中,电阻 R、电感 L 和电容 C 保持不变,交流电源的频率升高时,电流表的读数变化情况是( )。

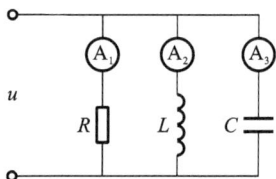

图 5

A. A_1 增大,A_2 减小,A_3 增大   B. A_1 减小,A_2 减小,A_3 增大

C. A_1 不变,A_2 减小,A_3 增大   D. A_1 不变,A_2 增大,A_3 减小

18. 对称三相负载是选择星形连接还是三角形连接,要根据( )。

A. 电源的接法而定

B. 负载的大小而定

C. 负载所需电流大小而定

D. 电源电压大小和负载额定电压大小而定

19. 关于电磁感应现象,下列说法正确的是( )。

A. 磁通越大,感应电动势越大

B. 磁通的变化量越大,感应电动势越大

C. 磁通变化的时间越长,感应电动势越大

D. 磁通的变化率越大,感应电动势越大

20. 若两个交流电的相位关系为正交,则它们的相位差为( )。

A. 0°   B. 90°   C. 120°   D. 180°

21. 负载在电路中的作用是( )。

A. 将电能转化为其他形式的能   B. 为电路提供保护

C. 断开电流的通路   D. 为电路提供能量

22. 图 6 所示电路中,用万用表测量 a、b 端的电阻时,读数为"0"。电路故障原因可能是( )。

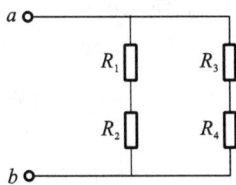

图 6

A. R_1 和 R_3 同时短路　　　　　　B. R_1 和 R_4 同时短路

C. R_2 和 R_3 同时短路　　　　　　D. R_3 和 R_4 同时短路

23. 已知两个电压 $u_1 = 10\sin(100\pi t + 30°)$ V，$u_2 = 25\sin(100\pi t - 60°)$ V，则 u_1 比 u_2（　　）。

A. 超前 $30°$　　　B. 滞后 $60°$　　　C. 超前 $90°$　　　D. 滞后 $90°$

24. 图 7 为某正弦交流电路的电压、电流相量图，由此图可知该电路为（　　）。

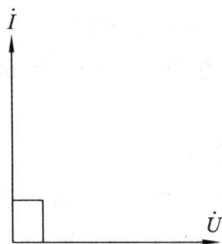

图 7

A. 感性电路　　　　　　　　　　B. 容性电路

C. 纯电容电路　　　　　　　　　D. 纯电感电路

25. 下列关于指针式万用表的使用，正确的是（　　）。

A. 测量电压前，注意使用欧姆调零旋钮调零

B. 根据测量项目，正确选择相应的"挡位"和"量程"

C. 测量电流时，万用表并联到被测电路两端

D. 测量结束后，应将万用表转换开关拨到直流电压最高挡

二、多项选择题：本大题共 5 小题，每小题 2 分，共 10 分。在每小题列出的四个选项中，至少有两个选项符合题目要求。选项个数正确且都符合题目要求得 2 分，其余情况均不给分。

26. 变压器的基本作用有（　　）。

A. 电压变换　　　　　　　　　　B. 电流变换

C. 阻抗变换　　　　　　　　　　D. 频率变换

27. 关于电动势 $e = 220\sin(314t - 150°)$ V，下列说法正确的有（　　）。

A. 当 t=0 时，e 的大小是 110 V，方向与参考方向相反

B. e 的周期为 0.02 s

C. 用电压表测量 e 的读数为 220 V

D. e 的初相位为 $150°$

28. 以下与导体电阻大小有关的是导体的（　　）。

A. 温度 　　　　　 B. 长度 　　　　　 C. 横截面积 　　　　 D. 材料

29. 某电路的计算结果是 $I_2 = 2$ A，$I_3 = 3$ A，它表明（　　）。

A. I_2 的测量值大于 I_3

B. I_2 的实际方向与参考方向相同

C. I_3 的测量值大于 I_2

D. I_3 的实际方向与参考方向相反

30. 关于 RLC 串联正弦交流电路，下列表达式正确的有（　　）。

A. 阻抗 $Z = \sqrt{R^2 + (X_L - X_C)^2}$ Ω

B. 视在功率 $S = \sqrt{P^2 + (Q_L - Q_C)^2}$ V·A

C. 电压 $U = \sqrt{U_R^2 + (U_L - U_C)^2}$ V

D. 有功功率 $P = \sqrt{S^2 + (Q_L + Q_C)^2}$ W

三、判断题：本大题共 20 小题，每小题 2 分，共 40 分。对每小题的说法做出判断。

31. 电路中参考点改变，任意两点间的电压不变。（　　）

32. 在直流电路中，纯电容元件相当于短路。（　　）

33. 根据基尔霍夫电流定律推理，流入（或流出）电路中任一闭合面电流的代数和恒为零。（　　）

34. 电压不但有大小，而且有方向。（　　）

35. 电路处于开路状态时，电路中既没有电流，也没有电压。（　　）

36. 任意电路的回路数与网孔数都是相同的。（　　）

37. 两个同频率正弦量的相位差恒等于它们的初相位之差。（　　）

38. 感抗和容抗的大小都与电源的频率成正比。（　　）

39. 在 RLC 串联交流电路中，若 $Q_L > Q_C$，则电路为感性电路。（　　）

40. 在三相交流电路中，电压最大值是有效值的 $\sqrt{3}$ 倍。（　　）

41. 感性负载两端并联合适电容可以提高电路的功率因数。（　　）

42. 在电容并联电路中，总电容一定大于其中最大的那个电容。（　　）

43. 交流电路的平均功率又称作有功功率。（　　）

44. 线圈的自感系数越大，自感电动势一定越大。（　　）

45. 感抗是电感对交流电流的阻碍作用。（　　）

46. 若电路的功率因数为 1，则电路的电压与电流的相位相同。（　　）

47. 导线绝缘层破损时，可以使用白色医用或透明胶布进行包扎。（　　）

48. 我国工业用电频率规定为 50 Hz，周期是 0.02 s。（　　）

49. 三相对称电源是由三个频率相同、幅值相同、初相位相同的电源组成。（　　）

50. 在三相四线制供电系统中，为确保安全，中性线上必须装熔断器。（　　）

参 考 文 献

［1］　伍湘彬.电工基础［M］.广州:广东高等教育出版社,2022.

［2］　广东省中等职业技术教育专业技能课程考试大纲及样题(电工课程)［N］.
http://wenku.baidu.com/view/00aa467fc3c708a1284ac850ad02de80d5d806
25.html? _wkts_＝1754897546273.

［3］　人力资源和社会保障部教材办公室.电工基础(第五版)［M］.北京:中国劳动
社会保障出版社,2014.

［4］　赵承获,等.电机与电气控制技术(第四版)［M］.北京:高等教育出版
社,2018.

［5］　周绍敏.电工基础(第三版)［M］.北京:高等教育出版社,2008.

［6］　杨少光,等.电工基础(修订版)［M］.广州:广东高等教育出版社,2005.